Drucilla Cornell

Moral Images of Freedom

自由の道徳的イメージ

ドゥルシラ・コーネル

吉良貴之・仲正昌樹 監訳

伊藤 泰・小林史明・池田弘乃・関 良徳・西迫大祐 訳

御茶の水書房

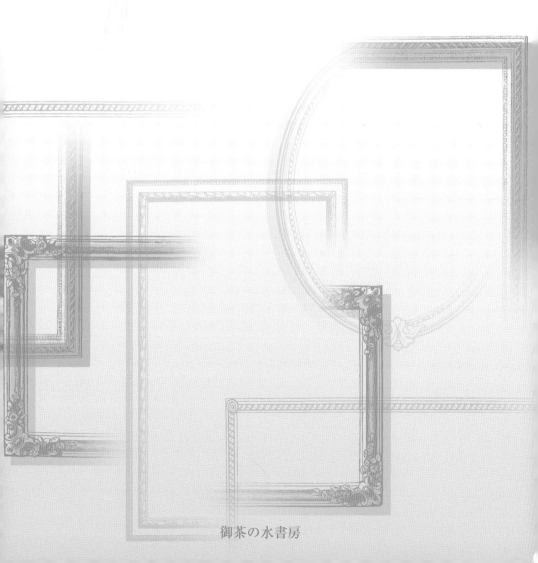

Drucilla Cornell

Moral Images of Freedom

*

*

まえがき

この世界は陰鬱で、正義の望みも色あせていくようにみえる。二〇世紀と二一世紀の恐怖を経てもなお、正義の名のもとになされる根本的《ラディカル》な社会変革の可能性に悲観的にならずにいられるだろうか。本書ではあえて、地球上の数えきれないほどの人々に言い表せない苦しみを与えてきた、恐ろしく病的なまでの暴力から、いかなる意味でも目を背けることなく、その悲観的な気分に抗っていく。しかし私たちは、この二世紀を通じ数えきれないほどの人々が偉大な理想に、とりわけ社会主義と反植民地主義に身を捧げ、自由の名のもとに自らの命を投げ出してきたという抵抗の現実があったこともまた忘れてはならない。実際のところ、私たちがいま生きているのは正義への夢を追い求め死んでいった人々のおかげであるだろう。それは理想を守るためにいつまでも、文字通りの命の終わりまで闘い抜いたことにほかならない。

ヴァルター・ベンヤミンのような思想家が私たちに想起させるように、「希望はもっぱら希望なき者のためにある」。私たちは深い意味において、死に至るまでよりよい世界に向けた信念をあきらめようとしなかった人々の名のもとに、希望を生きたものに保ち続ける義務を負っている。新しい批判理論はこの負債を真剣に受け止めることから始まる。負債を真剣に受け止めるとは、その批判の企てそのものを、私たちが誤って「第三世界」なるものへと還元してきたもののさまざまな基礎を揺るがした動乱や革命からいくらかを負っているものとして、脱植民地化し始めなければならないということである。したがって、批判理論の未来はそれ自体、未来の正義にかなった世界の可能性に本質的に結びついている。本書を突き動かすものは、批判理論自体の聖典とみなされるものを限定するような狭い定義の外に置かれてきた、多くの思想家たちの再生だけではない。そうした思考が積極的な政治哲学の課題としてなされるべき場を切り開くことでもある。本書の核心にある主張は、歴史の終わりや主体の死といったものはありえず、未来はつねに偉大な理想の再想像と再描像に向けて開かれているということである。私たちはもはやそうした理想を強固な形而上学的主張によって擁護することができないとしても、そうなのである。偉大な理想はそれでも私たちが擁護しなければならないものだ。

同様に、本書はその成立を多くの特別な人々に負っている。私の研究助手であり、大学院生であるケネス・パンフィリオがいなければ、この原稿は決して書かれなかっただろう。本書を書くにあたってのあらゆる面で、彼は私と伴走してくれた。そしてこのテクストを作り上げる議論の中核についてのすぐれた対話相手であり続けてくれた。本書で扱われている思想家たちに特有の、見通しがたい複雑さをつかもうとすればそれは容易に重荷になりえただろうが、しかしケネスの想像力あふれる助言やすばらしい洞察のおかげでとても楽しいものになった。私は彼に大きな恩を負っており、私のアカデミックな人生のあらゆる領域について彼が行ってくれた仕事に対し、十分な感謝の言葉もないほどである。

最後の推敲の段階では、ケネスとモリーン・マッグローガンが、私と一緒に文章を声に出して読む手伝いをしてくれた。それは複雑な哲学的概念をできる限り読みやすく、そして近付きやすくするように文章に手を入れるためである。モリーン・マッグローガンは、私の最初の六冊の本の編集者であった。彼女がラウトレッジ社を退職したのち、私は彼女を追ってロウマン&リトルフィールド社に出版社を変えた。私のアカデミックなキャリアの初めから、彼女は気持ちのサポートと知的な取り組みのためのかけがえのない源であり続けてくれている。モリーンはずっと、そして退職した今でもなお、並ぶもののない才能を持った編集者である。しかし彼女は、本書ではとりわけ重要な役割を果たしてくれている。というのは、彼女は『存在と時間』で博士論文を書き、エルンスト・カッシーラーの仕事にも詳しいからである。批判理論と政治哲学への彼女の献身は、私が本書を完成させるのを助けてくれた取り組みによって明らかである。そしていつものように、彼女との友情は言葉を超えた贈り物であり続けている。

サラ・マーフィとサリー・ラディックには、本書の原稿を数えきれないほど修正していくなかでの、揺らぐことのない友情と有益なコメントに心から感謝している。サリー・ラディックは必要不可欠な批判者になってくれて、私の書く文章に分析上の明晰さや論理的な正確さをもたらしてくれた。彼女はいつも寛大であるとともに厳格であり、おかげで私の思考は手持ちの論拠に固く根ざしたものであり続けた。ルイス・ゴードンとパジェット・ヘンリーからは、第四章について広範囲にわたる思慮に富んだコメントをいただいた。それは実存についての黒人の哲学（black philosophies of existence）の膨大な文献——本稿がそれらに忠実であったと願う次第である——に気付かせてくれたという点で、きわめて価値のあるものであった。この章での注意深い読解がより価値あるものになったのはひとえに、この二人が、人種差別に完全に覆われた世界で批判理論の意味を再起動させ、生かし続けているあり方において最高の尊敬に値する思想家だからである。

ローリー・アッカーマンは南アフリカの憲法裁判所の元判事であり、不正な世界で倫理的な人間であるとはどういうことか、まさしく道徳的な模範というべき人である。アッカーマン判事は新しい南アフリカでの尊厳ある法理論を発展させるにあたって大事な役割を果たしたが、そこで明示的に取り組まれたのはイマヌエル・カントの批判哲学の伝統であった。この二年間、私たちは友人となり、南アフリカでカントの読書会を立ち上げた。アッカーマン判事の全人生にわたる超越論的観念論の伝統への献身と、読書会でのよく練られた質問のおかげで、私は第一章にいくつか重要な変更を加えることができた。私が彼に心から感謝しているのは、その思慮深いコメントに対してだけでなく、彼の実例から引き出されるインスピレーションゆえでもある。マーティン・マトゥスティクとパトリシア・ハンチントンの二人は、この一連の文章の編集者であるが、その必要性を見通す広いヴィジョンと、このようなすばらしい文章のコレクションを作り上げるためになされた精力的な取り組みに心からの感謝と称賛を送りたいと思う。二人は本書の全ての章を読んだうえで思慮に富んだコメントをくださった。私がそれに誠実に応答できたことを願っている。

もちろん、私の娘のセレナはインスピレーションの不断の源であるとともに、未来に向かうための希望の最も深い泉でもある。その希望は、私が政治的な、そしてアカデミックな闘争のすべてを通じて追い求めてきたものだ。セレナが作った、私のお気に入りの歌のひとつのなかの詩的な洞察――「思い出が好きじゃないならば、自分が誰かなんて忘れてしまおう」――は、永久平和の理想のようなものが私たちの人生においてさえ意味をもつとすれば、私たちはそのことに対してこれまでのすべての世代の人々に負債を負っていることを思い起こさせてくれる。私の親愛なる友人であるメアリー・エリザベス・バーソロミューには、この一年間、ありとあらゆることについてお世話になったが、それは彼女が私に本書を書く場所と時間を与えてくれたということにほかならない。メアリー・エリザベスのようにいつもいてくれる友人なくしては、本を一冊書くような、知力を使い果たし感情に圧倒される試みには取りかかることさえできないかもしれない。イレーナ・モリトリスは、私が初めて母親になって以来、子育てを助けてもらっているし、娘にはかりしれないほどの愛と友情を与えてもらっている。

ウィルソン・ケアリー・マックウィリアムズのように、私たちの時代の最も偉大な政治哲学者を追悼するのは大きな名誉である。彼は二〇〇四年の三月に不幸にも亡くなったものの、政治学の世界において政治理論を生き生きとしたものに保つ重要な役割を果たした。彼の逝去はラトガース大学の政治理論部門にとって取り返しの付かない喪失であった。しかし、この五年間、私の同僚たち——ゴードン・スコチェット、デニス・バソリー、スティーヴン・ブロナー——は、私のさまざまな研究計画に欠かせない人々になっている。毎年、ゴードン・スコチェットと私はディベートを行っているが、そこから私は、おそらく私が彼に直接告げることができるよりもずっと大きな影響を受けている。というのも、次のディベートがもう間近に迫っているからである。彼のウィットと博識は私たちの分野ではほとんど並ぶ者がなく、彼には教えられっぱなしである。また、ウブントゥ・プロジェクトで一緒に働いている仲間たちにも感謝したい。とりわけ、このプロジェクトを始めるにあたってのインタビューを精力的に行う仕事に取り組み、またアフリカ哲学について地に足の着いたものになるまで教えてくれた若い女性たちには感謝したいと思う。

ジェイコ・バーナードとは、私が学位論文審査委員会のメンバーだったときに初めて出会った。私は彼の論文に感銘を受けたのでその後も手紙のやり取りを続け、ケープタウン大学に知的コミュニティを作った。そこの研究部門に私が加わった中心的な理由のひとつはそれである。大陸哲学の彼のすばらしい読解から私は根本的な影響を受けているし、読者は本書の多くの章に、とりわけジャック・デリダについての私の継続的な考察のなかに、彼の洞察の残響を見出すことだろう。ジェイコは知的な厳密さの精神と、政治的・倫理的な情熱とを体現している。それは新しい南アフリカにおける新世代の学者にとって不可欠なものである。私は彼を知り、友人と呼べることを誇りに思っている。

こうした人々全員について私の心を最も打ったのは、彼／彼女らの知的な洞察というよりも、世代を超えた友情への継続的なコミットメントである。

ロジャー・バーコウィッツはすばらしい対話相手であり、同僚である。初めて出会ったのは一九九三年で、彼は私と一緒にカントとヘーゲルを学ぶために、バークレーでのプログラムから一年休暇を取った。私たちはそのときからほとんど毎週、顔を合わせ、カントやヘーゲル、ハイデガーの主要なテクストにゆっくり、そして体系的に取り組んでいる。ロジャー・バーコウィッツはまず、すぐれた翻訳者であり、しばしば下手に英訳されている、ドイツ語のあらゆる細部に私たちが忠実であり続けるように注意してくれる。ロジャーはまた、英語圏におけるマルティン・ハイデガーの最も細心で深い解釈者の一人でもあり、新鮮な観点からそうしたテクストを取り上げるように私を挑発したのだ。本書のすべてのページに、ロジャーと私が続けている研究の全身全霊がこだましているといっても過言ではない。もちろん、本書のなかにある誤りのすべての責任は私にあるが、しかし、長年にわたる集中的でかけがえのない共同研究を称えるため、本書はロジャー・バーコウィッツに捧げられるものである。

ドゥルシラ・コーネル、ニューヨーク、二〇〇七年

自由の道徳的イメージ　目次

目次

自由の道徳的イメージ

イントロダクション

贖いの想像力のための闘争

『新批判理論』シリーズが私たちに考えるように突きつけているのはまさに正義の問題であり、より正義にかなった世界をヴィジョン化し、実現するにあたって、理論はいかなる役割を果たしうるか、そして果たすべきかということである。フランクフルト学派の批判理論は、マルクス主義と、先進資本主義による不平等を乗り越え社会主義の世界に進もうとする努力によって鼓舞されていた。忘れられがちではあるが、社会主義について一九二〇年代のヨーロッパで活発になされた論争では、政治的現実としての社会主義と倫理的理想としての社会主義の両方が重視された。とりわけフランスとドイツではそうであった。むろん、二〇世紀のあいだに社会主義が多くの進歩的な人々に提供した世界の道徳的イメージに、私たちは本書のいたるところで立ち返ることになる。しかし、そうした細部を明らかにする前に、人間たちがより偉大な世界の真実を主張すべく、階級的不平等によって押し付けられた根本的な疎外から自身を解放する理想として社会主義を広く理解することによって、私たちは前進することができる。というのは、人間性はそれだけで世界に価値をもたらすものだからである。集団的にも個人的にも、自分自身の目的を定めるのは人間性なのである。

社会主義の理想のなかで気づかされるのは、自分自身の歴史を作り出せるかどうかは私たち次第であるということである。私たち自身の目的形成の潜在能力を、私たちを超えたところで生じた何ものかとして外部に投影する必要はもはやない。しかしもちろん、第二次世界大戦の恐怖――ホロコーストでの多くの人命の恐るべき抹消――は、社会主義がかきたててきた楽観主義を揺さぶり、もはや実現可能ではないように思わせた。

ここにいたって、フランクフルト学派の偉大な思想家たちの何人か――たとえば、テオドール・アドルノ、マックス・ホルクハイマー、ハーバート・マルクーゼ――は、先進資本主義の幻影装置《ファンタスマゴリー》の過酷な砲撃のなかでは、ほんの小さな程度の自由でも主張できるような、いかなる世界の道徳的イメージの可能性もないと絶望することになった。人間はもはや単に搾取されるのではなく、消費社会の眩惑によって目を閉ざされる。この社会は、肉体なしの完璧な身体から、資本の拡張によって全面的に消費されるようになった内面＝インテリア空間での仮想の隠遁をもたらしてくれる次世代のデジタル・ガジェットに至るまでの、あらゆるものを約束してくれる。この仮想の魅力による悪夢の世界で、個人は主体性の残余を探し求める。それはただ自身の絶望と、もしかしたらこの人生には異なった道筋があったのかもしれないという思いに固くしがみつくことによってのみ得られるものにすぎない。先進資本の全体性に裂け目を生じさせるかもしれない否定性を持ちうるものとしてアドルノが望みをつないだ芸術でさえも、その身体がブランドとなり、その才能が製品ラベルになった、管理される芸術家たちの産物に変わった。こうしたもののすべてに、一九八九年のベルリンの壁の崩壊によって象徴される、社会主義の最終的な敗北への熱狂的な祝福を付け加えることができよう。「歴史の終わり」と誤って名付けられた時代のなかで、近代の「人間」に唯一可能な、生産と経済活動の自然な形態としての資本主義を言祝ぐ新たな物語しか、私たちには残されていない。

シルヴィア・ウィンターが指摘するように、この物語の「人間」は経済人（ホモ・エコノミクス）であり、自由における他のいかなる面も概念も重要なものではなくなった。自由は、消費者が製品の果てしない陳列から「選ぶ」自由となった。今や民主主義の勝利として祝福されているのは、制約なき取引関係に全力で没入する意思の自由な行使である。確かに、実証的で社会的な政治科学の新しい潮流を支配しているのは、経済人としての「人間」である。そこでの人間主体は抽象的に原子化され、ただ経済的な交換を行い、富を最大化する者としてカテゴリー的に定義される。しかし私たちが、人間＝男性（*man*）や人間性＝人類（*humanity*）のような大きな言葉を用いることさえしないのは、ひとつのジェンダーがつねに全体を代表してきたことに気づかせるというフェミニスト的な目的のためではなく、私たちが他の個人たちとの終わりなき奪い合いのなかにある個人として精神的に傾向づけられているからである。それはニーチェにとってさえ、想像しうる最悪の種類の悪夢のなかで、一切れのパンくずをめぐって争い、たがいの上に這いあがるネズミの群れのような光景だ。

自由や平等、正義といった古い理想――本書を通じて見ていくように、これらの理念はヨーロッパを超えて世界中にその起源を有する――にしがみつく人々は、時代から取り残されているとして蔑まれている。九・一一以後、私たちのなかでそうした理念を支持する者は、反アメリカ的で、国家の安全保障の必要に無自覚であるとして非難されさえされる。立憲民主主義、とりわけ執行権の制限を保障するものとしてのそれがいまや、いわゆるポスト九・一一の現実にはそぐわないものに見えるところにまで来てしまった。そうした安全《セキュリティ》のレトリックは、ぼんやりと浮上する「悪の枢軸」や見えないテロリストの細胞をめぐるおざなりの言説のなかで言い触らされているが、それはただ大きなメタ・ナラティヴを構成するものにすぎない。そのメタ物語は、「文明の衝突」の大雑把すぎる用語法で語られる。そこでは、西洋は、私たちの開化した資本主義の現実に参入したことのない、他のあらゆる文明に対峙する文明として同定されるものだ。[1] しかし、このメタ・ナラティヴは、不幸にも現在のアメリカで権力を握っている右派保守に流行している物語というだけでなく、「ポストモダニズム」と呼ばれてきたものの一部でも残念なことに支持されている。[2]

私たちが直面しているのは、フランクフルト学派を奮い立たせたのと同じような社会主義の偉大な理想への、悲観的な蔑みである。私たち自身が対面している重苦しいアカデミックな還元主義には、危険な相対性と政治的な陰謀の世界が混ざっている。この陰謀の世界は、資本を通じて、第二次世界大戦をもたらしたファシズムと本質的に異ならない、ぼんやりと浮上するポピュリズムの一種の香りをさせている。このイントロダクションの続きでは、本書を構成するいくつかの中心的な理念について概観するとともに、より重要なものとして、自由の道徳的イメージによって提示される希望ある未来を代替として指し示すことにより、無気力な知識人と政治的な悲観主義とに対抗しようとした、拙著『限界の哲学』での私の作業の再読を試みる。

『限界の哲学』からの出発

私はかつての仕事で、脱構築を『限界の哲学』と名づけ直した。それはジャック・デリダを、アメリカのポストモダニズムでの特定の受容の仕方——それは、脱構築を逆説的にも実践哲学の可能性に幻滅する側に置き、歴史の真の終わりとしての先進資本主義のメタ・ナラティヴと手を携えるような——に抗して読むためであった。本書を通じて私たちはこの限界付けというテーマに立ち返ることになるが、それは、私たちの現在の社会的現実に対する他者としての未来は、何らかのグランド・セオリー（大理論）によって前もって知ったり、すでに排除してしまうことができない、という朗報にとって決定的意味を持つからである。人間性が経済人としての関係性を生き延びる運命にあるかどうか、政治が私たちの歴史的状況での何らかの鉄鋳造物に根拠づけられ、私たちを技術の勝利のもとでの存在の忘却と、正義の精神の局地的な抵抗闘争への閉じ込めへと運命づけているかどうかは、単純に認識できないことである。代わりにイマヌエル・カントの批判哲学は、理論知の限界という観念についての控えめな理解から出発し、私たちがこれが世界だと認識している世界は、私たちが自分自身に対して表象しているものである、ということを示唆する。というのも、精神が手を伸ばしたりつかんだりできる彼岸は存在せず、カントの有名な言葉のように、私たちが現実において科学法則として知っているものは、私たちがそこに当てはめたものだからである。

英米系のカント解説者の多くは、彼の仕事がいかにして科学的妥当性を効果的に正当化しているかという問題に焦点をあててきた。確かにそれはカントの批判的プロジェクトの一部であるものの、しかしより大きな建築構造の小さな一部分にすぎない。カント自身は哲学の三大問題を私たちに想起させる。私は何を認識できるか？　私は何をすべきか？　そして私は何を望むことができるのか？　私たちは自分自身による表象や、想像力によって与えられた世界を超え出ることはできないという意味での理論理性の限界についての、こうした最初の理解から批判哲学は出発する。世界がどうあるかは魂のなかの秘密を通じてのみ私たちに認識されるという、この決定的な洞察こそが、人間はいかにして自分たちの世界にアプローチするかに関してカント哲学に根本的な転回、あるいはコペルクニス的革命をもたらしたのだとハイデガーは論じた。

実際のところ、哲学史の既存の諸潮流の中で、ハイデガーがカントとの徹底的な取り組みと超越論的想像力の概念の作り直しから出発したことがしばしば忘れられてきた。本書のひとつの側面は、ハイデガーが究極的なところでカント実践哲学を拒絶したことを再発見することに向けられる。ハイデガーがそう考えるようになったのは、カントの実践哲学が、主体中心化の宇宙（subject-centered universe）のテクノロジー支配と切り離すことができないからである。主体中心化の宇宙は、ハイデガーにおいて、科学的対象化のヴェールの背後にある存在の非覆蔵から私たちを分離することによって、私たちの自由の真の意味を覆い隠したものなのである。ハイデガーに言わせれば、私たちはこの忘却を考えることができる。そしてある意味、存在が自らを現前させる存在者としての私たちの真の尊厳から私たちを隔てるヴェールをより厚いものにするリスクを犯すことなしに、私たちにできるのはそれだけなのである。こうした文脈での語法に見られるハイデガー的な悲観主義は、理論理性の限界への決定的な洞察と私が呼んでいるものを拒絶し、それを改革の努力に厳しく抵抗する悲観主義に置き換える。そうした改革の努力は、あからさまにテクノクラシー的な運命の墓穴の奥深くへと私たちを生き埋めにしてしまい、それによって、人間性自体が、社会的あるいは他の種類の工学のためのもうひとつのプロジェクトと化してしまうだけである、というのである。

しかしハイデガーは、身体化（embodiment）と壊れやすさ（fragility）の現象学的伝統もまた切り開いた。身体化と壊れやすさは、それ自体として知り得るものの限界となる。この第二の意味での限界に本書は何度も立ち返ることになる。人間は身体化されるだけでなく、世界を形作るために用いられる言語や他のシンボル形式のなかで、そしてそれを通じて自己自身に至る。私たちの知識は、世界のなかの私たちの場所と、私たちがそのなかで世界を知るシンボル形式の両方に不可避的につながっている。身体化と、既に表象されたシンボル形式のなかで世界が私たちに到来するという不可避性の両方が、私たちが世界を知り、世界に関係づけられるにあたっての概念的な促進装置であり、その限界でもある。両者のいずれの力も普遍的な理念を求める熱望を否定するものではないが、両者から、私たちがそうした理念にいたるべきあり方についてのある種の認知を通して進んで行かねばならないことがわかるのである。ハイデガーの偉大なる先行者であるエトムント・フッサールの世界では、私たちは自らのパースペクティヴの諸側面を、偶然的で限界づけられたものであると見ることによってカッコに入れることで、他の可能性へと開き出す。エルンスト・カッシーラーの場合、人間はある意味、その中で世界が描出される（darstellen）とともに表象される

(vorstellen) シンボル形式において世界が私たちに現れてくる、ある理念性の印によって超越論的に限界づけられている。限界づけに対する現象学的、およびカッシーラー的な洞察の双方が、本書全体に反響することになる。そうした複合的な理解が、私たちが新しい批判理論にとっての限界づけの意味と折り合いを付けるにあたっての助けとなるだろう。

しかし、こうしたさまざまな限界づけは、単なる抽象的な哲学的思索ではない。ヨーロッパの運命は人間性の運命ではないし、ヨーロッパの白「人」の目的が人間性＝人類の目的を代表するのでもないことを認識することによって、世界における共存在としての私たちの未来の可能性をめぐって、有意味な政治的、倫理的、そして深く哲学的な挑戦ができるようになる。そうした挑戦が、植民地主義に反対する現実の闘争においてなされてきたわけであるから、これらの裂け目は、ひとつの帝国のなかでの私たちの世界の見方の権威的な基礎を切り裂いていく。もちろん、フェミニストがそういった家父長制的、ファルス中心主義的な理論的伝統の死を言祝ぐことにはもっともな理由がある。というのは、シモーヌ・ド・ボーヴォワールがはるか以前に指摘したように、そうした「人間＝男 man」のイメージは女性的な「他者」を人間以下のものとして覆い隠すものだからである。しかし、もしフェミニズムがいかなるものであれ意味のある対抗的パースペクティヴを呈示するつもりであるならば、ヨーロッパ中心主義への批判によってもたらされた決定的な洞察へと立ち返らねばならない。それはアングロ‐アメリカ人やヨーロッパ人である私たちのすべてに、自分たち自身のまさにありのままの歴史的状況と折り合いを付けることを強いるものである。それは歴史的状況であって、あらゆる人間性の運命ではないのだ。そうしないとすれば、私たちには、ヘーゲルによって示されたようなまさに大きなナラティヴを思い起こさせる、第二波フェミニズムのまがいものの代替物しか残されないだろう。ヘーゲルにあっては、最終的に近代国民国家の文脈のなかでその自由の真実を実現できるような、人間性の理想の頂点としてヨーロッパ的な「人間 man」が措定されていた。そして、そうしたヴィジョンはいつも便利なことに、大きなナラティヴの外に暴力的に投げ出された他者たちに対する支配を正統化する、長く野蛮な歴史と不可分なものとされるのだ。ここに現れているのは第三の意味での限界づけであり、私たちは意識的に、ヨーロッパの哲学が自己矛盾を抱えた相対主義に陥ることなく私たちに呈示すべき限界に向き合わなければならない。すなわち、シンボル形式の多元性と、普遍的な諸理想――人権、さらにいえば、まさに解放を求める闘争のなかでより広く捉えた争点において見出される理想――への私たちの熱望とのあいだの複雑な関係を理解する必要がある。

限界づけの四番目の反復は、ジャック・デリダの仕事の全体に見出される、実践哲学のいくつかの流れの重要性の強い再解釈を呈示しようとする慎重な試みであった。ここでの限界の哲学は、知り得るものの限界は、知り得る可能性（knowability）の条件でもあるという、デリダによって提唱された理念を中心に回転することになる。デリダはもちろん、ハイデガーに特別な取り組み方をしているが、ウィトゲンシュタインのような他の思想家にも取り組んでいるのである。知り得る可能性の構成的側面についての考察は、往々にして、知ることのできないものについての危険な実証的理解を復活させるために用いられがちであった。そうした理解は、私たちが未来について持てる希望へのある種の規範的限界をもたらすものである点で、実践的な政治哲学に対して意味を持つ強力な観念へと翻訳される。しかし、これは限界の哲学についての私自身の読解とまったく逆方向のものである。私の読解では、限界の哲学は、正義への私たちの熱望を限界づける主体の潜在能力についての強い理論を私たちにもたらす、生――社会的であれ精神的であれ――の自然主義的あるいは実証主義的な還元に強く反対する。言い換えれば、私は、知り得る可能性、あるいはデリダが彼岸としてしばしば言及するものは、ある種の悲観主義を、少なくとも理論的には正当化できないものにする、と論じた。なぜなら、この彼岸は架空のものとしても、私たちにとって現在において十分に到達可能なものとしても示すことができないからである。したがって限界づけは実際、不可能なものを知ることの不可能性に対して開かれており、そのため人間性についてのある種の実証主義的、あるいは自然主義的な理解を、私たちが到達することを望めないものを具体的に仮定することができない状態にとどめている。合理的選択理論やリスク管理計算への、諸分野を横断してのアカデミックなシフトが大幅に生じていることにより、私たちは人間の「自然主義的な」理解へと引き戻されている。そうした理解では、人間は知り得る存在であり、そして正義や自由といった大きな理念において私たちが熱望できるものが何であるかを教えてくれることができると暗示されている。それに対して私が示唆したのはつまるところ、デリダ、そして脱構築の経験は、私たちがおたがいに対し、そして社会全体に対して期待できることに関する真実の役割を果たすことができると自称する、人間本性についてのこうした強い観念への訴えかけの土台を掘り崩す、ということである。

私たちが世界のなかで倫理的な存在になりゆく可能性として、私は限界の哲学を擁護し続けているが、本書の中核には政治哲学における美的理念の強固な役割の擁護が含まれている。そうした作業は、私たちの生を支配する意味やシンボルのヘゲモニーへの批判を掘り崩すことを意図するものでは毛頭ない。しかし、ニーチェが繰り返し強調するように、系譜学の理念は想像や創作（fabrication）の行為を起点とする。言い換えれば、ニーチェ的な系譜学は、世界は再現的（reproductive）な想像力において私たちに与えられ、産出的（productive）な想像力によって私たちが受容し、作り直すものであるというカントの根本的な洞察を超えたところに至るような実証主義的な説明ではないということだ。ハイデガーがニーチェを批判するところによれば、ニーチェは、意志と想像力を、すべての価値を超越的に価値づける、まさに中心的なものとして受け入れている点で、あまりにもカント的なままであった。しかしながら、美的理念の正しい位置づけを主張することはまさに、そうした理念や理想のためになされる主張や正当化をいくらか変えることである。

私が『限界の哲学』で提唱した倫理的な光のもとで、脱構築と、デリダのいくつかの主要な著作を読むならば、私たちには、現状への批判のみならず、正義、自由、平等といった偉大な理念を再構成する責任が課されることになる。もちろんこれはマルクスの科学主義的な見解、すなわち私たちは原初的矛盾の分析の枠内にとどまり、未来への理想的、倫理的な希望ではなく、現実が私たちに示すものの明確化に基づいて社会運動を展開しなければならないという主張と対立する。しかし、すぐれた思想家の多くが依然として、いまや第三世界として知られるようになったもののいたるところでの解放に向けて、想像によって書き続けたのは皮肉なことである。そして社会主義の現実は、たとえそれがどれだけ堕落したものであろうとも、いまだ世界のひとつの力なのである。言い換えれば、私の世代の新左翼には資本主義へのオルタナティブがあり、それは、私たちの働きによって再形象化され、作り直すことができそうなものと考えられていたのだ。一言述べておくと、私は自身の活動——それはいくつかのマルクス・レーニン主義の組織への加盟も含んでいるが——の初めから、正義にかなった世界への熱望を資本主義の崩壊による科学的必然性に切り詰めてしまうマルクスの見方には強く反対していた。マルクスがその倫理的熱望と、『資本論』において振り返って検討している自らの仕事へのカントとヘーゲルの影響を、果たして放棄したのかどうかについては多くのことが論じられてきた。しかし、世界の道徳的イメージを喚起しようと必死に試みるドイツ観念論の広範なプロジェクトについて若きマルクスが語るとき、そこには思想の通奏低音がある。特に彼が次のように述べるときにそうである。「宗教批判は、人間が人間にとって最高の存在であるという教えでもって終わる。それゆえ、人間が貶められ、隷属させられ、棄てられた、軽視される存在となっているような諸関係をくつがえせという定言命法をもって終わるのである」[3]。ドイツ観念論は明らかにヨーロッパ中心の伝統であるが、私たちがこの世界で私たち自身を知るにいたるのかをめぐるより広い言説のなかでのヨーロッパ哲学が呈示しうるもの、およびその限界及びを再吟味しようとするのであれば、今こそドイツ観念論の偉大な思想家たちが擁護してきた人間性の道徳的イメージを再検討すべきときなのかもしれない。

私の最初の二冊の著作である『脱構築と法――適応の彼方へ』『限界の哲学』と、その後の私の仕事全般にわたる、「イマジナリーな領域 imaginary domain」における美的理念の明示的な擁護との関係については、何人かの批評家から問題にされてきた。私の考えるところ、そうした批評家のあいだには、政治哲学における美的理念の役割について誤解があるが、おかげで私はいまではそれについてより十分な正当化を示せるようになった。これらの初期の仕事での私のプロジェクトは、積極的な政治哲学の可能性とは対照的なものとして位置づけられがちな、現在、ポストモダニズムと呼ばれているものに抗しながら議論することによって、美的理念の擁護への道を固めることであった。どんな種類のものであっても積極的な政治哲学に抵抗しようとする人々がいるが、そうした抵抗の最も重要な形態は、ハイデガーを通じてもたらされた悲観主義に由来する。私の読解では、そうした悲観主義はデリダの仕事において確かに真剣に受け止められているが、究極的には異議を申し立てられている。単純にいえば、デリダのようにときとして道徳的主体性を掘り崩すものとして解釈されてきた思想家に依拠することで責任逃れを理論的に正当化することは、深い意味において私たちにはできないとわかれば、その責任を受け入れるかどうかは私たち次第であるということだ。たとえば、差延（différance）のそうした理解の構造は、以下のようなものであろう。私たちが自身を「他者」に対して措定する瞬間、私たちの差し出そうとしているものは伝達されえなくなる、なぜならまさにその措定の瞬間、「他者」としての自己はすでに自らが伝達する明示的なアピールの罠にはまっているからである。したがって、こうした読み方のもとでの差延は、道徳的主体性を含む、あらゆる主体の理論を掘り崩すことになる。

しかし、これが含意することはもちろん、道徳的・倫理的責任は主体の理論いかんにその成否がかかっているということだろう。実際、カントは主体のそうした理論の可能性にすでに反対していた、と私は議論してきた。「私」は一人の「他者」であるという理解を初めて導入したのはカントである。カントにおいて、一人の「私」の行為と、その行為が帰属される自我を区別するのはつねに、時間一般の形式の問題であった。それは際限なき移調（modulation）であって、もはや転調（mode）ではない。必然的に「時間のなかに」あるこの主体にとっての内面性の形式が意味しているのは、時間が私たちにとって内在的であるというだけでなく、私たちの内面性は、私たち自身から絶えず引き離しているということでもある。この意味で、それは私たちを二つに分割するが、この分割は、有限の人間たる私たちにとって時間に終わりがない以上、決してそのあいだの距離が克服されることのないものなのである。理論的知識という意味では、私たちは自身を自由な主体として認識することができない。カントは実践理性の力の正当化については立場を変えた。しかし、それがあまりにも決定的に構成的であるがゆえに、実践的な観点の可能性は、そしてそれとともに実践理性の観点が消去されてしまうような主体についてのいかなる理論的根拠にも、欲望の能力は根付かないし、また根付かせることができない、という立場は変わらなかった。

正義の道徳的イメージに残っている光は、ほんのかすかなものであっても、私たちはそれによって世界がときとしていかに冷酷な様相を呈するか、そしてその世界自体が、その瞬間からいかに「他の」ものになりうるかを見ることができる。私たちは確かに、いかなる美的理念も正義の再形象化も、それが逃れようとしているゆがみや貧困への危険を冒すことになるだろうという、アドルノが熱情をこめて発した警告に注意することができる。ときにアドルノ自身は疑いなく、積極的で実践的な政治哲学からは撤退しているが、それはそうした政治哲学を先進資本主義のまばゆい幻影装置《ファンタスマゴリー》と和解させることのできないものとみなしたからである。しかし彼はまた、哲学的真理としての悲観主義の普遍化、グローバル化には反対していた。そうして私たちに示すところ、「それはいとも容易なことである。なぜなら現代における情勢そのものが否応なしにそうした認識を求めているからであり、さらに言えば百パーセントの否定的状況は、ひとたび心眼を凝らしてこれを視るなら結晶して反対の場合の鏡文字になるからである」[4]。だから、アドルノにおいてさえ主張されるのは、私たちがいかにして主体化され、そして全面的に商品化する社会の対象になってきたかに関与する、内面化の大きな力と私たちは折り合いをつけなければならないということ、しかも、否定性は、他の立ち位置なくしては決して、捉えられ、形象化されることがないのだから、単に完全な否定性にしがみつくことによってそうすることはできない、ということだ。

先進資本主義は私たちの頭のなかに入り込むだけでなく、私たちを瞬間的にただ打ち砕き、私たちの主体性の残余を食い尽くすと示唆する痛烈な批判者たちの二重のメッセージを、私たちはより注意深く区別しなければならない。先進資本主義のもとでの生への批判と、ハイデガーによって展開されたような、より全面的な形での哲学的悲観主義には違いがある。この悲観主義は政治哲学の可能性を、私たちの世界内存在を私たちから隠したままにする、ある種の誘惑に究極的には感染している、楽観的な見掛け倒しの一種に過ぎないとして性急に拒絶するだろう。人間たちとその熱望に残されているいかなる尊厳をも否定する、技術の集中砲火と、自然化された実証主義の最悪の形とによって支配される世界が続いていくなかで、そうした悲観主義のメッセージはつかの間の居場所を得ている。しかし、先進資本主義の世界は自由そのものの理念を食い尽くすと主張するそうした悲観主義の図々しい垂れ幕に抗し、私たちは限界づけの教訓を思い出し、他の何ものでもなく、この自由の偉大な理念こそ、理不尽な資本主義の気まぐれによる迷路から私たちを導き出し、世界のなかでの私たちの自由の道徳的イメージを生み出す可能性を依然として私たちに残してくれるものであることを認識しなければならない。

注

（1）一般的には、Amartya Sen, *Identity and Violence: The Illusions of Destiny*（New York: W. W. Norton, 2006）（大門毅編、東郷えりか訳『アイデンティティと暴力』勁草書房、二〇一一年）を参照。

（2）私は既に他で、「ポストモダン」のようなはっきりとした期間を用いた呼称に反対している。たとえば、*Philosophy of the Limit*（New York: Routledge, 1992）, "Introduction: What is Postmodernism Anyway?"（仲正昌樹監訳『限界の哲学』御茶の水書房、二〇〇七年、「序章　ポストモダニティとはとにかく何なのか？」）を参照。

（3）Karl Marx, "A Contribution to the Critique of Hegel's Philosophy of Law: Introduction"［1844］, in *Collected Works*, vol. 3, Karl Marx and Fredrich Engels, 182（New York: International Publishers, 1976）（城塚登訳『ユダヤ人問題に寄せて／ヘーゲル法哲学批判序説』岩波書店［岩波文庫］、一九七四年、八五－八六頁）、引用は Kojin Karatani, *Transcritique: On Kant and Marx*, trans. Sabu Kohso（Cambridge, MA: MIT Press, 2005）, xi-xii.（柄谷行人『トランスクリティーク』批評空間、二〇〇一年））

（4）Theodor Adorno, *Minima Moralia: Reflections on a Damaged Life*（New York: Verso, 1978）, 247.（三光長治訳『ミニマ・モラリア――傷ついた生活裡の省察』法政大学出版局、一九七九年、三九二頁）

第一章　批判理論の伝統のカント的起源——自由の調和的な戯れ《プレイ》

本章では、政治哲学における想像力（imagination）の役割、より特定するならば美的な理念の役割を強く擁護しようと思う。美的な理念の哲学的な重要性をより深く探求するためには、イマヌエル・カントの諸々の著作、とりわけ『判断力批判』を検討してみる必要がある。美的な理念、および政治哲学においてそうした理念がもつ重要性について議論を始めるにあたり、私の著書『イマジナリーな領域 *imaginary domain*』で取り上げた例、すなわちフェミニズム法学における見かけ上のパラドックスを解消するために私が展開した美的な観念から始めようと思う。美的な観念を構成するものについてのカントの労作と想像力とのあいだの複雑な関係に目を向ける前に、まずその議論から始めなければならない。

一九九〇年代なかば、アメリカ合衆国のフェミニズム運動は窮地に陥っていた。一方で、フェミニストの活動家や法律家たちは、女性が平等な権利を主張するにあたって、一九六五年の公民権法のなかの「セックス」という言葉を非常に効果的に活用した。「セックス」は「ジェンダー」になった。そして、差別かどうかの法的な基準は、男性と女性での異なる取り扱いが公正かどうかを検討するものであった。この論理は、司法のカテゴリーからすれば現実の差異は存在しないとしつつ、現実の差異や差別があるかどうかを決定することを意味していた。言い換えれば社会生活のレベルでは、女性が仕事を得るべく男性と同等であろうとするならば、彼女は実際に男性のライフスタイルを持たなければならないと文字通りに理解されたのであった。つまり、妊娠したり、あるいは子どもを育てる困難によって煩わされるようではいけないのであった。しかし、そうした論争で用いられる言葉は、セックスやジェンダーという私たちの観念を不当にも近視眼的なまでに狭く枠付けており、その結果、ゲイやレズビアン、トランスジェンダーの人々の権利が公民権法の射程から外されることとなった。[1] それでもなお、このような恐ろしい影響があったにもかかわらず、初期のフェミニズム法律家たちが成し遂げたことは記憶にとどめ置かれるべきである。職場への女性の参入を邪魔する障壁が低くされたことは、たとえそれが限られたものであったとしても、ひとつの成果であって決して否定されるべきではない。これはとりわけ、合衆国最高裁判所に在籍した二人の女性——ルース・ベーダー・ギンスバーグとサンドラ・デイ・オコナー——が、ロースクールのクラスを主席で卒業したにもかかわらず職を得ることができなかったかもしれないという可能性を考えたならば、そうであるだろう。しかし、この成果は認めるとしても、私たちとしては同様にまた、ゲイやレズビアンの理論家たちはなぜ、理想とみなされるようなフェミニニティ＝女性性（femininity）を作り上げる異性愛規範と不可分なものとして女性カテゴリーを問題にしたのか、ということを真剣に考えてみる必要がある。フェミニニティという主導的な概念は、ゲイやレズビアンを法の射程から外し、公民権運動の成功の外に置いたものの、フェミニニティという概念が最終的に強化されることによって、法によって切り開かれた現実の成果を多くの女性たちが手にすることも困難なものとする危険性を伴っていた。これは偶然ではない。

ジェンダー化された規範に内在するフェミニニティに対するこうした批判により、どういう形にせよ、権利の理念や法をさらなる真の平等へと向けた闘争のための手段として活用することに多くの人々が疑問を抱いた。とりわけ、性的な生のあり方にあてはめられる場合はそうであった。実際、この批判は、フェミニストは公民権のために戦うべきであるのか、それともジェンダーの平等という理念——それがゲイやレズビアン、トランスジェンダーの人々を含むように拡張されたものであるとしても——のために戦うべきであるのか、という疑問をフェミニストの一部に抱かせた。(2) 立法化はこのとき、敵になった。というのも、それは権利の概念を含意しており、それはたとえどれだけ分節化されようとも普遍化可能な性規範を復活させるものである。クイア理論が敵としたのは、まさにそうした普遍化可能な性的規範だった。これらの規範は、性的な享楽の土台を掘り崩すのみならず、セクシュアリティの諸形態を既定の規範の外側に押し隠すことによって、トラウマを課すものであると考えられた。

近年の文学理論および文化理論にかかわっている人々が性的な規範についてラディカルな批判を行う場合、精神分析に頼ることが多くなっている。バイセクシュアルな無意識という考えは、家族の価値についての破綻した議論において役回りを演じているヘテロセクシャルの通常＝規範性（normality）という息苦しい言語を覆すうえで重要な役割を果たしうる。クイア理論と一部のフェミニストのあいだの論争のなかから現れたように思われるこのパラドックスをジャクリーン・ローズはうまく要約している。しかし、性に関わる存在（sexuate being）としての私たちの問題への関心を、正義の問題として考えることなしにただ受け入れるのであれば、問題の全体像がいまだ手つかずで明らかにされていないままにあることをすぐに思い知ることになるだろう。

フロイトが『文明への不満』で述べているところによれば、「すべての者に妥当する単一の種類の性的な生のあり方が存在するべきだ……という要求」は、「かなりの数の者を性的な享楽から切り離し、その結果、深刻な不正義（“Ungerechtigkeit”）をもたらすこととなる」。けれども、彼自身がその本のすぐ前のページで書いているように、ある法が正義にかなったもの（“Gerechtigkeit”）であるためには、その法は普遍的なものでなければならない。つまり誰を選り好みするものであってもならない。もっとも、フロイトも付け加えているように、このことは、そうした法がもつ倫理的な価値について何も私たちに教えてはくれないのだが(3)。

普遍化可能な権利が存在すべきだと求める一方で、そうした普遍化可能な権利はすべて、それが保護しようとしていたもの——つまり私が身体的な自由（somatic freedom）と呼ぼうとしているものに対する権利——に反することになるだろうと主張した際にフロイトが抱え込んでいたジレンマを、ローズはとてもうまくまとめている。ローズは、このパラドックスが単に性的あるいは身体的な自由についての普遍化可能な権利に内在するだけでなく、さらに正義という概念それ自体に内在するものであると結論づけたのである。

このパラドックスについての私の解決策は、イマジナリーな領域という美的な観念を展開、あるいは擁護するというものであった。領域（domain）という観念は、ヴァージニア・ウルフによる、自分自身の場所の要求にまでさかのぼる。しかし、いま問題になっているのは、文字通りの実体としての領域ではなく——もちろん、私たちにはそのようなものも必要だろうが——、性的快楽にとって決定的なものとしての戯れ《プレイ》の受け入れによってもたらされる安全のなかで、自由に想像力の羽を広げることを許してくれる領域である。そのような領域を制限できるのは、同じように戯れのための空間を必要とし、また身体的な自由を必要とする者としての他者の尊重だけである。したがって、格下げ（degradation）が禁止される。格下げの禁止によって私が示そうとしているのは、性的な営みのあり方を理由として誰かが人類から登録抹消されたり、その人間性への尊重が失われたりするということがない、ということである。イマジナリーな領域は、このパラドックスをふたつのやり方で解決するであろう。第一に、権利が普遍化可能なものであるのは、私たちがそれぞれ性に関わる存在としての自分とうまく折り合いをつけるために必要な道徳的・心的空間としてである。広く定義された、性に関わる存在が意味するのは、受肉した有限の生き物としての私たち以外の何ものでもない。そしてこの存在は、性的な差異化や快楽とのいくらかの必然的な衝突を伴っている。イマジナリーな領域という空間は、私が格下げ原理として擁護してきたものによってのみ限界づけられるが、私は、この格下げ［原理］という言葉が、派手派手しい、あるいは不正確な仕方で使われることは意図していない。格下げ［原理］によって意図されているのは、表現されたセクシュアリティを理由として、その人から一人の人間としての平等な地位を現実に奪い去ってしまうような社会的実践――法的なものであろうとなかろうと――を禁止することだけである。言い換えると、レストランで並んで座っている二人のゲイの男性は、ホモセクシュアルへの偏見に満ちた侮蔑を抱いたヘテロセクシュアルの人々が近くのテーブルに座ったとしても、彼らの経験を格下げできはしない。なぜなら、そうしたヘテロセクシュアルな人々はそれでもなお、自らの人格性（personhood）を主張できるからである。しかし、もしゲイやレズビアンの人々に人間としての平等な権利が保障されていなかったならば、彼／彼女らは格下げされることだろう。同じことはトランスジェンダーのアイデンティティにもあてはまるだろうし、イマジナリーな領域において展開され表明される、いかなるセクシュアリティのあり方にもあてはまるだろう。格下げを行うものは、まさにフロイトが懸念を示していたものである。すなわち、セクシュアリティをよいもの・悪いものとして規制する規範である。けれども、法と社会の双方において女性の人間としての平等な地位を求めるだけでなく、生きられるセクシュアリティの他の形態や性的差異をも擁護してきたフェミニズムにとって必要だったものは、依然として身体的自由の理想という形をとるだろう。

イマジナリーな領域とは美的な理念であり、それはイマヌエル・カントに由来する美的な理念を借用したものであると私は既に述べた。美的な理念について論じた際にカントが述べたのは、天才によって創造された偉大な芸術作品に関することだった。もちろん、美的な理念についてのこうしたミニマルな見方をより明確に輪郭づけ、生き生きとしたものにすることによって、作品への私たち自身の反応を喚起しうる芸術作品と同じだけの力や精神を生みだすことは、いかなる美的な理念にも――イマジナリーな領域も含めて――不可能なことである。このように述べてみたものの、私の考えでは、政治哲学のもとでの想像力における仮設的な実験としての位置づけと理解を、美的理念に与えるのが最善であるように思われる。この議論を繙くにあたって、私たちとしては、なぜカントはこれらの美的な理念を理念と呼んだのか、ということに立ち返ってみる必要がある。もちろん、カントは身体的な自由というものについて語らなかった。しかし彼は確かに、自由を含め、厳密に論理的な仕方では決して提示されることのない、理性の偉大な諸理念を表象することの重要性について語っている。したがって、理性の偉大な諸理念に適合する概念がありえない以上、そのような自由の表象はつねに、類推を通じて、あるいは間接的な仕方での象徴化を通じて行われることになるだろう。現象的な存在としての私たちには、自らの感性にこうした偉大な諸理念の力を与えてくれる美的な諸理念を持つ必要があることをカントは十分に自覚していた。カントから引用すると、

そこで私はこう主張する、――この原理〔精神〕は、美的理念を表現する能力にほかならない、と。しかし私の言う美学的理念とは、精神力のある種の表象――換言すれば、多くのことを考えさせる機因をなすような表象を意味する。とはいえ、この理念には、いかなる一定の思想も、従ってまたいかなる概念も適合しうるものでない。それだからまたいかなる言葉もこの理念を完全には表現しえないし、またこれを説明し得ないのである。そこで美学的理念は理性理念の対応物（対の物）を成すものであることがわかる。逆に理性理念は、一種の概念――換言すれば、それにはいかなる直観（想像力の表象）も完全には対応しえないような概念なのである。(4)

カントにとって、美的な理念の強力な役割とは、それが精神を活性化することで、空疎な抽象化などには還元されえない、こうした偉大な諸理念を生き生きしたものにすることにある。ふたたびカントから引用すると、

> 美学的意味における精神とは、心意識において生気を与える原理のことである。そしてこの原理が心に生気を与えるために用いるところのもの、すなわちこの目的のために使用するところの素材は、心的能力〔想像力と悟性〕を合目的に活動させるところのものにほかならない、――換言すれば、心的能力はこうして自由な遊びを始めるのであるが、この遊びはそれみずから自分を保持しつつ、心的能力のはたらきをも強化するのである。[5]

イマジナリーな領域というのは、フロイトが気づいてはいたが決して解決することのなかったとローズが論じた疑似パラドックスの精神に対する、ひとつの解答として意図されたものである。しかし、身体的な自由という精神を、そしてまたそれを拘束するように思われるジェンダーについての規範に対する好戦的な批判を、私たちはどのように理解すればよいのか？　いずれにせよセックスとジェンダーはひとつの重大な問題になっている、すなわち、よき男性・よき女性であることが意味するものの理念に従うことがなかったならば陥ってしまうような何かになっている、というのは事実であるだろうか？

実際、ローズが同様に指摘しているように、女性にとっての道徳性の大部分は、フェミニンなセクシュアリティについての制約的な諸観念と結びついている。ローズは、性的な快楽を追求する私たちの多くについて「ふしだらな女 bad girls」としてレッテルを貼る道徳的な拘束に対して、私たちの世代の多くの者と同じように、彼女もまた抵抗したことを述べている。その場合、セクシュアリティの規範を破壊する一方で、人々に性的な存在として遊ぶ《プレイする》空間

を——それもそのような試みが帯びる道徳的な重要性を掘り崩すと同時に、少なくともセクシュアリティの享楽を承認されるべきものとして許容するような仕方で——提供することを、私たちはどのようにしたら行うことができるだろうか？　この問いに答えるために、ふたつの理由からイマジナリー（想像的＝構想的：imaginary）という語が選ばれたのである。第一に、私たちというもの——そして私たちの最も原初的な性的形成でさえも——は、他者が私たちについて抱くイマジナリーなイメージを通じて生みだされるのであり、そしてこうしたイマジナリーなイメージそれ自体がつねに道徳的な負荷をもちうるという、精神分析の洞察を確認するためにである。しかし、たとえつねに既に課され、そして実際に象徴化されているものであるイマジナリーを通じて、性に関わる存在としての私たちになる闘争を始めたとしても、それでもなお私たちは、少なくとも可能性の問題としては、それらの象徴化をやり直すことができる。これは、ジュディス・バトラーが非常に明晰に、著書『ジェンダー・トラブル』のなかで、言語の遂行的《パフォーマティヴ》な側面の観点から、とりわけジェンダーとセックスの観点から示したことではなかったか？　第二に、私がイマジナリーという語を選択したのは、さらに進行しつつある私たちのセクシュアリティの差異化をヴィジョン化し、そしてそれを実践＝演技する（act out）ことを可能にするような、私たち自身の身体と性に関わる存在の、肯定的で美的な戯れ《プレイ》のなかでイマジナリーがもっている遊戯的（playful）な役割を強調するためである。このような次第で、もし私たちがひとつの性に関わるあり方（a sexuate being）を運命づけられていたとしても、何が適切なのかということを道徳化し、そして私たちを厳格なジェンダー規範のなかに閉じ込めるような、死にゆくセクシュアリティへと運命づけられているわけではない。ここでイマジナリーという言葉に込められているのは、私たちのセクシュアリティが更に差異化していくなかでの戯れのフィールドの可能性を強調することであった。ジャック・デリダが好んでそう叙述しているように、あるダンスが共有されることによって共有されるようになる新たな振り付け（choreography）としてのプレイは、既存のダンスのうちに起源を持つものではあるけれども、しかし創造的な革新をもたらす可能性をつねに有しているのである。(6)

美的な戯れについてのシラーの洞察

性的な自由のパラドックスとは、この自由は、セクシュアリティそれ自体の中身を標準化＝規範化（normalize）することのない道徳空間を必要とする、というものである。イマジナリーな領域のひとつの側面は、最悪の種類の暴力を正当化しようとする独善のうちに容易に堕することのありうる、革命を目指す政治の過剰な真剣さから私たちを解放してくれる際の、美的な戯れ一般がもつ重要性について、フリードリッヒ・シラーが語った教訓を思い起こすというものである。美的なるもの（the aesthetic）の領域は、感性の要求とカント的な道徳哲学からの要求とのあいだでのみ見出すことができる、とシラーが考えていたのは有名な話である。シラーがそのようなバランスを求める努力を見出したのは、カント自身の美学のうちにであった。かくして私たちは、美的な対象についての判断における調和的な戯れに関してカントが行った議論について、簡単に振り返っておく必要がある。今のところ私としては、感性と道徳のあいだのバランスの必要性に関してシラーが行った洞察を組み込むような試みとして、イマジナリーな領域に焦点をあて続けようと思う。というのも、これはとりわけ、身体的な自由の観念と結びついているからである。この目的のために、シラーは次のような示唆を与えてくれている。

しかしこの感性的衝動の弛緩は、絶対に肉体的不能力と感受の鈍感さの作用であってはいけないので、そうしたものはあらゆる場合にただ軽蔑を買うだけである。それらは自由の一行動、人格の一行為でなければならないので、その道徳的な内向性によって、あの感性的なものが緩和され、印象を統御することによって面が受け取れるように、深さが取り入れられるのだ。性格は初めから気性のために、その境界をきめておかねばならない。なぜかといえば、精神などは感能にとってないほうがいいからである。同じようにまた、形式衝動のあの弛緩も、精神的不能力と思考力あるいは意志力の柔弱さの作用であってはいけないので、そうしたものは、人間性を卑しくするだけであり、感覚の充実さが、その称賛すべき源泉でなければならない。しかし感性そのものは、決定的な力をもってその領域に固執し、そして精神が侵略的な行為によって加えたがる暴力に対抗しなければならない。一言でいえば、材料衝動を人格が、そして形式衝動を受動性あるいは天性が、それぞれに自分の限界内で守らなくてはならないのである。[7]

ある意味において、道徳的で心的な権利として保護されるものとは、ペルソナの戯れや性に関わる存在としての私たちのドレスアップを伴っているという点で、言葉のより一般的な意味においてそれ自体、美的なものであり——もっとも、厳密にカント的な意味からすれば、美的であるとは言えないけれども——、セクシュアリティをもってする戯れのための空間である。

シラーは次のようなカントからの教訓を強調している。すなわち、社会主義リアリズムにおけるような、道徳への美的領域の従属は、感性と理性の双方からなる生き物としての私たちに美的な感情を通じて大いなる安らぎの感覚を与えてくれる自由の経験を、掘り崩してしまうであろう。道徳的な生き物としての私たちを強めてくれるものは、自由の経験である。けれども、ひとつの経験として、自由の経験は、たとえ——後に私たちが見るように——理性および悟性の双方によって促進されることはあったとしても、いずれかによって事前に制約されることなどありえない。シラーは次のような示唆を与えている。

力の恐ろしい国の真ん中に、法則の神聖な国の真ん中に、美的な教養衝動は人に気づかれないように、遊戯と仮象との第三の楽しい一国を建設し、その中で人間から一切の状態の鎖を取り去り、そして強要と呼ばれる一切のものから、肉体的にも道徳的にも彼を解き放っているのである。

権利の動力的国家のなかでは、人間が力としての人間に対抗し、そして自分の活動を制限しているとすれば、――義務の倫理的国家の中では、人間が法則の尊厳さをもって人間に対立し、そして自分の意欲を縛っているとすれば、――人間はこの美しい団欒の輪の中、すなわち美的国家の中では、人間にただ形態として現れ、ただ自由な遊戯の相手として相対していればよい。自由を自由によって与えることがこの国の憲法である。(8)

シラー自身の用語でいえば、イマジナリーな領域は、尊厳に対する敬意の問題として私たちに与えられている。そしてまた尊厳は、シラーが優美さ、そして自由の経験と呼んでいるもののために必要とされる心的な空間を要求する。しかし私たちは、美的な観念とは正確にはどのようなものなのかということや、美的な諸理念はより一般的に反省的判断にかんするカント自身の観念とどのように結びついているのかを問う必要がある――というのも、反省的な判断は、美的なものと崇高なものの判断の基礎にあるからである。まず、私たちはカントに目を向け、ある一定の感情、すなわち想像力、悟性、および理性という諸能力を調和的に活用する際に経験する生命の躍動の感情を、ある対象が私たちのうちに点火するからこそ、私たちはそのような対象を美しいものであると判断することができるのだとする彼の理解について考えてみるべきである。

美的なるものについてのカントの見解

周知のようにカントは、ある対象を美しいと判断するときに私たちが経験しているものは、単にひとつの感情ではなく――もっとも、それは感情のなかに起源を有しているのだけれども――、そのような判断の目的なき目的という経験に依拠するような感情である、と主張している。つまり、道徳的あるいは概念的な観点から美しい対象に興味をもっているのではない状態における感情である。私たちが注意を払うにつれ、精神や心の活性化という意味での快楽を私たちに与えてくれ、それと同時に、普遍的に伝達可能なものであり、かつ、あらゆる他者によって理念的には同意されうるものとして私たちの判断を擁護することを可能にしてくれる、私たちの諸能力のこの戯れは、正確にはどのようなものなのだろうか？　よく知られているように、第一批判『純粋理性批判』において、カントは〈darstellen〉という概念を導入している。これはゆるく訳せば、ある対象の描出（exhibition）、呈示＝現前化（presentation）ということになる。カントから引用すると、

およそ経験的概念には、自発的認識能力の三通りのはたらきが必要である。すなわち、（一）直観における多様なものを捕捉すること（apprehensio）、（二）この多様なものを対象の概念において統括すること、換言すればこの多様なものの意識に綜合的統一を与えること（apperceptio comprehensiva）、（三）この概念に対応する対象を直観において描出すること（exhibitio）である。そのうち第一のはたらきには想像力を必要とし、第二のはた

らきには悟性を必要とし、また第三のはたらきには判断力を必要とする、そしてこの判断力は、経験的概念が問題とされる限りでは、規定的判断力になるのである。(9)

第一批判において、ある概念を描出するということは、あらゆる対象にそれ独自の形態を付与する、時間的および／あるいは空間的な直観——独特の統一性をもった多様なるもの——とこの概念とを結びつけることを意味している。第一批判において、想像力は悟性に従属しているものであるというのはよく知られている。あらゆる形態は、第一批判では、判断を通じて規定された対象としてのみ私たちに与えられる。その場合の判断は、カテゴリー、あるいはア・プリオリな諸概念が描出されることを可能にする図式化を通じて行われる。規定的な判断のケースにおいては、想像力はつねにカテゴリーの図式化作用に従属する。そのおかげで、私たちはある特定の対象を、私たちの全ての概念的目的に適合するものとして判断することができる。

同様の仕方で、カントは『判断力批判』の最初の序文で、描出（darstellen）について語っている。しかしここでは、反省的判断力は、対象の単なる形態を捕捉するものとしての想像力を悟性に対応させるが、それは、諸概念を表示するという目的のために悟性が図式化を行うからではなく、形態付与能力を悟性がもつからである。そして、そのようなものとして、想像力はここでは形態一般を付与するという点においてのみ、その役割を果たさねばならない。カントがしばしば語るところでは、美しい対象の端的な形態とは、この形態が、あらゆる対象化のための叙述的な、あるいは客観的な条件以外のものであるということである。多様なるものに最初に形態を与えるものとしての想像力と悟性が連携している場合にのみ、想像力は形（態）と戯れることができる。けれども、ある対象についてそれが美しいと私たちに指示するのは、その対象の単一性である。そのあらゆる単一性を伴って私たちの前に存在しているのは、この対象である。

しかし、快楽を与えるものは、決して対象に直接に帰されるような側面ではなく、悟性と想像力の自由な連携に注意を払うときに感じる生命の躍動の快さという、主観的な感情に帰される側面である。この後者の側面は、人間の精神力の活性化という感情を私たちに与えてくれるのである。私たちが美的なるものについての反省的判断を位置づけるのは、対象のうちにではなく、主観のうちにである。カントが次のように示唆するとき、主観と対象とのあいだのこの関連について認めている。

> ところで経験的直観において与えられた対象の形式について、こういうことがあるとする、それは――この対象に含まれている多様なものの、想像力における捕捉と悟性の或る概念（それがいかなるものであるかは不定である）の描出〔直観における〕とが合致するという状態である。するとこの場合に悟性と想像力とは単なる反省において調和し、それぞれの仕事をたがいに促進し合うことになり、こうして件の対象は判断力に対してのみ合目的的なものとなり、したがってまたこの合目的性は単なる主観的なものと見なされるのである、それだからこの場合には、対象についての一定の概念は必要でなく、またこれによって産出されるわけでもない、かかる判断は認識判断ではないからである。そしてこのような判断が即ち美的反省判断と呼ばれるところのものなのである。[10]

本書ではずっと、反省の美的な判断のみを取り扱うことになるだろう。というのも美的な判断は、美的な理念と関連のあるものだからである。目的論的な生の形態、あるいはすべての自然法則がひとつの形態へと収束するシステムを自然が生み出しているとみなされるような場合にも、カントは反省的判断という言葉を使っているが、そうした用法は度外視することにする。後者の判断は目的論的で反省的なものであるが、そうした判断もまた、結局は自然の対象についての認知的な判断である。ここで注意すべき重要なことは、カントにとって決定の基盤はなお感覚であり、そしてその意味では、端的に主観的なものでなければならないということである。しかし、それは対象と結びついた感覚ではなく、想像力と悟性の調和的な戯れ《プレイ》と結びついた感覚である。もしこれが事実でないならば、感情に基盤をおいた美的判断が他者に伝達されることは不可能であるだろう。ふたたび、この問題についてカントから引用すると、

> だから美的判断は、その規定根拠が快・不快の感情と直接に結びついているところの感覚のうちに存するような判断である。そして美的－感覚的判断においては、かかる感覚は対象の経験的直観によって直接に産出される。しかし美的－反省的判断においては、この感覚は判断力における二つの認識能力、即ち想像力と悟性との調和的な遊びを主観において生ぜしめるところの感覚である、要するに与えられた表象において一方〔想像力〕の捕捉能力と他方〔悟性〕の表示能力とがたがいに促進し合うのである、そしてこのような〔両能力の〕関係がかかる形式だけによって感覚を生ぜしめると、この感覚が即ち判断の規定根拠になるのである。それだからこの判断は美的判断と呼ばれ、また主観的合目的性（概念をもたない）として快の感情と結びついているのである。(11)

こうして、カントにおいては、趣味（taste）についての規則はありえない。というのも、そこでは概念を通じたいかなる図式化も存在しえないからである。実際、美的判断は、想像力が概念化作用を果たすのを阻害する。もっとも、カントは、趣味のための指針として、私たち各人のうちに普遍化可能な美の理想を作ることを求める。たとえこの理想が、私たち各人のうちで独立に展開されねばならないものであるとしても。

第一批判でのカントの理想の用法は、第三批判における理想の用法と重要な点で違っている。カントから引用すると、『純粋理性批判』においては、「かかる場合に理想は、模写物をあくまで完全に規定するための原型イメージとして役立つが、それは理念が規則として用いられるのと同様である」[12]。『純粋理性批判』における理想は、最も完全な形態における理性の理想を表わしているという意味で原型というべきものである。理想とは、理念に全面的に適合する、ひとつの対象である。かくして、たとえば、ストイックな人格という徳の理想は、ストイシズムの諸徳目にとって全面的に適合するものである。明らかに、そのような完全な個人は思考のなかにしか存在しえない。少なくとも第一批判でのカントは、想像力による理想について極端なまでに懐疑的である。第一批判において、カントは、想像力の諸理想を、伝達不可能で空虚なイメージとして退けている[13]。しかし、『判断力批判』での美の理想は、想像力の理想とされている。この理想はもはや、空虚で伝達不可能なものとして非難されてはおらず、合理的な諸理念と次のように結び付けられている。すなわち、そのような合理的な理念は、完成のために必要な最高点の基準を表わしている、という意味においてである。美の理想に奉仕するモデルや原型は、もはや『純粋理性批判』においてそうであったようには厳密に区分されてはいない。しかし、美の最高の理想は、人間による例のうちにおいてのみ見出すことができる。カントは、人間の美の標準的な理想として区分されるものにつき、さまざまな文化のあいだでどのように意見の相違があるのかについて述べている。しかし、そうした文化のあいだで共有されているのは、理性の投影、そして最高点に対する理性の情熱である。その場合、普遍的に伝達可能な美の理想というのは、これが美的な判断にとっての理想であって、自らの人生のなかで道徳法則を実現しようと望む人間という、道徳的な例のうちにのみ見出される道徳的な判断ではないと考えられるという点で、一見したところアイロニカルなものである。その際、カントのうちには、あらゆる美的な判断についての指針として機能する美の理想と、完成への熱望を所与としたときその最高の形において人間という形象と結びつく美の理想とのあいだの区分が存在している。というのも、この人間という形象は、私たちの経験のうちに人間性の究極の目的を組み込もうとすべく想像力と連携しようとする、理性の熱望を表わしているからである。たとえ美の理想というものが、私たちすべてのうちであらゆる趣味判断において展開されるものであるとしても、それは結局のところ人間という形象に対してのみ適用可能であるにすぎない。これは、カントにとっては、完成という理想も含め、いかなる理想もその究極的な適用は概念的にその目的を把握することのできるものにのみ関わるからである。そのような目的は美しい花のうちには見出すことはできない。しかし、人間性という道徳的な熱望のうちに見出すことができるのである。

ルードルフ・マックリールは、花の自由な美と、人間という形象に依存した美をカントは区別している、と主張している。[14] そして、人間にとって美しいものについての文化的な規範を超えた普遍的な原型を私たちが見出すことができるのは、道徳を表現しようとする人間の熱望のうちにおいてのみであるのはどうしてかをこの区分が説明してくれるであろうということについて、私は彼に同意する。美しいものの理想はまた、カントのなかでは、原型としての役割以外のものも果たしている。道徳法則にしたがって生きることへの熱望の表現のうちにある美の理想を私たちに対して示してくれる古典的の例のひとつに、前の南アフリカの大統領であるネルソン・マンデラがある。しかし、美の理想はまた、私たちがそれぞれ自分自身で展開しなければならないものでもある。というのも、いかなる所与のルールや概念も参照することなしに、趣味についての自分自身の感覚を発展させることができるのは、そうした理想とのつながりにおいてのみだからである。カントにとって趣味判断は、一定の認知能力をともに有している人間として、私たちが共有すべき判断なのである。

「あるべし（should be）」という言葉を強調する必要があるだろう。というのも、カントがその sensus communis

（共通＝共同体感覚）において訴えかけているのが現実の公衆であるとするならば、一定の時と場所にある一定の共同体において自然な合意に達することができるような、共有された慣習的なルールがあるはずだからである。しかし、思い出してほしいのだが、カントにとって、趣味判断を理解するときの想像力における調和の感覚は、単一の対象についての判断のうちに起源を有しているに違いなく、そして実際、主観的に感じられた快楽の瞬間のうちに起源を有しているに違いないのである。こうしたわけで、カントは次のように論じている。

趣味判断はすべての人に例外なく同意を要求する。また何か或るものを美と断定する人は、すべての人が当面の対象に例外なく賛同を与え、自分と同様にこの対象を美と判定すべきであると要求する。それだから美的判断における「べし（Sollen）」は、判定に必要な一切の所与に従いはするものの、しかし常に条件付きで言明されるにすぎない。それにしても私たちが他のすべての人の同意を求めて憚らないのは、かかる同意に対する根拠が一切の人に共通に存するからである、そしてこの事例が賛同の規則としてのかかる根拠のもとに正しく包摂されているという確信をもつ限り、私たちはかかる同意を期待してよいわけである。(15)

後に、フェミニズム理論において崇高なるものがもつ役割について論じる際、私たちは sensus communis の長大な議論に立ち返ることになるだろう。さしあたってここでは、単に次のことを強調するにとどめよう。すなわち、もし sensus communis、あるいは共通感覚が現実の共同体であり、そして判断のための慣習的な基準を提供しているのがその現実の共同体なのだとしたら、主観および感情のうちにある美的判断の起源は掘り崩されるだろう。現実に感じ取られるもの、そして想像力の自由な戯れおよび想像力と悟性の連携のなかで他者が快楽を経験することができるように、正確に伝達されうるものとは、単一の対象についての単一の判断でなければならないのである。

私たちはすべて、ある意味で、この快楽と触れあうことを許容してくれる美の原型あるいは理想のようなものを自分自身で発展させることを命じられている。しかし、ここでカントは理想について、決定的概念（determinative concept）に還元されないのはいわずもがな、一連の厳格なルールにも決して還元されえないものとしての統制的理想という以上のことを語っている。人類＝人間性（humanity）それ自体と同じくらい大きな、拡大した共同体は、この展開と結びついているのである。あるいは、より正確には、ある理想の調整へと向けた継続的な努力と結びついている。カントはこうした見立てをなぞるように、次のように示唆する。

> しかし私たちはこの《sensus communis》を、「共同体（gemeinschaftlich）感覚」の理念の意味に解せねばならない、要するにかかる共通感覚は一種の判断能力——換言すれば、その反省において他のすべての人の表象の仕方を考えのなかで（ア・プリオリに）顧慮する能力なのである。それというのもこの判定能力による判断を、〔すべての人の理性をことごとく包括するような〕いわば総体的人間理性と引きくらべて、或る種の錯覚——換言すれば主観的な個人的条件がややもすれば客観的条件と誤認されるところから生じて判断に有害な影響を与えるような錯覚に陥ることを免れるためにほかならない。ところでこのことは、私たちが自分の判断を他者の判断——と言っても、実際の判断というよりはむしろ可能的判断に引き当て、自分自身を他者の立場に置いてみることによってのみ可能である、またそのためには、私たち自身の判定に偶然的に付着しているところの種々な制限を、考えのなかで度外視する必要がある。なおこのことはまた次のような仕方によっても行われる、すなわち——私たちの表象状態に含まれているところの質料すなわち感覚をできるだけ除き去って、もっぱら私たちの表象ある

いは表象状態の形式的特性だけに注意を向けることである。なお反省作用のかかる操作は作為的に過ぎるので、私たちが共通感覚と名づけているところの能力にこのような操作を認めるわけにはいかないと思われるかもしれない。しかしこの操作は、私たちがこれを抽象的な方式によって表現するから、そのように思われるだけのことである。いやしくも一般的規則の用をなすような判断を求めようとするならば、感覚的刺激や感動などを度外視するのはもとより当然でなければならない(16)。

かくして、sensus communisとは、「あるべし」の共同体である。カント自身は、この共通感覚が構成的な原理であるのか、それとも統制的理想のような、理性のより高次の原理であるにすぎないのかを、決して完全には明らかにしていない。しかし、次のように彼が述べるとき、この問題について見せる彼のゆらぎに十分なテクスト構造を与えることができる。

ところで共通感覚というこの不定な規範は、実際にも私たちによって前提されているのである、私たちが趣味判断を行うことを肯定してはばからないという事実は、このことを十分に証拠立てている。しかしかかる共通感覚は、経験を可能ならしめる構成的原理として実際に存在するのか、それとも理性のいっそう高い原理が、いっそう高い目的のためにまず共通感覚なるものを私たちのうちに生ぜしめ、これを規制的原理に仕立てるのか、――それだから趣味は根原的な自然的能力なのか、それともかかる能力から獲得されるような人為的能力の単なる理念にすぎないのか、したがってまた趣味判断は普遍的同意を要求しはするものの、実際には理性の要求にほかならないのであって、「べし」――換言すれば、すべての人に共通な感情と各自の特殊な感情との合致という客観的必然性はかかる合致の可能を意味するだけであり、趣味判断はこの原理の適用の一実例を挙示するにすぎないのか、——私たちはこれらの問題を、ここではまだ究明するつもりはないし、また究明できるものでもない。そこで私たちは、さしあたり趣味の能力をその要素に分解し、結局はこれらの能力を共通感覚という理念において再び合一させるだけにとどまらざるを得なかったのである。[17]

カーク・ピロウが主張するには、ある対象の形態は、美的なるものについての判断のなかで快楽として主観的に感じ取られるものであり、美的な理念の主題となる内容についての解釈は崇高なるものについての解釈的行為をともなうものとして理解されるべきだという。[18] しかしカントは明らかに、美的な対象はそれ自体、美的な理念の表現であると述べている。だから、少なくともカントについては、ピロウが行ったような厳格な区分を行うことはできない。しかし、崇高なるもの——とくに数学的な崇高さ——についての一定の判断に内在する隠喩的転写（metaphoric transfer）における世界制作（world-making）の強い判断とピロウが呼ぶものと、想像力が偉大な理性理念に適合する直観を探求する際の象徴的転換（symbolic transference）という弱いバージョンとして彼が述べるものを区別する——たとえ象徴化は決してその熱望を達成しないであろうことを知っていてもなお——という点において、彼は正しいと私は思う。さらにまた、最終章においてフェミニズム理論および多文化主義にかかわる問題について論じる際、ピロウが崇高な判断に帰している比喩的転写がもつ世界制作のより強力な潜在能力へと、私たちは立ち戻ることになろう。さしあたっていま、私たちが注意しておく必要があるのは、対象の単なる形態についての判断においては、理論理性および実践理性は、一般的な理念および／あるいは単なる理念についての概念という形でのみ現前しているにすぎないということである。この理由から、批判哲学で理論理性と実践理性が通常、相互に排他的に展開されるのに先行する形で、趣味判断はこれらの理性の基礎的な絡み合いを含んでいる。

たとえ第一批判においてカントが、あらゆる理論的な認識と規定的判断におけるカテゴリーの直観に対応する図式化を必要としていたとしても、美的なるものについての判断においては、知覚的な直観とあらゆる直観の限界を超える諸理念とのあいだにもはや厳格な区分はない。第三批判においては、対象の単なる形態という形をとった知覚的な直観と、単なる観念という形をとった諸理想は、趣味判断においては密接に結びついて現れてくる。美的なるものについての純粋な判断のもとでは、想像力は多様なるものをこの対象のひとつの形態の描出へと収束させる。このとき、そのような対象の形態は、最大限の完成を達成すべく理性と結びついた熱望のもとで快楽を生みだすことで、精神を活性化させる。かくして、悟性および理性は、趣味判断のなかでさえも、相互に作用し合いながら異なった仕方で作用する。それは、想像力が美の原型や理想と接触しつつも決してこれらの理想によっては規定されないで自由に戯れることと対応する。ふたたびカントから引用すると、

> だから私たちは、趣味の所産のあるものを範例（exemplary）と見なすのである。しかしそれは他者を模倣することによって趣味が習得できるという意味ではない、趣味は独自の能力でなければならないからである。ところが模範を模倣する者は、手本通りに真似る限りでは確かに熟練を示しはするが、しかし彼はこの模範をみずから判定し得る限りにおいてのみ、自分の趣味を証示するのである。してみるとこういうことがわかる。すなわち——最高の模範即ち趣味の原型は、各人が自分自身のうちでみずから産出せねばならないような理念にほかならない、そして彼は趣味の対象となり、また趣味による判定の実例となる一切のもの、それどころかすべての人の趣味をすら、この理念に従って判定せねばならない、ということである。理念（idea）はもともと理性概念

を意味する、また理想（ideal）は、理念に完全に適合するとみなされるような個別的存在者の表象を意味する。ところで趣味のかかる原型は、最高のものという不定な理性理念に基づきはするが、しかし概念によるのではなく、個別的な描出によってのみ表象されるのである、だからこのような原型は、美の理想と呼ばれるほうが適切である。また私たちは、たとえかかる理想を現に所有していないにしても、これを私たち自身のうちで産出しようと努力するのである。美の理想は、取りも直さず想像力の理想にほかならない。この理想は概念に基づくのではなくて、描出に依拠するものだからである。そしてかかる描出の能力が想像力なのである。ところで私たちは、どうしたら美のかかる理想に達するのだろうか。ア・プリオリな仕方によるのだろうか、それとも経験的な仕方によるのだろうか。またどんな種類の美が理想をもちうるのだろうか。[19]

この原型がひとつの理念として理性の格律と接触する程度にまでそれぞれの存在のなかで独自に展開されるべきだとしても、この原型は、理性の諸理念と結びついたものとして理解されねばならない。この場合、理性は、美しいものの単なる形態についての判断のなかで果たすべき中心的な役割――たとえ、美の理想における熱望として格律を描出するだけの役割、という意味であったとしても――を有している。少し別の言い方をすると、そのような判断のもとでは、想像されたものは、諸理念の能力としての理性と何らかの仕方で関係付けられていなければならないだけでなく、さらに加えて、悟性とも自由に関係づけられていなければならない。

美についての純粋な判断のなかで、想像力は、理性の格律という単なる理念を集積のための基準として――たとえ決定的な形ではなくても――活用しながら、多様なるものを集積する。それは、たとえ私たちの目には「この美しい赤いバラ」として現れるときでさえもそうである。美の理想と単なる理念とのあいだのこのような接触は、なぜ美は道徳性の象徴になりうるのかについての私たちの理解を深めてくれる。悟性の助けを借りて自らの格律をひとつの理念として探求しようとする理性の、想像力におけるこのような接触のゆえに、美しい対象についての判断は、ある意味、美的な理念を表現している。かくして、理性は、理性の格律を設定することによって、たとえ間接的にではあっても反省的な判断のなかで美についての判断を示してくれる。私がこの点を強調するのは、理性の役割はつねに、崇高なるものについての判断のなかで強調されてきており、そしてそれは正しいことだからである。というのも、理性の格律がなければ、趣味判断は、美の不確定な役割とは何の関係もないことになってしまうだろうからだ。

現象としての感覚的対象の観念性は、対象の形式がア・プリオリに規定せられることの可能を説明する唯一の仕方である。同様に合目的性の観念論もまた、自然および芸術における美を判定する場合の唯一の前提であり、この前提のもとでのみ批判は、すべての人に妥当することをア・プリオリに要求するような趣味判断の可能を説明し得るのである（とはいえこの場合に、対象において表示される合目的性の根拠を概念に求めるのではない）[20]。

その場合、美は道徳性を象徴化することができる。というのも、美は、実践理性と反省的判断の双方にとって共通の、自由の経験に訴えかけるものであるからである。しかし、すでに示唆したように、美がこのことを行うことができるのは、美の理想それ自体が、理性の熱望に内在する格律に訴えかけるものだからでもある。

崇高なるものについてのカントの見解

崇高な理性はもちろん、動的なるものと数学的なものの双方において、より直接的な役割を果たしている。想像力は、数学的な完全さを達成しようとする理性の熱望の前に崩壊する。精神は、いかなる直観をもってしても十分には想像できないものを数学的に作り出すことができる。かくして、マックリールが論じたように、カントの批判哲学のなかですべての対象の理想性（ideality）の根底にある超感覚的な層を前にして、理性はよろめく。[21] 動的な崇高なるものにおいて、私たちは快楽を、美しいものについての判断のなかにあるものとして経験するのではなく、海の力強い潮流や、星空の広大さ、あるいは暴力的な嵐の激烈さに対したときの私たちの卑小さを理解するときの苦痛、そして活気のセットとして経験する。怖れ――あるいは緊張でさえも――の瞬間は、私たち自身の道徳的な自由の観点から自然の力を前にして、私たちが――たとえ私たち自身がいかに小さきものであっても――自らについて抱いている尊重の道徳的感情を活性化させるのだ。

カントが注意を促しているように、私たちは、崇高な判断を通じて自然の力を判断できる存在となるために少なくともふたつの条件を満たしておく必要がある。第一に、私たちは相対的に安全でなければならない。そうでなければ私たちは恐怖に圧倒されるだろうし、また自分自身を道徳法則のもとに置くことが可能な生き物として、自らの自由を理解することによって生みだされる道徳的な感情に注意を払うこともできなくなる。第二に、カントが明示的に主張するところによれば、人間がその周囲にある物理的な世界を前にして身震いしないためには、美の理想やその涵養（cultivation）がなければならないだけでなく、さらに現実の文化的（cultural）な発展がなければならない。その場合、崇高さについての感情は、道徳的な生き物としての私たちの生と分かちがたく結びついている。数学的な崇高さは、私たちのすべての経験の根底にある超感性的な世界の超越論的な理想性を通じて最もよく理解することができるという点で[22]、私はマックリールに同意するけれども、それでもなお、理性が世界のなかで私たちの自由と折り合いを付けようとする最も充溢した熱望へと回帰するという点で、二つの条件には道徳的な次元が現前しているのである。このことは、崇高さについてのカント自身の著作のなかで明らかにされている。

私たちは計り知れぬ広大な自然についても、また自然の領域の量に関する美的判定に適応するような尺度をもつためには私たちの能力では不十分であるということによっても、私たち自身に限界があることを知った。しかしまたそれと同時に私たちの理性能力について、これとは別の非感性的尺度のあることも知った。そしてこの尺度のもとでは、自然の無限性すら一個の単位をなすにすぎない、したがってまたその尺度に比すれば自然における一切のものはすべて小である。こうして私たちは、自分自身の心意識において、計り知れぬ広大な自然をすら凌駕するような優越性を見出したのである。それだから自然の威力の不可抗性は、なるほど自然的存在者としての私たち人間には私たちの無力を思い知らせはするが、しかしまたそれと同時に、自然の威力を無視して判定する能力と自然に対する優越性とを私たちのうちに開顕するのである。それだから私たちのそとにある自然によってときに侵害され、危険に陥れられるような自己保存とはまったく異なる種類の自己保存が、かかる優越性を根拠として確立されるのである。人間は自然のかかる強制力に屈服せざるをえないにしても、しかし一個の人格としての私たちのうちにある人間性は、そのためにいささかも抑損されることがない。自然は、私たちのうちに恐怖の念を喚びおこすから美的判断において崇高と判定されるのではなくて、私たちが常に気遣っているところのもの（財産、健康、生命など）をすべて小であるとし、したがってまた自然の強大な威力（私たちは、財産や生命などについては確かに自然の威力に屈服している）をすら、私たちと私たちの人格性とに対する強制力と見なさないような力（これはもはや自然ではない）を私たちのうちに喚起するからこそ崇高と判定されるのである。もしこの場合に私たちの最高原則やその主張もしくは放棄にかかわるような事態が生じるとしたら、私たちとても自然のかかる強制力に屈服せざるを得ないだろう。それだから自然が崇高と呼ばれる理由は、まったく次の点にある、すなわち——自然は想像力を高揚させる、するとこの高揚された想像力は心のある種の状態——換言すれば、私たちの心意識がその本分に具わる崇高性を自然そのものにすら優越する性質として自覚し得るような状態を表示するにいたる、ということである。(23)

描出（darstellen）のカントによる最もオリジナルな使用法のひとつは、直観的表出（hypotyposis）という彼の観念である。彼が説明するように、

およそ感性化を旨とする直観的表出（hypotypose：描出 subiectio sub adspectum）には二通りある、すなわち図式的であるか、さもなければ象徴的であるか、ふたつのうちのいずれかである。第一の場合には、悟性のこととする概念に、これに対応する直観がア・プリオリに与えられる。また第二の場合には、理性によってのみ考えられる概念、したがってまたそれにはいかなる感性的直観も適合しないような概念に、ある種の直観が配せられるのである。そしてかかる直観に判断力の手続きが合致するのは、判断力が図式化において観察するもの、すなわち単に類似するものについてだけである。換言すれば、判断力の手続きが例の〔理性〕概念と合致するのは、この手続の規則についてだけであって、直観そのものについてではない。したがってまた反省の形式についてだけで

あって、その内容についてではない[24]。

カントによれば、象徴的な形成はふつう、想像力に相当するもの（Gegenbildung）を通じてなされ、そして直観的な対の部分（Gegenstück）を形成しようとする。そこで熱望されている理性の理念は、象徴的な類似物を通じて特定される、あるいは私たちの感覚に対してより鮮明なものとなる。カントが述べているように、象徴的な描出においては、

私たちは想像力のこのような表象を理念と名づけてよい。その理由は第一に、少なくともこの表象は、経験を越えて存在するところの何か或るものに到達しようと努め、従ってまた理性理念（知性的理念）をできるだけ完全に表現しようとするからである。なおこれによって理性理念には客観的実在性の外観が与えられるのである。また第二の、しかも主たる理由は、内的直観としてのかかる表象には、いかなる概念も十分に適合しうるものでない、ということである。詩人は、不可見な存在の理性理念、例えば在天の聖徒の住む国〔天国〕、地獄、永遠、創造等をも感覚化してはばからない。また経験においてその実例が見出されるもの、たとえば死、嫉妬、さまざまな罪悪ばかりでなく、愛や名誉等にも、想像力を駆使して経験の制限を越え、自然においてはついぞその実例を見ないほどの完璧な形を与えてこれを感覚化しようとする。そしてこの場合に想像力は最大のものを追求しつつ、理性の示す模範と相競うのである。それだから、詩こそ、美学的理念の能力がその本領を余燼なく発揮しうる芸術である。しかしこの能力は、それだけとして見れば本来一個の（想像力の）才能にほかならない[25]。

仮設的な想像力

ジョン・ロールズは周知のように、想像力による実験を仮定することによって、可想的な自己（noumenal self）の理念を特定しようとした。ここでは、政治哲学における、そうした自己の概念の特定が探求されている。ロールズは可想的な自己を、無知のヴェールの背後に自らを置く者として、すなわち階級やジェンダーといった要素の観点からみた自らの現実の社会的地位についての情報を一切もたない状況にあり、かつ、道徳的に動機付けられた自由な人々は、自らに対してどのような正義原理を打ち立てるだろうか、という観点から、反省することの可能な状況に置かれた者として描き出した。ロールズは、次のような示唆を与えた際に、その原初状態という理念を、ひとつの表象の装置としてはっきりと擁護している。

> ここで、私たちは、第二の難題――とはいっても表面的な問題にすぎないが――に直面する。説明するとこうである。私が述べてきたことから、原初状態が表象＝代表（representation）の装置とみなされ、それゆえ当事者によって到達された同意は仮説的で非歴史的なものとみなされなければならないことは明らかである。しかし、もしそうだとすると、仮説的な同意は拘束力を持ちえない以上、原初状態の意義はどんなものだろうか。答えは、すでに述べたことのなかに暗に示されている。それは、表象＝代表の装置としての原初状態のさまざまな特徴の役割によって与えられる。[20]

私たちは誰も、道徳的判断を行うために自らの自己利益を超えた地点に立つことのできるような、現実に肉体から分離された非歴史的な人間などではない、と論じた批判者たちに対する回答として、ロールズは原初状態をひとつの表象装置として擁護する。しかし、その全体としてのカント的な道徳の構成は、次のような考えにかかっている。すなわち、たとえ私たちは理論的な意味においては上述のような道徳的判断を行うことはできないとしても、実際には私たちはそのような判断を行う能力をもっており、そして道徳的自由がひとつの可能な行為態様となるような立場を仮定することはまったくもって可能なのである、という考えに。

独創的な著作である『正義論 ***A Theory of Justice***』のなかでロールズは、第三批判に由来する用語を用いてはいない。しかし彼の関心は、定言命法や道徳的人格としての私たちに対するその要求を経験的な理論のなかに導入し、その結果、正義にかなった行為への欲望を通して私たち自身を理解できるようになることなのである。というのも、正義にかなった行為をすることによって、私たちはみずからのうちに、相互尊重と自己尊重の倫理を涵養するからである。ロールズは、正義にかなった行為がなぜ特定の種類の自己充足、すなわち目的の王国という統制的理念を通じて自分たち自身の諸目的を調和させることが可能な他の自由な者たちとともにある自由な存在として、自分自身を想定することができる者にのみ開かれた自己充足への欲望を表すのか、ということを示そうとする点において、カントの議論に新たな追加を行おうとしている。ロールズから引用すると、

原初状態は、経験論の枠組みにおけるカントの自律の構想と定言命法についての手続き的解釈として見ることができるだろう。諸目的の王国を統制する原理は原初状態で選択されると考えられるものであり、原初状態を描写することで私たちは、そのような原理に基づく行為が自由かつ平等で合理的（rational）な人格としての私たちの自然本性を表現するという意味を説明することが可能となる。自律と定言命法というカントの観念は、もはや

純粋に超越的なものでも、人間の振る舞いとのあいだに解明可能な関連を欠いているものでもない。原初状態という手続き上の構想が、そうしたつながりをつけてくれるからである。(27)

第三批判の用語に置き換えるならば、ロールズは、自らの行動を目的の王国への訴えかけを通じて統制しようとする道徳的な人々としての私たちの自由という、偉大なるカント的な観念に、感覚的な形態を与えようとしている。だとすると、なぜ正義にかなった行為を行うことが日常生活における充足を求める人々としての私たちに対して訴求力をもつのか、ということを私たちの経験的な自己に対して表象するのに役立つものとして、ロールズが想像力を強調することにも意味がある。ロールズは、無知のヴェールを美的な理念として語ったことはない。しかし、私がここで示唆しているのは、経験的な理論と調和した形でのカント的な道徳理論における無知のヴェールの役割についての彼の主張はまさに、決して概念化しえない偉大な理性理念に形を与えるうえでカントが美的な諸理念に許容していた種類の役割なのだ、ということである。

その著書のまさに冒頭から、ロールズは明らかに、可想的な自己と、彼が経験的理論と呼ぶものとを調和させるべく、そのような自己に形を与えるやり方としての想像力の役割に関心をもっている。しかし、私たちの可想的あるいは道徳的に自由な自己についての想定と両立するような仕方で情報についての制約を形象化しようとする彼の最初の試みは、無知のヴェールではなかった。彼の初期の論文「公正としての正義」から引用すると、ロールズは、正義原理の採択へと私たちを導くであろう道徳法則を心に描くことができるものとして、無知のヴェールとは異なる想像力の実験を形象化している。

この考えは、すべての人々が、他の人々もまた行うと合理的に期待されるような確固たる契約を予め行うように要求されるべきであり、しかも、何人も、正統な不満であるかどうかを決める基準を、自分自身の特殊な状況にあうように作り上げたり、さらに、その基準がもはや自分の目的にあわなくなれば、それを放棄するというような機会を与えられてはいないということである。それゆえ、各人は一般的な種類の諸原理を提案することになろう。そして、このような諸原理がその意味を獲得するのは、大部分、それらがさまざまな場合に適用されることによってであるが、これらの原理が適用される場合の個別的状態はまだわかっていないのである。このような諸原理は、他の人々の競合する諸利害が存在する場合、他の人々の諸利害もまた同様の制約を受けるであろうと想定して、実践の設計において自分の利害が制約を受けることに対して、各人が最も抵抗を感じない諸条件を表すであろう。このようにして生じるであろう諸制約は、ある人が、その敵によって自分の位置が割り当てられることになるような実践を設計している場合に、念頭に置いておくであろうような制約であると考えられるであろう。(28)

ロールズは、その仕事の全体を通じて、現象的な存在としての私たちはなぜ正義にかなった行為を選ぶのかを現実に説明すべく、自律的な自己についてのカントの考えをどのように経験的理論と調和させるかということに明らかに関心をもっている。

もし、私たちの自由に基盤をおいた正義にかなった世界を想像することができるとしたら、現実にいる現象的な存在はどのように正義へと動機づけられうるのかを説明するうえで、想像力というものがいかに決定的な役割を果たすのかということを、私たちは――少なくとも潜在的には――説明することができる。第三批判においてカントは、ロールズがつねに立ち返っていたのと同じ問題に関心をもっていた。すなわち、私たちはどのようにして、定言命法を私たちの「自然的な傾向」や日常の欲望と関係づけることができるのか？　これはまさに、美的＝感性的（aesthetic）な理念に本質的にかかわる問いである。それゆえ、私がここで示唆したいのは、想像力がもつ媒介的な機能についてのロールズの主張は、カントの第三批判を通じて最もよく理解することができる、ということである。これとは非常に異なる立場――もっとも、政治理論において想像力というものがもつ役割を明確に擁護する立場ではあるが――から、ハンナ・アーレントは、カントの政治理論は『判断力批判』のうちにしか見出すことができない、と論じている[29]。美的な諸理念がもつ重要性というのは、概念化することのできない重要な理性概念の像を感覚領域へともちこむことをこれらの理念が可能にしてくれる、という点にある。したがって、ロールズが自分はカントの議論に重要な追加を行ったと記しているのは、ある意味において正しい。というのも、たとえ想像力の役割はロールズにおいては決して哲学的に擁護されていないとしても、彼の仕事は、想像力がもつこの媒介的な役割を許容しているからである。ロールズから引用すると、

〔カント本人の〕議論に欠けている部分は表現の概念にかかわってくる。道徳法則から行為することが私たちの自然本性を表現し、それと対立する原理から行為することは私たちの自然本性を表現しないということを、カントははっきり分かる仕方で示してくれなかった。

私はこの欠陥が原初状態の構想によって修復されると信じている。最も重要なのは、以下のことを示す論証を私たちが必要としていることにある。すなわち、自由かつ平等で合理的な人々が選ぶ原理があるとすればどのようなものであるかということ、またそうした諸原理は実践に適用可能でなければならないということ、である[30]。

ロールズはある意味で、この仮設的な想像上の実験を提供することによってカントの二元論を克服することができたと考えている。私の目的は、諸利益についての制約を形象化しようとしてロールズによってなされた試みのいずれかについて、それが道徳的に自由な人格というカントの考えと両立しているという理由で擁護することではない。むしろ私の目的は、自らを無知のヴェールの背後におくという仮設的な実験のようなもののなかで想像力がもつ、媒介的な役割についての必要性を擁護することにある。

想像力についてのカントの両義性

想像力がもつ媒介的な役割は、実際、可想的な自己、および目的の王国を形成するうえでの道徳的調和といった偉大な概念を形作るための、強力で必要不可欠な方法である。しかし、政治理論において想像力に中心的な位置を与えようとするのであれば、『人倫の形而上学の基礎付け』や『実践理性批判』ではなく第三批判に向かう必要があると指摘している点でアーレントは正しい。実際、『実践理性批判』のなかでカントは、道徳法則にアクセスするためには想像力が必要であるという考えを否定している。彼は、道徳法則を特定の状況において適用すべく、それらの法則を図式化するために想像力は必要ではない、とさえ主張している。悟性の諸概念はつねに、経験の対象に対して適用可能であるためには超越論的な想像力の図式を必要としているのに対し、これとは反対に、実践理性の理念は道徳法則を描出するタイプとして悟性の自然法則のみを必要とする。道徳法則と自然法則とのあいだのこの異質性は、道徳法則とは理性の事実であるというカントの議論のゆえである。『実践理性批判』においては、想像力の役割は、道徳法則の指示に私たちが実際に従っているかどうかを把握する手助けをすることに縮減されており、自己検討という形でしか寄与していない。想像力の役割について複雑な読みを与えているカントの著作全般のうちに、大きな両義性があるわけである。

第三批判における崇高さについての部分でカントは、「自由の理念は究明できないため、いかなる積極的描出もあらかじめ排除されている」[31]と述べている。崇高さの場合、自然の偉大なる力を前にして私たちに崇高さの感覚を与えるのはまさに、私たち自身の人格の尊厳に対する想像力の失敗なのである。したがって、確かにカントのうちには、道徳法則が要求するものについての積極的な描出として美的な理念を用いることに慎重であるべき理由が存在している。しかし、カントは必ずしもつねにこの点について一貫しているわけではない。そして、とりわけ『判断力批判』に焦点をあてることで、カントの批判哲学における象徴形式の役割についてより厳格であるようにエルンスト・カッシーラーの著作を導いているのは、まさにこの一貫性のなさである。道徳理論のなかで想像力がもつ役割に対してカントが示す不信の内容とは、想像力は幸福への欲望に焦点をあてがちであり、それゆえ定言命法による要求から私たちを遠ざけてしまう、という点にある。しかし、初期の著作である「実用的見地における人間学」においてカントは、想像力は私たちの傾向が理想化されるのを可能にし、それゆえ「高次の」趣味と道徳の要求とのあいだの調停を想像するのを助けてくれるとして、想像力に明らかな位置づけを与えている。[32]もちろん、同じように、目的論的な諸観念と自然、および道徳の目的とを統合した世界の道徳的なイメージを描出するうえで、想像力には中心的な役割が与えられる。徳性と自然の和解のためには、実際、想像力による媒介が必要とされる。それによって私たちは、歴史の目的を描き出すこと、究極的には人間性の自由という自然の最終的な目的をヴィジョン化することが可能になるのである。かくして、世界市民という目的論的な理想は、神の見えざる王国という抽象的な理想を特定し、これに想像的《イマジナリー》な内容を与える。そういうわけで、無知のヴェールという特定の美的な理念についてどう考えるのであれ、定言命法を経験的理論のうちに導入するうえでの、そしてそのような命法が私たちの自己充足の欲求に対して実際に指示を行う仕方を形象化するうえでの、想像力の役割についてのロールズの暗黙の理解については、いまだ多くの語るべきことがある。

より大ざっぱにいうと、ディーター・ヘンリッヒの有名なフレーズを用いるならば、カントの批判哲学全体に内在する世界の道徳的イメージは、幸福と自由との和解、すなわちカントにおいては統制的な理想以上のものでは決してありえないような和解を含意している。(33) ポール・ガイヤーがしばしば念押しするように、カントにとっての批判理論は、その核心において目的論的なものなのである。(34) ここでもまた、想像力が役割を演じる。というのも、カントが予言的記憶と呼ぶものを通じて、私たちは彼のなかに、歴史の進歩のサインを読み取ることができるからである。カントは周知のように、フランス革命における闘争を共感をもってながめた観察者（spectator）たちならば、このできごと――そのうちに含まれるあらゆる失敗をも含めて――を歴史における進歩の印として理解することができるであろう、と論じた。人間の想像力は、そのようなできごとの摂理を進歩のサインとして理解するうえで必要なものである。カントの道徳理論における究極的な目的論的要素は、私たちはつねに人間性それ自体を私たちの究極的目的として扱わねばならないのであって、そしてこれこそが世界観察者および世界市民の中心的な役割を画すものである、という点にある。世界観察者も世界市民もともに、人間性が進歩しているとするサインを伝えるものとして現実のできごとをイメージするために、究極的に必要なものである。カントにとって、進歩は決して理論的に証明可能なものではない。それは、ヘーゲルにおいて精神の展開についての哲学的説明を通じて、進歩についての証明がなされたのとは、あるいはまたマルクスにおいて共産主義という形での成就へと至る階級闘争の究極的な発展という形で証明がなされたのとは、異なった立場である。私たちが進歩を見てとるのは、ひとえに歴史のなかの現実のできごとをそうした進歩のサインとして読み取るような想像ができるからである。

そのようなサインについて理解し、そして思い描くために、私たちはフランス革命にまでさかのぼる必要はない。ネルソン・マンデラが二七年間の投獄をへて南アフリカの大統領に就任した日は、私たちのうちその観察者であった人々によって、私たちが人類として達成したあらゆるもののサインとしてイメージされた。それは、ベルリンの壁の崩壊がそのシグナルとなったリベラルな資本主義の不可避的な進歩に関する勝ち誇った物語と反対の立場の、進歩的な諸理念にコミットし続けたままであった多くの者がこだわったサインであった。[35] カントは、世界観察者および世界市民というもののなかで想像力が中心的かつ不可欠な役割を有していることを、この想像力というものがなければ私たちはこれらのサインを進歩として読み取ることはできないだろうということを示唆しながら、非常に慎重に論じている。私たちは、歴史の意味を人間性にとっての統制的理念として描き出すために、これらの歴史の意味を「予言」しなければならない。『判断力批判』の後半部分において、カントは、私たちの人間性を私たち自身の目的としてとらえる統制的な理想——それはもちろん、定言命法の定式化のひとつであるが——は、究極的な目的を描き出すという意味において目的論的なものであることを雄弁に論じている。それは、決して知ることのできない目的ではあるが、しかし自然のうちに占める私たちの位置を想像するのに——そして実際、これを研究するためにも——現実に役立つ目的である。この究極的な統制的理念——それはもちろん、その核心において目的論的なものであるが——は、人間文化の発展である。人間の自由が求めるのは地上の目的の王国に他ならないからである。目的の王国において、私たちは、人間性それ自体をひとつの理念として自らの目的とするだけでなく、さらに、ガイヤーが思い起こさせてくれるように、特定の諸目的を選択する人間の能力を維持・促進するということをも行うのである。

その場合、このテロスのうちには究極的に、人間性の理想と自然とのあいだの目的の調和が存在する。ガイヤーが正当にも指摘しているように、もし、このテロスを和解のひとつの理想として真剣に捉えるならばカントを彼自身の議論に対立するものとして読むべきであり、そしてセクシュアリティと自殺についてのカント自身の議論は全体として整合的ではないと主張すべきである。というのも、これらのものについての彼の議論は、私たちの本性はいずれかのかたちで私たちの目的を限界づけることができるのであり、それゆえ私たちの自由を限界づけることができる、ということを示唆しているように思われるからである。人間の究極的な目的――もし、私たちがひとつの目的として考えられるならば――は、次のような意味においてのみ美的でありうる。すなわち、それが、私たちとは何者でありそして何になるのかということを想像する行為であって、そのうちに――『イマジナリーな領域』のなかで私が示唆したように――私たちの身体的な自由の描写も含まれている、という意味においてのみである。[36] かくして私は、性的差異を理由とした人々に対するどのような立場づけについても、そのような性的差異が帯びる性格の観点から固定することができる――つまり、女性の肉体のもとに生まれてきたという理由で彼女たちは劣った者であることを運命づけられているとか、あるいはゲイやレズビアンは自然に反する、というように――と論じることは、カント自身の議論とは両立しないことはないにしても、カントの精神とは両立しない、と論じてきた。ガイヤーから引用すると、

自殺に反対する議論の一部においてだけでなく、人間のセクシュアリティについて取り扱った部分においても、カントは確かにこの原理を用いているけれども、彼はそうすることに何の正当化も行ってはいない。自然はそれ自体、私たちにとっての一定の目的を設定しているというようないかなる示唆も、人間の自由がもつ無制限の力や無条件の価値をカントが強調していることとは両立しないように思われる。実際、カント自身は、自殺やセクシュアリティについての扱いのなかでさえも、目的の選択という局面において人間の自由の行使を自然の目的が

無効化するのを私たちは許容することができないということを、最終的には承認している。(37)

私たちの行動を統制する目的論的な理想として想像され、投影された世界の道徳的イメージとは、人間は自分自身の目的を設定し、そして自分自身の目的を他者の目的と調和させようとするだけでなく、できる限り最善を尽くしてあらゆる他者の能力や目的を促進しようとする、というものである。アマルティア・センが、福祉や潜在能力の平等についての自らの理論は、カントのうちに見られる世界の道徳的イメージや批判哲学の広範な義務論的な精神と整合的なものであると主張しているのは正当である、と私は思う。

もし私たちが自然と和解可能なものとして自分たちの自由を描き出そうとするのなら、想像力における「かのように」が欠かせないものとなる。つまり、このような推論形態に関しては、必然的に「かのように」という質が存在するのである。なぜなら、このような世界の道徳的イメージは決して証明できるようなものではないが、もし私たちがこれに投資するなら私たちの行動の指針となりうるからである。実践理性の主体における、そしてまた美的な判断の主体における、この「かのように」という性質は、私たちが自らの希望を根付かせることのできる主体についての理論など存在しない、ということを意味している。同様にまた、世界に望みはないのだということを証明しうるような主体についての理論などといったものも存在しない。本章の冒頭で論じたように、主体というものを初めて脱中心化したのはカントである。ヘンリッヒは、カントの批判哲学――このような世界の道徳的イメージの措定を含めて――は、彼が反省の第二のレベルと呼んでいるものを許容するだけでなく、命じるものである、と論じている。ヘンリッヒはこの反省の第二のレベルを次のようなものとして描いている。

知の源泉についての反省は、それゆえ、信頼しうる知が可能であるために必要不可欠なものとして承認される。

それ自体に依拠する批判的な思想の登場は、規範は理性の自己覚醒以外にはその源泉を持ち得ないという発見にとって、根本的に重要なことであった。妥当であろうとなかろうと、理性の内的転回から生じる言説は、理性とは規範の源泉なのだという洞察の基盤となる。逆説的なことではあるが、落ち着いた合理的な洞察だけでなく、自己のエンパワメントについての強い感情として表明された、独特な理性のパトスもまた、批判的な反省から生まれてくる。たとえ合理的な言説が実際には誤謬の基礎となることがありうるとしても、理性の批判的な能力は、外部からのコントロールや混乱を免れた生活を送るうえでの基盤となりうるのである。[38]

ヘンリッヒは私たちに、反省の普遍的な第三のレベルを想起させる。このレベルにおいては、理性それ自体は逆らいようのない幻想に他ならないとみなされる。私たちの内の他の何かの必要、あるいは私たちの意思だけが私たちを生存へと向けて突き動かす、という。そうなると、生存が唯一の可能な目標である。その結果として、あらゆる世界イメージは否定され、世界の出来事のなかでのいかなる大きなあるいは重要な変化も見捨てられる。このような世界のヴィジョンは、おそらくはニーチェの著作にしたがってポストモダン文学と現在呼ばれているもののいくつかや、リスク・マネジメントの形をとった近年の政治科学《ポリティカル・サイエンス》の著作のいくつかを、皮肉な仕方ではあるが説明してくれる。反省の第二のレベルは、それでもやはり違ったあり方もありうる「かのように」という一種のパトスを私たちに残してくれる、とヘンリッヒは論じているが、私はこの点で彼に同意する。というのも、私たちがなお目的の王国という理念に従って生き続けることは、つねに可能であるからである。

カントがルソーと共有しているのは、私たちには世界の道徳的イメージが必要であるという深い確信である。人間の自由という理想は、究極的には、歴史のモーターにおいてそれ自身を現実化するものとして示されると、ヘーゲルとマルクスはより野心的に論じている。たとえ私たちにはこの自由を証明することができないことが分かっているときでさえも、進歩的な政治へと私たちの多くを突き動かすものは、自由のパトス、およびこのパトスから生じる自己エンパワメントという激しい感情である。非常に興味深いことに、ヘンリッヒによって描かれた反省の第三のレベルは、カントの影響を受けている批判理論家には決してもつことができない——なぜなら、自分たちがよりよくあり得るということを、私たちは決して知ることはできないから——主体についてのある種の確信を私たちに与えてくれる。センは最近の著作のなかで、人間の精神の小型化を憂う議論を雄弁に行っている。(39)私としてはここで、超越論的理想主義にとって必須である想像力のうちに究極的に組み込まれた理性のパトスをもし私たちが放棄したならば、このような小型化は避けられないであろうことを付け加えておきたい。私たちにはこのパトスが必要なのであり、実際のところある意味では、有限さのもとにある私たちにはこのパトスに直面することが求められているのである。それはもしかしたら、カントは私たちに主体についての理論を提供しており、それゆえ彼の理論は不可避的に自我中心的なものである、とする非難に潜む究極的なアイロニーであるかもしれない。カントの理論が、自然と自由が和解可能な世界を想像《イメージ》していることに疑いの余地はない。しかし、それこそが彼の理論が実際に行っていることなのである。この理論はそのような世界を想像《イメージ》しているのである。

ヘンリッヒが雄弁に論じているように、もし、私たちが『判断力批判』からの教訓を真剣に捉えるならば、あらゆるカントの合理的な体系のうちで想像力が果たす役割についての知識をもって、カントの批判理論の精神を和らげることが必要になってくるだろう。それが、主観的な自己確信についてのあらゆる観念を掘り崩すことになるのを承知のうえで、ヘンリッヒから引用すると。

私たちはこの信念——自由の基盤は自己とは異なるという——を、行為主体の自己主張をはるかに越えたそれらの包括的なイメージのなかへと統合することができるだけである。とりもなおさず、このことが意味しているのは、私たちは有限の主体を新たなる方法で知覚しなければならないということである。たとえば私たちは、そこから規範的な原理が導出されるような主体の観念というものを享受することができる。たとえそのような主体は、自己イメージあるいは自分によって生みだされた動機づけをもっていないとしても。私たちに必要なのは、そのような主体はそれ自身を説明あるいは創出するような存在として理解される必要はない、ということに注意することだけである。閉じた、完全なシステムの形態を描出する何かがあるかもしれないが、けれどもそれは、システムそれ自体のなかではアクセス不可能な基盤に基づいたものでなければならない。私たち自身をこのような仕方で考えるということは、私たちは完全に自己包摂的なものではないので、私たちには自由のパトスを生みだすことはできないと認めることである。有限なる主体の構造について私たちが知っていることに鑑みて、私たちは、それでもなお正統なやりかたで、自らの行為を方向付けることができる。けれども、私たちは、私たちを通して生みだされる自由のパトスは、その起源を他の源泉のうちに有しているのだということを忘れてはならないのである。[40]

カントの思想のうちでの美的なものの中心性によるこのような緩和が、カントの批判哲学の根底にある世界の道徳的イメージを維持するのに十分なものであるかどうかということが、本書の残りの部分の主題となる。明らかにこれは、ヨーロッパ的な世界の道徳的イメージであり、そうでない仕方では想像されえない。かくして、ヘンリッヒが念押しするように、私たちが真に人権を支え得るような世界のヴィジョンを促進しようとするのならば、それはヨーロッパのような場所で作り出された単一のイメージに基盤を置くものであってはならない。私たちには、人間性の理念をこれまでとは違った仕方でイメージする大胆さが必要になってくるだろう。帝国主義の残存し続ける力によってあまりにも長いことその哲学が信用失墜されてきた世界の部分において生みだされた他の哲学体系のもとでも、想像できるようなものとして。複雑きわまるグローバル社会においては、私たちは、いかなる世界の道徳的イメージについても次のような文脈のもとで再考する必要があるだろう。すなわち、世界を同一の仕方で眺めることをあらゆる者に求めるのではなく、永遠平和の理想や、私たちの尊厳に値する自由な人間性の可能性といったものを支える重なり合う合意をそれぞれ異なる世界観のもとで求める、ワールドワイドな射程をもった諸理想を探求するという文脈のもとで。その際、普遍的な妥当性によって私たちは、単に西洋の文脈のもとで生じた主張にだけでなく、さまざまな相異なる文化や伝統の文脈のもとでなされた人間性についての主張を明確にすることにも、正統な位置を与えることが求められる。自由の理想や永遠平和の理想に位置づけを与えることができるような世界観の変革は、喫緊の関心事というべきものである。戦争によって食い荒らされた世界へと向かう破滅への脅威にもかかわらず、これらの理想が国際法の現実の制度構造を導くものとして活性化されるとき、そのような仕事は、自己決定的な生のための限界づけられた空間をもたらしてくれるであろう。

次の章で、私はハイデガーとデリダを、真理についての彼らの見解として受け入れられてきた一定の知見に反した仕方で、究極的には、知り得るものについての限界はまた知り得ることそれ自体の条件的な構造を形作るものでもあることを示唆する仕方で読んでみようと思う。皮肉なことに、私たちの自覚的な生に対して当てはめられたとき、このような洞察は、ヘンリッヒの用語を借りて言えば、反省の第三のレベルを特徴付ける意識の自然主義的な還元を禁止するものとして、ポストモダン文学の一連の潮流に反する形で理解することができる。実際、ハイデガーとデリダは、次のことを理解するのを助けてくれる。すなわち、意識的な生の多面的な限界、そして――無意識として、あるいは、私たちがどのように構成されているかに関する何らかの理論として――知り得ないことへの意識的な生の依存についての私たちの知識を、たとえ私たちが無視したりあるいは押さえ込んだりすることができないとしても、そのような知識はまた、知り得ないものは幻想であると示すことができ、そして統制的な理想としての希望というテロスを約束するあらゆる道徳的な世界観を破壊するのにも用いることができるのだという考えを拒絶することによって、ある種の実践的なニヒリズムを掘り崩しもするということを。私たちははじめにデリダとハイデガーに目を向け、その後に、実存についての黒人の哲学者たちに目を向けることにしよう。というのも、この伝統は、ヨーロッパの批判哲学において提示された世界の道徳的イメージを通じて研究を行うと同時に、それを改訂してきたからである。

注

（1）Judith Butler, *Gender Trouble: Feminism and the Subversion of Identity*（New York: Routledge, 1999）（竹村和子訳『ジェンダー・トラブル――フェミニズムとアイデンティティの攪乱』青土社、一九九九年）を参照のこと。
（2）Wendy Brown, *States of Injury: Power and Freedom in Late Modernity*（Princeton, NJ: Princeton University Press, 1995）を参照のこと。
（3）Jacqueline Rose, *States of Fantasy*（Oxford: Oxford University Press, 1998）, 88.
（4）Immanuel Kant, *Critique of the Power of Judgment*（Cambridge, UK: Cambridge University Press,2001）, 192（∽49, 5: 314）（篠田英雄訳『判断力批判（上）』岩波書店［岩波文庫］、一九六四年、二六七－二六八頁、亀甲括弧内は邦訳書の訳者によるもの。以下同様。）
（5）Kant, *Critique of the Power of Judgment*, 192（§49, 5: 313）（『判断力批判（上）』、二六七頁）
（6）Jacques Derrida, "Choreographies. An Interview with Jacques Derrida and Christie McDonald," *Diacritics* 12, no.2（1982）: 66-76.
（7）Friedrich Schiller, *Essays*, ed. Walter Hinderer and Daniel Dahlstrom（New York: Continuum, 1993）, 125（小栗孝則訳『人間の美的教育につ

いて』法政大学出版局、二〇一一年、八九‐九〇頁）

（8）Schiller, *Essays*, 176（『人間の美的教育について』、一六九‐一七〇頁）

（9）Kant, *Critique of the Power of Judgment*, 23（20: 220),（篠田英雄訳『判断力批判（下）』岩波書店［岩波文庫］、一九六四年、二七一頁）

（10）Kant, *Critique of the Power of Judgment*, 23（20: 221）（『判断力批判（下）』、二七二頁）

（11）Kant, *Critique of the Power of Judgment*, 26-27（20: 224),（『判断力批判（下）』、二七七頁）

（12）Kant, *Critique of Pure Reason*, trans. and ed. Paul Guyer and Allen Wood（Cambridge, UK: Cambridge University Press, 1998), 552（A569/B597）（篠田英雄訳『純粋理性批判（中）』（岩波書店［岩波文庫］、一九六一年、二三八頁）

（13）Kant, *Critique of Pure Reason*, 552（A570/B598）（『純粋理性批判（中）』、二三八頁）

（14）Rudodf Makkreel, *Imagination and Interpretation in Kant: The Hermeneutical Import of the Critique of Judgment*（Chicago: University of Chicago Press, 1995）を参照のこと。

（15）Kant, *Critique of the Power of Judgment*, 121-122（§19, 5: 237）（『判断力批判（上）』一三一‐一三二頁）

（16）Kant, *Critique of the Power of Judgment*, 173-174（§40, 5: 293-5: 294）（『判断力批判（上）』、二三二‐二三三頁）

（17）Kant, *Critique of the Power of Judgment*, 124（§22, 5: 240）（『判断力批判（上）』、一三六頁）

（18）Kirk Pillow, *Sublime Understanding: Aesthetic Reflection in Kant and Hegel*（Cambridge, MA: The MIT Press, 200）を参照のこと。

（19）Kant, *Critique of the Power of Judgment*, 116-117（§17, 5: 232）（『判断力批判（上）』、一二一‐一二二頁）

（20）Kant, *Critique of the Power of Judgment*, 225（§58, 5: 351）（『判断力批判（上）』、三三三頁）

（21）Makkreel, *Imagination and Interpretation in Kant: The Hermeneutical Impact of the Critique of Judgmenent*（Chicago: University of Chicago Press, 1995）を参照のこと。

（22）Makkreel, *Imagination and Interpretation in Kant: The Hermeneutical Impact of the Critique of Judgment*（Chicago: University of Chicago Press, 1995）を参照のこと。

（23）Kant, *Critique of the Power of Judgment*, 145（§28, 5: 261-262）（『判断力批判（上）』、一七四‐五頁）

（24）Kant, *Critique of the Power of Judgment*, 225（§59, 5: 351）（『判断力批判（上）』、三三四頁）

（25）Kant, *Critique of the Power of Judgment*, 192-193（§49, 5: 314）（『判断力批判（上）』、二六八‐九頁）

（26）John Rawls, *Political Liberalism*（New York: Columbia University Press, 1996), 24.

（27）Rawls, *A Theory of Justice, Revised Edition*（Cambridge, MA: Harvard University Press, 1999), 226.（川本隆史・福間聡・神島裕子訳『正義論（改訂版）』紀伊國屋書店、二〇一〇年、三四五‐六頁）

(28) Rawls, *Collected Papers* (Cambridge, MA: Harvard University Press, 1999), 53-54,（田中成明編訳『公正としての正義』木鐸社、一九七九年、四〇－四一頁）

(29) Hannah Arendt, *Lectures on Kant's Political Philosophy*, Ronald Beiner ed.（Chicago: Chicago University Press, 1992）（仲正昌樹訳『カント政治哲学講義録』明月堂書店、二〇〇九年）を参照のこと。

(30) Rawls, *A Theory of Justice, Revised Edition*, 224.（『正義論（改訂版）』、三四三－四頁、亀甲括弧内は邦訳書の訳者によるもの）

(31) Kant, *Critique of the Power of Judgment*, 156（§29, 5: 275）（『判断力批判（上）』、一九八－九頁）

(32) Immanuel Kant, *Kant: Anthropology from a Pragmatic Point of View*, Robert Louden and Manfred Kuehn, eds.（Cambridge: Cambridge University Press, 2006）（渋谷治美訳「実用的見地における人間学」、『カント全集　第十五巻』岩波書店、二〇〇三年）を参照のこと。

(33) Dieter Henrich, *Aesthetic Judgment and the Moral Image of the World: Studies in Kant*（Stanford, CA: Stanford University Press, 1992）.

(34) Paul Guyer, *Kant's System of Nature and Freedom: Selected Essays*（Oxford, UK: Oxford University Press, 2005）, chapter 8.

(35) Francis Fukuyama, *The End of History and the Last Man*（New York: The Free Press, 1993）（渡部昇一訳『歴史の終わり（新装版・上下）』三笠書房、二〇〇五年）

(36) Drucilla Corrnell, *The Imaginary Domain: Abortion, Pornography, and Sexual Harassment*（New York: Routledge, 1995）（仲正昌樹監訳『イマジナリーな領域――中絶、ポルノグラフィ、セクシュアル・ハラスメント』御茶の水書房、二〇〇六年）を参照のこと。

(37) Guyer, *Kant's System of Nature and Freedom*, 171-172.

(38) Henrich, *Aesthetic Judgment and the Moral Image of the World*, 71.

(39) Amartya Sen, *Identity and Violence: The Illusion of Destiny*（New York: W. W. Norton, 2006）（大門毅監訳『アイデンティティと暴力――運命は幻想である』勁草書房、二〇一一年）を参照のこと。

(40) Henrich, *Aesthetic Judgment and the Moral Image of the World*, 78-79.

第二章　現存在における尊厳――被投性と歓待のあいだ

カントとハイデガーは対比されることが多い。その際、特にハイデガーは救いようのないナチとして、最終章で詳述する世界の道徳的イメージを完全に拒絶しているというひどい描写をされることがある。しかし、このような描写では、ハイデガーが論争的なカント解釈で自身の哲学的探究をはじめたことが忘れられてしまいがちである。しかもこのカント解釈は、ハイデガーの後の画期的著作『存在と時間』に影響を与えている。ある意味でハイデガーは、カント哲学に不可欠である超越論的想像力の観念を発展させ、また自身の現存在の実存的・存在論的理解のために超越論的想像力の意義を引き出したのである。ハイデガーは、形而上学の新しい学的根拠を顕わにしようとしたカントや自分自身の試みは、有限性によって限界づけられる動物（creature）が、いかにして普遍的で必然的な知識を獲得できるのかという、一見したところパラドクスに見えるものを解決しようとしたものだと主張している。[1] ハイデガーが言うように、カントは、私たちのあらゆる知識は、純粋理性を限界づけ、そして制約している有限性そのものに由来しているのだという真理を明らかにすることによってそれを行ったのである。

ハイデガーは、伝統的合理主義者の形而上学にきわめて批判的であり、有限性という本質的な限界が、制約的であるとともに力を与える（enabling）ものであることを示唆している。理論理性の限界を把握することによって可能になるそうした力は、実質的には、カントが超越論的想像力の中心的な役割を理解するやり方へと変換される。その中心的な役割によって私たちは、ハイデガーが対象性の地平と呼んだものへと開かれる。そこにおいて私たちには規則的（rule-like）で合法則的（lawful）な自然としてあらわれるような認識可能な対象の領域が与えられ、私たちをとりまく世界の知識についての真理の主張が可能になるのである。ハイデガーにとって、有限性と超越はコインの裏表に過ぎない。そして私たちは、超越論的想像力が世界への感受性と理解の両方において果たしている役割の意義について、認識が十分に一致するとしたらそれはなぜなのかを理解できるだけである。ハイデガーは次のように述べ、有限な動物はどのようにして、私たちの世界を作り上げている存在者と関係しなければならないのかという分析を始めた。

有限性のもとに認識する動物は、自分自身ではなく、またそれが作り出したものでもない存在者に対して、そのすでに眼前にある存在者がそれ自身、遭遇しうる場合にのみ関係することができる。しかし、この存在者にありのままに遭遇できるようにするためには、その存在者はすでに一般的に、そして存在者として前もって、つまりその存在者の構成との関係において「認知 recognize」されなければならない。しかし、これが意味しているのは、存在論的な認識は、ここではつねに前‐存在論的なものだが、それは一般に、存在者のようなものがそれ自身として有限な動物の前に立ち現れることができるための可能性の条件であるということだ。有限な動物はこうした……へ対立させながら立ち向かうという根本能力を必要とする。この根源的な立ち向かいにおいて、有限な動物は一般にはじめて、その内部でその存在者にあるものが「対応」しうるような活動空間をあらかじめ自分で保持する。自らをあらかじめこのような活動空間において保持し、その活動空間を根源的に形成することが、存在者に対するすべての有限な構成要素を際立たせる超越にほかならない。しかし、存在論的な認識の可能性が純

> 粋綜合に基づき、しかも存在論的な認識はまさに……を対立させることを構成するとすれば、純粋綜合は超越の内的な本質構造の合一的全体を接合し、そしてそれを担うものとして開示されるものでなくてはならない。純粋綜合のこうした接合構造の開明によって、理性の有限性の最も内的な本質が顕わにされるのである。(2)

この純粋綜合の含意の開明は、ハイデガーが詳細に示そうとしているものであり、それは想像力の媒介的役割についての伝統的な形而上学的観念をいかにしてカントが拒絶しているかというものである。そのかわりにハイデガーは、超越論的想像力がこの必然的な純粋綜合の形成的核心であると主張している。ハイデガーにとって超越論的認識は、先ほど読んだように、その言葉に固有の意味において超越を含意している。人間の認識を超越論的なものとして、また必然的に超越を含むものとして理解することによってのみ、カントの想像力の理論が伝統的な西洋形而上学に激震をもたらした理由とその仕組みを私たちは十分に把握することができる。ハイデガーによれば、アプリオリな綜合判断が可能である理由についてのカントの説明は、人間存在が存在の認識を得ることを可能にする超越の探究を要するとされる。ハイデガーは、アプリオリな判断の可能性について次のように示してはっきりと述べている。

> しかし、問題とされているアプリオリな綜合判断においては、さらに別の仕方の綜合が重要である。この綜合は存在者について、経験的に引き出されたものではない何かを提示しなければならない。このように存在者の存在の規定を提示することは、存在者に先行的に関係することであり、このような純粋な「……への関係」（綜合）が、その内部で存在者がそれ自体において経験的綜合の中で経験可能となるようなそれへと向かうこと（das Worauf）と地平を形成する。このようなアプリオリな綜合をその可能性において開明すべきなのである。こう

した綜合の本質に関する研究を、カントは超越論的研究と名づける。「私は、対象にではなく、対象についての私たちの認識のあり方一般に、認識がアプリオリに可能である限りにおいて関わっているすべての認識を超越論的と名づける」。それゆえ、超越論的認識は、存在者そのものを研究するのではなく、それに先行する存在の理解可能性、すなわち同時に存在者の存在の態勢を研究する。超越論的認識は存在者への純粋理性の超出（超越）に関わるのであり、その結果、この存在者に対し、いまやはじめて経験が可能的対象として適合しうるのである。(3)

こうしてハイデガーはカントについて次のように結論づけている。

超越の問題によって形而上学の代わりに「認識論」がおかれるのではなく、存在論がその内的可能性に関して問われるのである。

もし認識の本質に認識の真理が属するとするならば、アプリオリな綜合的認識の内的可能性の超越論的問題は、存在論的な超越の真理の本質への問いである。「すべての経験的真理に先行し、そしてそれを可能ならしめる超越論的真理」の本質を規定すべきなのである。(4)

アプリオリな綜合判断はいかにして可能かという点についてのハイデガーによる解釈の背景に反することなしには、私たちは、カントが超越の問題を何らかの存在論の内的可能性として措定しているという彼の主張を十分に理解できない。そのときにのみ私たちは、カントの想像力の理論が、西洋の形而上学の分水嶺であるのみならず、ハイデガーが『純粋理性批判』第二版の大幅な改訂の原因になったと指摘するところの深淵にカントを直面させたことを理解できるのである。この考えに、ハイデガーはあっさり「しかし、超越はいわば有限性そのものである[(5)]」と同調している。超越論的想像力の理論がカントを深淵へと導いたとハイデガーが信ずるに至った理由を手短かに検討するが、さしあたってここではハイデガーが主観性の有限性と名付けたものに対するカント自身の考察に立ち戻ってみよう。

ハイデガーによると、カントにおける有限性は、純粋理性が空間と時間の感性的直観を通じることなくして経験の対象に到達できないということのうちに示されている。これらは、超越論的想像力によって展開され、『純粋理性批判』の超越論的感性論（transcendental aesthetic）によって提出されている有限的な限界づけである。さらにハイデガーは、カントが感性と悟性における想像力の形成的役割を前提することで、想像力の伝統的な媒介的役割を破棄したのだという。言い換えれば、想像力は感性や悟性の後に来る派生的なはたらきではなく、対象に向かっていくために、あるいはハイデガー独特の言葉でいえば「それらを落ち着いて把握する」ために、純粋悟性がどのような形で純粋直観に根ざしているのかをまず把握しなければならないと主張しているのである。ハイデガーを再び引用してみよう。

しかし、立ち向かわせる地平が、そのようなものとしてはたらくためには、この呈示的性格は知覚可能性を必要とする。知覚できるということは、直接に直観において受容可能だということである。それゆえ、知覚可能な呈示として、先行的に、そして恒常的に純粋な光景として提示されなければならない。このことから、有限な悟性の立ち向かわせは、対象性そのものを直観的に呈示しなければならない。すなわち、純粋悟性は悟性を導き、そして担う純粋直観に基づかねばならないということが生じてくる[(6)]。

対象がその親和性、連結性（connectedness）のうちに、またしたがって時間的間隔を通じたたがいの分化のうちに私たちの前に現れるその前に、空間と時間の地平のイメージがなければならない。ハイデガーは、カントによって指摘されたこの複雑な点を理解する助けとするため、実体の例を用いている。カントにおいて実体とは、時間を通じて持続するものである。持続とは、ある「今」から別の「今」へと移行する時間的位置づけにおいて同じであり続けるものであり、時間を「見ること looking」によってのみ、その持続のイメージのあらかじめの見通しは得られる。言い換えると、実体とは単に現在の存在者（a present being）なのではない。存在者（a being）とは私たちが時間的持続として把握するものであって、時間そのものの純粋イメージ、すなわち原イメージを持ちうるときのみ捉えることができるものである。ハイデガーは「およそ外感に対する量（quantum 外延量）の純粋な形像は空間である。しかし感性一般に対する一切の対象の純粋な形像は時間である」[7]というカントの主張を、自身は拡張しているのだと信じている。言い換えれば、ハイデガーのカント読解は、経験的直観において経験されるあらゆるものの地平を前 - 形成する純粋イメージを時間が与えるのだとしている。しかし、この純粋直観のはたらきが超越論的想像力に属するとされるので、そのなかで前 - 形成されるものは想像されたものでなければならない。

しかし、この想像された（imagined）奇妙なものは何なのだろうか。物の現われを可能にするものであるから当然に、物ではないのだろうか。この奇妙な何かは、まさしく現実のあらゆる対象についての経験的直観が前提としている、可能性の地平である。

想像力は前もって対象性そのものの地平の光景を、存在者の経験に先立って形成する。しかしこうした時間の純粋イメージにおける光景形成は、単に存在者についてのあれこれの経験に先立つだけでなく、前もってつねにあらゆる可能な経験に先立っている。したがってこのような光景の提供において、想像力は前もって、また端的に決して存在者の現存性に依存することはない。想像力はこのように存在者の現存性に依存しないから、たとえば実体、すなわち恒常的不変性のようなまさしく想像力の純粋図式の先行的形成が、一般に恒常的現存性のような或るものを視野のなかにもたらし、その恒常的現存性の地平においてはじめてあれこれの「対象の現前」がそのものとして示されうる。したがって超越論的図式性においては、現前しなくても直観しうるという想像力の本質が、原則的により根源的に把握されるのである。結局のところまた、まさに図式性は、想像力の「創造的」本質をはるかにより根源的な意味で示している。想像力はなるほど一般的に存在的には「創造的」ではないが、形像の自由な形成作用としては十分に創造的である。人間学は、産出的想像力もまたなお感官表象に依存していることを示唆している。これに反して超越論的図式性においては、想像力は時間という純粋イメージにおいて根源的に描出的である。想像力は端的に、経験的直観を必要としない。したがって純粋理性批判は、直観的性格もまた自発性をも同じくより根源的な意味で示しているのである。[8]

カントにおける想像力は、感性的直観において中心的役割を担っている。なぜなら、あらゆる対象の現前において前提とされなければならないこの可能なる何かの観点から、その知覚を前‐形成する能力があるからである。感性的知覚の最も原初的なレベルにおいて、想像力は一定程度、自律している。想像力がその自発性において感受性（receptivity）と悟性の両方の根底に位置づけられるという独特の道筋は、カントにおける想像力が、私たちの世界の事実の後に来るものではなく、それを形成するものであることを説明している。ハイデガーの読解によると、想像力はつまり、感性と悟性の両方における超越論的自由であり、そこで想像力はあらゆる対象性のアプリオリな前提条件としてはたらくのである。

「実体」の例で見たように、私たちは対象を現前として見ている。なぜなら、私たちは「いま・ここ」の地平における存在としての「実体」の時間化された見通しを有しているからである。私たちは対象を、変わらないものとして、つまり時間的に持続する実体として見る。なぜなら、私たちは対象を、その形式において残存し続ける「複数の今」の連続を通じて、継続しようとするものの時間的地平に対して見るからである。想像力は存在的に（ontically）は創造的でない。これはカントが、自分はバークリーやデカルトのような意味での観念論者ではないと強調していた理由である。可能的かつ現実的な対象の地平を与えてくれる時間の純粋イメージのなかで見通されることなしに、私たちの前に現れる対象はないのだ。新カント派の多くが、カントにおける形而上学的な感性の観念に挑戦し、『純粋理性批判』を、超越論的想像力に依拠する必要のない、悟性カテゴリーの首尾のよい演繹へと切り詰めようとしてきた。[9]たとえハイデガーのカント読解を受け入れないとしても（確かにそれは論争的であるから）、カントの超越論的観念論が、この形而上学的感性観念と対象の受容において想像力が果たしている中心的役割の方を向いていることを否定するのは、不可能ではないとしても困難である。しかしハイデガーは、カントにとって想像力は感覚（sensation）によってだけではなく、悟性によっても前提されていると正しく指摘している。もし想像力がこの両者の根幹にないとしたら、カントが直面させられたのだとハイデガーがいう深淵を創造することはなかっただろう。カントが述べたように、悟性は一般的に形成し、分化させ、結合する（すなわち綜合する）能力を想像力に負っている。まさしくこの綜合する力は、感覚と悟性のどちらか一方の力の分離された作用に先行する想像力によってもたらされる、感覚と悟性のより原初的な統合を指し示している。カントは次のように書いている。「現象とその単なる形式とに関する私たちの悟性のこうした図式機能は、人間の心の奥深いところに潜む隠された技術であって、私たちがこの技術の真の手練を自然について察知し、これをあからさまに呈示することは困難であろう」[10]。

その綜合作用は、悟性をどのようにして前もって条件付けるのだろうか。ここで第一に想起すべきは、まずカントが悟性を規則の能力と定義したことである。その結果、悟性は、表象作用において、あらゆる可能な統合形態を導くそれらの統一（unities）を前提しなければならない。しかしこれらの統制された統一、あるいはカントが呼んだようにそれをカテゴリーといってもよいが、それらが表象され、究極的に対象の「理解＝意味創出 making sense」に結合されようとするならば、より原初的な作用のなかに含まれなければならない。そのものとして表象される合法的（law-like）あるいは規則支配的（rule-governed）な客観的領域が私たちに与えられるためには、悟性の合法則的機能と対象の分化との超越論的統覚の統一からくる結合において、図式機能が中心的な役割を果たさねばならない。つまり、合法則的性質において統合されるような、多くのものの概念化を可能にする「我思う」である。

ハイデガーは、以下のように述べながら図式機能（schemata）の役割を要約することで、経験主義とカントを区別している。「規則のこうした輪郭描きは、決して家において見出される「徴表」の単なる枚挙という意味における一覧表ではなく、「家」のようなものによって考えられているもの全体の「特記」である」[11]。ハイデガーは、「私は考える〈我思う〉」こと、すなわち超越論的自我がそれ自身だけで存在しているのではなく、あらゆる可能的および現実的対象の統合を企てる産出的想像力に基づいてあるのだと主張している。言い換えれば、「私は考える」ことは、自身を時間の純粋イメージに対して投企し、また、それ自体の存在の時間化を通じて同じものであり続けるような永続においてそれ自体を把握できるのみである。カントは超越論的演繹の第三セクションにおいて、「アプリオリに行われうるのは想像力の生産的綜合だけである」[12]と主張する際にこの点を強調している。このことが示しているのは、悟性のカテゴリーの演繹が想像力の綜合作用から生じているということである。そしてその想像力のなかで、あるいは想像力に対して、超越論的「自我I」は、それを超える対象の世界を表象するものの基礎として自身を投企しなければならない。ハイデガーは、これらのカテゴリーが一体となって統覚の超越論的「自我」と結び付かねばならないその仕組みについての、この独特の読解に、カテゴリーの演繹が依存していることの意義を次のように強調している。

統一の表象作用は純粋思考として必然的に「私は考える」という性格をもつ。統一一般の意識としての純粋概念は、必然的にも純粋な自己意識である。統一についてのこの純粋な意識は時折たんにそして事実的に遂行されるのではなく、つねに可能でなくてはならない。それは本質的に「私はできる」なのである。「ところでこの純粋な根源的不変的意識を私は超越論的統覚と名づけたいと思う」。統一についての対立させる表象作用は「一つの能力としての」この統覚に基づく。なぜならば、もし拘束ということが本質的に自由な態度に関してのみ可能であり続けるとするならば、「私は考える」は常に自由な「私はできる」としてのみ自らに統一の抵抗を立ち向かわせることができるからである。純粋悟性はその根源的な統一の先行的自己保持において、超越論的統覚として働くのである。(13)

ハイデガーのカント読解によれば、カントは、あらゆる認識の根幹たる人間存在の非思考の側面を思考した最初の西洋思想家である。この非思考は、私たちの背後にあり、有限的存在者である私たちが誰か、越え出る可能性のなかでその有限性をどのように知るかを形成するがゆえに、対象化されえない。この意味で想像力は、図式論の中心的役割を通じて対象が何かを輪郭描きできる規則的(rule-like)な宇宙に対する私たちの視界の背後にある秘密である。言い換えれば、ハイデガーが『存在と時間』で攻撃的なまでに拒絶していた、対象化する傾向に抗うものである。ハイデガーは、一九二九年にダヴォスで行われたエルンスト・カッシーラーとの有名な討論（次章で扱う）で認めたよりもさらにカントを支持しているのである。

もちろん、自然法則を基礎付けるためにカントが演ずる中心的役割を強調したい者にとって、私たちの自然についての規定された判断がいかにして真理を主張しうるか、ということをカントが教えてくれたことも疑うべくもない事実である。だがハイデガーが気づかせてくれたのは、カントは西洋形而上学の最も基本的な前提のいくつかに挑戦する形で、それを行っただけであるということである。つまりそれは、理性と感性のアンチテーゼ、あるいは永遠の魂と一時的な自己の対立のなかで行われた。超越論的統覚の「自我I」は、時間の原イメージにおけるアイデンティティと永遠性の地平を前提にしてとどまっているのみである。いわゆる直接性にある対象を含む事物がいかにあるのか、またカント流にいえばそれらがいかに認識可能かということについては、時間内主体（the subject in time）に取り組まずにはもはや考えることができない。ここで時間内主体は、悟性と感性の両者の基礎にあるアプリオリな自由としてハイデガーが描くものを根拠にする可能性の地平を通じてしか進んでいくことができないような、この世界の理解（understanding）を持っているものである。再びハイデガーを引いてみよう。

経験されるものから区別して経験することとして理解された「経験」は、ものを上手に処理し、存在者に自身を与えさせなければならない直観作用である。「対象が与えられる」ということは、対象が「直接に直観によって現前される」ことである。しかしこのことは何を意味するのだろうか。カントは、「（対象の）表象を（現実的経験であるにせよ、あるいは可能的経験でもやはり）経験に関係させる」ことであると答えている。しかし、この関係させるということは、対象が自身を与えることができるためには、あらかじめすでに「呼び寄せられ」うるものに立ち向かうことが起こっていなければならないことを言おうとするものである。この先行的に自ら……へと立ち向かうということは、超越論的演繹が示し、超越論的図式性が証明したように、存在論的な綜合において起こる。この自ら……へと立ち向かうということは、経験の可能性の条件なのである。

しかし、有限な認識の可能性は、第二の条件を必要とする。ただ真なる認識のみが認識である。しかし真理とは「客観との一致」を意味する。したがって可能的一致がそれによって成立するような或るもの、すなわち規準を与えながら規制する或るものがあらかじめ遭遇されうるのでなくてはならない。向き合うものの地平があらかじめ開かれており、そしてそのようなものとして認知されているのでなくてはならない。このような地平が、対象が向き合いうることにかかわる可能性の条件である。[14]

結局のところ、ハイデガーは『存在と時間』においてカントに負っていることを率直に認めている。確かにリチャード・カーニーのような思想家が示唆したように、現存在を、超越論的想像力の再生産的機能と産出的機能の両者によって課される主体性の有限性についてのカント哲学の洞察を焼き直したものと解釈することもできる。難解と考えられることが多いハイデガーの分析の考察において、カーニーは簡潔に次のように述べている。「現存在なき存在、時間なき現存在、想像力なき時間はない[15]」。

被投性に抗する牧人としての存在

ハイデガーは、想像力の他のふたつの側面、すなわち過去と現在のイメージを与えてくれる形成能力（facultas formandi）と想像能力（facultas imaginandi）に対し、予期能力（facultas praevidendi）を特権化することにおいてはカントを明らかにしのぐものがある。しかし、この未来の地平投影の特権化は、ハイデガーがカントの超越論的想像力と結びつけているアプリオリな自由の意義を強調しているのだと考えられるし、私はそう考えるべきであると思う。ハイデガーの企ては、カントの考えから離れたというよりは、カントの再解釈のように思われる。これはダヴォスの討論でカッシーラーがしきりに指摘したことだ。想像力のアプリオリな自由はこのように改変され、前景化されたが、その核心はなお、有限な存在者である私たちの自由のなかの最も重要な座にあり続けている。確かにハイデガーは、『カントと形而上学の問題』における理論理性と実践理性の刺激的な再解釈のなかで、本書の最終章で描き出される世界の道徳的イメージのようなものを深く考えているように思われる。『実践理性批判』にみられる尊敬の感情は、道徳法則自体への尊敬にほかならないとハイデガーは述べている。このことは、私たちを人格として定義するものである自己立法と、想像力の受容的・直観的な機能とを結びつけることによって最もよく理解できる。

道徳的な自己は、行為と義務において現れる。人格はただそこにある何らかの自然的存在ではない。法に従う人格は、道徳的に行為する人格として自分自身を投企してもいるのである。ハイデガーにとって、この投企は本来的な行為の基本的な可能性に関わっている。私たちは、自身の法を定立し、想像された人格を投企することなしには、自らが道徳的であると自己理解することはない。前章で確認したように、カント自身は実践理性における想像力の役割については懐疑的であった。しかし私たちは、どうすれば道徳法則を理性の事実として受容できるか、というハイデガーの捉え直しを用いることができるだろう。感受性、すなわち法への感情として尊敬を捉え直すなかで、ハイデガーは、実践哲学における想像力は、単にジョン・ロールズが展開したような仮想実験における役割を果たすだけであってはならないと主張しているのである。究極的には、ハイデガーによる想像力の解釈は、どうすれば私たちは法を受容できるのか、そしてつまり、私たちが道徳法則に従って現れるときでさえ、自らを人格として形成できるのかを説明するものである。

尊敬はそれ自体、道徳法則に対する尊敬である。それは行為の判定のために役立つものではなく、そしてたとえば遂行された行為に対して私たちが態度をとる様式や仕方として、道徳的行為の後になってはじめて姿を現すものではない。法則に対する尊敬は、むしろ行為の可能性をはじめて構成する。……に対する尊敬は、法則がはじめて私たちにとって近づきうるものとなる様式および仕方である。そのなかに同時に、カント自身が表現しているように、法則に対するこうした尊敬の感情は、法則の「根拠づけ」に役立つものではない。法則は、私たちがそれに対して尊敬をもつがゆえに法則であるのではなく、むしろ逆である。法則に対してこのように尊敬する感情をもつこと、およびそのことによって法則を開示するこの一定の様式は、法則がそれ自身一般にそのなかで私たちに迎えられうる仕方なのである。(16)

ハイデガーによるカント解釈では、他の人格との関係において必然であるように自分自身が人格を開示するように呼びかけられていると私たちが感じることができるのも、私たちの感受性、すなわち法への感情によってである。したがって、この道徳的人格は、魂の経験的能力に根ざしているわけではないし、それ以前の、人間存在が道徳的であることが正しいと感じられる理由の形而上学的な説明に根ざしているわけでもない。
ハイデガーの主張によれば、カントは、彼自身の大枠の議論、とりわけ『実践理性批判』と整合的に読まれるべきであるという。そこでの尊敬は、理論理性における主体と実践理性における道徳的自己の双方を受容するような超越論的構造を私たちに与える道徳感情である、とハイデガーは示唆する。そのようにしてハイデガーは、理論理性と実践理性の二元論を崩そうと挑んでいる。少なくともこれは、道徳法則は図式化できる対象でないがゆえに超越論的な想像力は実践理性に入り込む余地がない、というカントの主張に関わっている。ハイデガーを引いてみよう。

自分を服従させながら……へと直接に献身することは純粋な受容性である。しかし、法則を自由に自分で先行的に与えることは純粋な自発性である。両者はそれ自身、根源において同じものなのである。そしてさらに実践理性の超越論的な想像力からくるというこうした根源だけが、法則ならびに行為的自我が尊敬においてどうして対象的に把握されず、しかしまさにより根源的で非対象的なあり方において、当為および行為として開示されており、そして非反省的、行為的な自我という存在を形成するのかを理解させる。[17]

より深い意味において、ハイデガーによる『実践理性批判』読解は、道徳的自己は超越論的想像力に依拠していると理解されるものであって、カントの批判哲学やその他の偉大なドイツ観念論に内在する世界の道徳的イメージを損ねるものではない。それよりもむしろ、この道徳的イメージはそれ自体、受容能力に内在するものと理解されうるので、私たちがいかにして、自分自身の有限性の根底にある自らの自由をも含むような世界観を持つことができるかを理解する助けとなるのである。したがって、死に向かう存在（being pointed toward death）である私たちの有限性に根ざす自由の対象化不可能な投企として人間を理解する、私たちの自己理解を、ハイデガーはさらに深めたのだと考えるべきだろう。しかし、「人間の」自由を——ハイデガー、及び、彼の読解するカントとは異なる仕方で——前景化するサルトルの実存主義を、ハイデガーが自身の立場から区別するとき、彼は、実践哲学における超越論的想像力の役割についてのこうしたきわめて論争含みの箇所からはっきり距離を置いている。なぜハイデガーがそうしたのかを理解するためには、カント的な批判哲学に対する評価の根本的変更と、彼が超越論的想像力のアプリオリな自由を強調するにあたってカント的な批判哲学に与える場所を見極める必要がある。私たちはふたたび、ハイデガーがカントの最大の達成として再評価しているものへと立ち戻らなければならない。それはすなわち、「対して立つ能力（Gegenstehenkönnens）」という、カント的な真理の観念を伴った対象の可能性の提示である。

ハイデガーは『存在と時間』においてカントに負っていることを率直に認めている。これまでみてきたように、カントの想像力の観念、そして想像力と時間との関係もまた、過去において「世界に投げ込まれ」、しかし可能性の未来に向かって投企される存在者である「現存在」を概念化するというハイデガーの哲学的出発点となっているのである。ハイデガーにとっては、カントこそが、物とは何であるかという問題と、人間とは何者であるかという問題の必然的なつながりを初めて示した、まさにその人なのである。

カントが突き当たったもの、そして、カントが、根本的なできごととしてつねに新たに捉えようとするもの、それはすなわち、私たち人間存在は、私たち自身ではない有るものを、私たちがこの有るものを自分で作ったわけではないにもかかわらず認識する能力を持っているということである。有るものが開かれて相対しており、そのなかで有るもので有ることはつねに奇妙なことだ。カントの定式化では、出会わせること（das Begegnenlassen）

は私たちによって行われるのであるにもかかわらず、それでもなお、対象が対象そのものとして相対立していることになる。こうしたことがどうして可能であるのか。それはただ、経験の可能性の条件（純粋直観としての空間と時間、および純粋悟性概念としてのカテゴリー）が同時に、経験の対象が対して立つことの条件である、というようにしてのみ可能なのである。(18)

これまでみてきたように、ハイデガーは主体の意義を根本的に考え直すことによって、もう一つのコペルニクス的転回を成し遂げた。ハイデガーは「主体the subject」という言葉の意味の変化について述べている。主体は、哲学的発展の道筋で起きた変化の影響を受けている。たとえば文の近代的な主語（subject）や事物問題のような基底的なものから、主観的なもの（the subjective）における人格という近代的意味への変化である。しかしカントにおいてはもう一つの根本的変化がある。いまや「基底的なものthing that underlies」は、統覚の超越論的「自我I」における最高次の綜合原理を通じた、私たち自身の思考なのである。

すでに述べた通り、カントにおいては、あらゆる事物の統一、空間と時間の統一、そしてあらゆる必然的結合の統一は、「私は考える」ことの統一を通してのみ可能である。私たちの思考の単一性（the oneness）の必然的な表象は、ハイデガーの表現を使えば基底的なもの（what underlies）である。たとえば私たちがある単位を数えるとき、そのひとつひとつの「私I」とともに把握し、考え続けながらそれらを統一する。二と数える主体を、一と数えた主体と同一の主体として表象しなければならないのである。別の例をあげれば、一杯の黄ワインを飲むとき、その黄色を見ている主体は、そのワインを味わう主体でもなければならない。そうでなければ味わっている者と見ている者が同じでないことになるだろうし、そこにワインを飲むという経験は存在しないだろう。したがって、この意味での主体は、経験する者の思考のなかの統一体を通じて持続を「担って bear」いるのである。カントにおいてこの最高次の綜合は、ハイデガーが私たちと対象との関係における超越と呼んだものを伴っている。ハイデガーにおける対象に私たちが遭遇するのは、この経験する人間と思考する人間の間なのであり、ひるがえってこの関係は、私たちが時間のなかで耐久する「私I」を前提し、表象するときのみ可能になる。ハイデガーが述べているように、この必然的な間（between）がなければ、対象性（objectivity）の領域、カント特有の語義における〈Gegenstand〉として定義される対象（object）、そして私たちの判断の客観性についての形而上学的に健全な説明は存在しないだろう。

ハイデガーは、自分自身の超越の意味とカントの超越論的観念論との関係について次のように説明している。

> 超越にかかわるものが超越論的である。超越論的にみれば、思考は、それが対象の側へと乗り越えることにおいて考察される。超越論的な考察は、対象そのものに向けられるのではないし、また、主語述語の関係づけを単に表象することとしての思考に向けられるのでもない。それは対象へと乗り越えることに向けられるのであり、――この関係としての――対象への関係に、向けられるのである（超越：一、――の側へと越え行くこと、そのこと、二、――を越えて向こうに）（「超越論的なもの」をカントがどう規定するかについては、『純粋理性批判』A12、B25参照のこと。アカデミー版全集、第十八巻、手記五七三八番では、「物を、その本質に関して（物として）規定すること、これが超越論的である」と言われている）[19]。

この必然的な超越によって、この「――の側への必然的な乗り越え」が「物を越え出るところにまで達し、人間の背後にまでに戻り行く次元[20]」である現存在（Dasein）であるというハイデガーの探求が切り開かれるのである。ハイデガーは最も根源的な意味において、カント以降、事物は同一ではないし、私たちもまた同一ではないのだと強調している。この「あいだbetween」の思考こそ、事物が私たちに対して現れるあり方や、ひるがえって私たちが他者に対する関係と同様に自分自身に関係するあり方を変えたものである。私たちは事物を認識するとき、そこで事物を超越している。しかしこの超越が可能になるのは第一に、事物が現実に私たちに対して他者であり、私たちがその事物とともにあらねばならないときだけである。私たちは神でない以上、存在的に創造的ではない。この意味で私たちは超越的ではない。その代わり私たちは、思考によって周囲の世界を部分的ながら形成するような、有限な合理的動物に特有の超越を通じて、世界と出会うのである。ハイデガーの用語にいうこの超越は、カントにおいては、いかにして私たちは事物を認識しうるのか、いかにして事物に対して他者であるのか、という問題の本質として考察されている。この他者性（otherness）は、『存在と時間』における現存在と、超越としての自由を考えるうえで欠かすことのできないものとなっている。

カントにおいてあらゆる現象的対象は時間のなかにある以上、現象的世界のなかの対象として「私me」があることは確かであるけれども、この「私は考える」は決して対象たりえない。そうでなく、「私は考える」は、知覚対象を認識する過程で私たちが表象しなければならない統一なのである。ハイデガーにとってこの「私I」は対象化に抵抗するものである。なぜならば、この「私」は世界把握の基礎であるため、必然的に私たちの背後で表象されなければならないのだが、まさに「必然的に背後で」あるがゆえに把握不可能なものだからである。さらに、すでに議論したように、この「私」の把握不可能性は、認識それ自体の根幹を認識不可能にするものである。この意味で「私」は、対象化されうるものの限界であり、それ自体が把握可能な「何かwhat」になる。こうした「私」、少なくともハイデガーがカントから読み取ったそれは、人間がつねに自身の前と後のあいだに存在しているあり方についての、ハイデガーの根本的な洞察を指し示すものである。今なお議論が続いているところであるが、この「私は考える」の究極的な統一は、カントにおいて合理的な論理がもはや妥当でもなければ、直観の受容性からも独立ではない理由の説明となっている。したがって、感覚（sensation）は、もはや思考と分離されてはいないし、推論を可能にする公理によってやがて明確化されなければならないような、混乱した思考として片付けられるわけでもない。というよりもむしろ、感覚与件と合理的思考は、両者が結合するとき、あらゆる経験にとっての、異なってはいるがともに必要な条件になるのである。

思考されたものは、私たち自身がその有限な思考のなかで、必要な基礎を思考するときにのみ真でありうる。人間であり有限である以上、私たちの公理的思考（axiomatic thinking）の役割は、感覚経験の組み立て（makeup）に限定される。またこの経験は、超越論的想像力を通じてのみ作られる。最も基本的なアプリオリの意味は、向き合って立つもの（Gegenstand）としての対象（object）を経験するときにつねに／すでになされている私たちの思考と判断における、有効ではあるが限界づけられた役割である。私たちは何かを経験したあとに思考を付け加えるのではない。ハイデガーはこの点を強調しつつ、次のように詳細に述べている。

出会い来るもの、自らを示すもの、すなわち現象するものが総じて、対して立つものとして私たちの前に立ち現れうるためには、自らを示すものは前もって、一人立ちへといたる可能性をもっていなければならない。だが、それ自体において立つもの、散々に分散しないものは、それ自体のうちへと集められたもの、すなわち、統一へともたらされたものであり、この統一において現存し、持続するものである。一人立ちしているものとは、統一的に、それ自体において、そしてそれ自体に基づいて現存するものである。この現存性は、純粋悟性とともにあって可能になる。その悟性の活動は思考である。だが、思考とは、「私が思考する」ことである。すなわち、私が何かを一般的に、その統一と緊密な関係性において思い浮かべることである。対象がありありとあることは、ありありと描き出すことにおいて明らかになるのであり、思考する、つまり、結合する表象作用によって、私の方に向けてありありと生成することにおいて明らかになるのである。しかし、対象がありありとあることは、誰に対してありありと供されるのか。自分なりの気分に浸り、望みや意見をもつ、偶然的な「自我I」としての私に対してなのか。あるいは、かの「主観的なもの」を一切無視して、対象そのものを、そのあるがままのものとする自我としての私に対してなのか。それは自我をどう捉えるのかによる。すなわち、それは、表象の結合が統一と規則のもとにもたらされる、その統一と規則の広がりと遠大さとによるのである。つまり根本においては、私自身が、それによって自己であるという、そうした射程と自由のあり方によるのである。[21]

私たちが世界を認識するのは、自然へのアプローチを通してのみであるということについて、ハイデガーとカントは一致している。カントは哲学の役割をそのようなアプローチの根本原理を考えることであるとした。カントは、自然へのニュートン的なアプローチが、人間のあらゆる経験にとって真に基本的であると深く確信していた。だがハイデガーは明らかにそれとは反対に、アプローチは——たとえ私たちの意志や行為主体性（agency）によって変えることはできないとしても——歴史的に変わりうるものであるとした。しかしこの不一致の意味するところにもかかわらず、ハイデガーは、私たちの存在の本質をより深く形而上学的に把握することによって学的原理の基礎を置く方法を提示した思想家としてカントを位置付けることをやめなかった。カント特有の「あいだthe between」の考え方や〈Gegenstand〉として認識可能な対象（object）の輪郭付けは、ハイデガーが数学的なるものと呼んだものの支配

〈domination〉を通じて自然へとアプローチするものである。

批判的観念論の問題の中心は、まさしく私たちがいかに対象を把握し、そしていかにして唯一の世界制作者である私たち自身を認識するようになったのかというところにある。〈Gegenstand〉たる対象の把握、数学的なるものの支配、カント倫理哲学におけるカント自身のヒューマニズムの完全な結合こそ、ハイデガーがカントの批判体系の分離不可能な諸相であると理解していたものである。カントの道徳理論における超越論的想像力の役割についての刺激的な見解や批判哲学の企てからのハイデガーの転向は、カントにおける私たちの自由が、人間存在を、それを取り巻く世界へとつなげる「あいだ」についての独特の考え方と切り離すことはできないというハイデガーの理解にかかっている。確かにハイデガーは、『存在と時間』における人間の自由の核心たる超越についての自分なりの展開から転向している。なぜならこの著作は、数学的なるものの支配下にある特異な世界制作者である人間存在と結びついたままであるからだ。この動きを理解するには、近代科学の勃興で起きた変化をハイデガーがどのように理解しているのかを吟味する必要がある。

ハイデガーによれば、近代科学がそれ以前の科学と異なるのが実験によって確かめるようになったことだけだというならば、近代科学の基本的性質が誤解されるという。近代科学は実験に基づいているが、それはある特定の意味においてだけの話である。実験によって確かめるということの近代的な意味は、ある公理の形式においていま、自然が私たちの前に立ち現れている結果にすぎないのである。近代科学における実験はつねに、まず実験結果がそこから判断されるべき仮説枠組みを組み立てる。ハイデガーによれば、いわゆる科学の対象は、古代ギリシアにあったものと同様に、究極的には実際にどう使うかに依存する、道具についての知識を作り出したり発展させたりするのと同じような仕方によって理解され、そして実際のところ作り出されていると主張する。ハイデガーはその例として、武器を使うようになったことを挙げている。武器製作者は、その武器がどのように作られるかについて高度な知識を持っていなければならないし、この知識こそ、そうした武器一般に特有の設計に従って作る際に、製造者が対象に与えることになる構造を決定するものである。こうした形の予見的知識（foreknowledge）は、ギリシア哲学で広く解釈されているように、ハイデガーが数学的なるものと同一視したものである。しかし、この数学的なるものは、その意味を変える。つまり、道具の創造や生産に先立って設計を立てる必要があるような、その道具について私たちが持っている予見的知識から変容するのである。ハイデガーは、アイザック・ニュートンと慣性の法則の例を挙げて、この広い意味での数学的なるものの変化を示している。

ニュートンが、万物は外力が加わらなければ一律に直線運動をすることを主張したのは有名であるが、この「万物=全ての物体 every body」という語はすでに重要な差異の鍵である。なぜなら、私たちはもはや、どのようにして道具のような特定の対象を作るかを分析していないからである。私たちは万物に共通するものを抽出することで、事物の特有性（specificity）を飛び越してしまっているのだ。同様の仕方で、運動の観念はその意味を変えている。アリストテレスにおいては、運動の可能性は物体それ自体の本質に存在している。物体の運動やその場所との関係といったものはその物体の本性のうちにあるのである。したがって、たとえば自然な運動の速度は、物体がその本来の場所に近づくほど増大する。アリストテレスによれば、地上の物体は火の場所の下に本来の場所があるので下方運動をする。まとめると、物体はそれぞれその種類に従って場所があり、その本性によるそれぞれの速度でその場所へと運動していくのである。だがこの運動の説明はニュートンによって根本的に否定された。運動はいまや、その本性とは無関係に、万物の運動法則に関わるひとつの言明として公理的に理解される。この法則によって運動は、場所のあいだの測定可能な間距離としての相対的な位置の変化に還元される。この法則を例として挙げ、ハイデガーは自然の観念そのものが変化したのだと主張する。

このようにして、自然の観念が総じて変遷する。自然はもはや、物体の運動がそこから帰結するような内的な原理ではない。むしろ自然とは、変移する物体の位置関係の多様性のあり方、すなわち物体が空間および時間のうちに現存している仕方である。そして、この空間および時間そのものは、可能的な所在の秩序および秩序規定の領域として、どこにも特異な点をもたないのである。[22]

経験を観察し、そこから一般化することによっては、この種の科学法則を手にすることはない。ハイデガーが述べるように、科学法則は現実の物体から抽象化される。私たちは、真理を数学的なもののような特殊な形で考えなければ、そうした科学法則のどれが真であるかを認識するにいたることはない。ハイデガーはニュートンの運動法則を参照しつつ次のように述べている。

この法則はどういうものだろうか。この法則は、物体、すなわち圧迫する力［外力］によって強いられない物体（corpus quad a viribus impressis non cogitur）、自由に放たれた物体について語っているが、私たちは、こういう物体をどこに見出すだろうか。このような物体はありはしないのである。また、いつの日にかそのような物体を直観的に表象することを可能にするような、いかなる実験もありはしない。しかし、とにかくも近代科学は、中世のスコラ哲学や科学の単に弁証法的な概念的虚構とは違って、経験に基づいていなければならない。そうであるにもかかわらず、このような法則が頂点に立っている。この法則は、ありもしない物について語っている。それは、通常の表象とは相容れない、物についての原理的な表象を要求しているのである。

数学的なものは、このような要求に依拠している。すなわち、数学的なものとは、物の規定を定めるものであるが、このものは、経験によって物そのものから掬い取られているのではないにもかかわらず、物の一切の規定の根底に存し、一切の規定を可能にし、一切の規定に初めて余地を提供するのである。(23)

要するに、公理的な科学において万物は、私たちがそれを数学的に作り上げたときに限って存在している。自然は私たちが差し出す条件のなかでのみ機能するのである。この洞察は、私たちが自然について認識できるものは、私たちが自然に対し注入してきたものだけなのだというカントの有名な主張の基礎である。実験によって確かめることはその公理的な特徴のまた別の面であり、近代科学を他の時代の科学から分け隔てるものである。

ハイデガーがもし、カントの批判哲学から「転向」した――それはここで提示した解釈によれば、批判哲学を根源的に突き詰めようとした初期の著作の中での「転向」ということになるわけだが――とすれば、それはカントが誤っているからではない。確かにカントは、数学的なるものを形而上学的に基礎付けた点で正しい。ハイデガーは後期の著作において次のことを強調している。理論的知識や公理的に知られうることとの限界づけに由来するカントのヒューマニズムが、依然として超越論的観念論の体系とつながっており、したがって究極的に主体は数学的なるものによって枠付けられているということ、である。すなわちハイデガーによれば、カントの道徳的自由の主体および行為主体性の問題の提起の仕方は、真に存在の守護者（the guardian of Being）たる私たちが何者なのかを忘却する方向へと私たちを頽落させるものだ。ハイデガーが全著作を通して念を押し続けているのは、存在者は、それら存在者へ向かう私たちのアプローチを通じて私たちに不可避的に現れるのだということである。しかし存在は、私たちがアプローチする存在者と同一ではない。存在は、可能なる相互作用であって、ハイデガーの言葉でいえば「あいだ」である。この「あいだ」は、私たちの背後にあって私たちをあらしめる何ものかであるから、ある意味で「第一」たる「第三」である。

存在者としての存在は部分的な開示に過ぎず、この部分性は、存在へのアプローチの歴史においてさまざまである。この部分性は、私たちの有限性の必然的な帰結である。この存在の他者性（otherness）こそが、万物をあらしめたり、消し去ったりする、あらゆる存在者を形作るのである。ハイデガーは、こうした存在の考え方はソクラテス以前の哲学者にあるとし、「存在するあらゆるものの背後にあるもの」、あるいは現存性において現れながらそれ自体として決して現前しないものとしている。ハイデガーによれば、プラトン以降、存在とはそうではなく、すでに定義され、構成されているものとして捉えられている。そこでの存在は現実に形成され、現前し、機能するものなのである。ハイデガーは、組み立て（Gestell）として私たちを枠づける技術の構造へと思考を向ける。人間は思いつきの技術的策略によって世界を破壊する可能性があるだけでなく、技術自体が人間を付属物にしてしまうところまで来てしまっているのである。すなわち人間性《ヒューマニティ》を、この有限な技術的投企の枠組みのなかでしか表現されないような「本性 nature」を持つ事物にしてしまうことによってそうなってしまうのである。こうした世界では、私たち自身をも含むあらゆる事物が、形成され計算可能な対象としてのみ把握可能になる。そして事物は、近代的技術によってつねに利用可能な状態にある用象（standing in reserve）へと変移してしまったのである。ハイデガーは次のように述べる。

挑発する調達に依って存立するものに固有なのは、いったいどのような種類の不伏蔵性（unconcealment）だろうか？　いたるところで求められているのは、即座に使えるように手許にあること、しかもそれ自体さらなる用立て（Bestellen）のために用立てられるようにあることである。そのように用立てられたものにはそれに固有なあり方がある。私たちはそれを用象と名づけよう。この語はここでは、単に「在庫」という以上のことを、それよりいっそう本質的なことを言っている。この「用象」という語はいまや術語の等級にまでもたらされている。この術語が特徴づけているのは、挑発する開蔵によって急襲される一切のものがどのように現前するのか、その現前の仕方にほかならない。用象という意味で存するものは、もはや私たちに対象として向き合っているのではない。[24]

ハイデガーにとって、この特殊な枠付けが、自然を私たちのための対象――それはある特殊な対象化である――にしてしまう危険を深めるものである。この計算可能な複合体を招き寄せるのは私たちであるが、これらの利用可能な状態にある用象を招き寄せる私たち自身が用象の従者になってしまう。

ハイデガーにとってこの頽落は、いかに存在が自らを現すか、あるいはおそらくより正確には身を引くかについてのある特殊な歴運（destiny）であって、そのなかで私たちは近代的技術の驕りによって追放され、家郷を喪失させられてきたのである。これは最大の危険であるとハイデガーには思われるだろう。なぜならこれは根本的かつ激烈に、存在からの私たちへの贈与（gift）を妨害し、それゆえ「現存在」の尊厳の非‐形而上学的救済としてハイデガーが救い出そうとして行うであろうものを掘り崩すからである。ハイデガーに言わせれば、私たちは自らが地球の王であるという幻想にはまっている。なぜなら、私たち自身はいまも囚われており、かつそのことを認識したり思考したりすることすらできないからである。私たちは自然に挑み、自然が私たちに服従するようにする。そうすることによって私たちは自身を、自らが生み出しているつもりのものによって費やされるよう運命づけているのである。ハイデガーはこのような一連の思考を続けて次のように示唆する。

しかし歴運が集め‐立てという仕方で支配するなら、その場合、歴運は最大の危険である。その危険は二つの点から証される。不伏蔵的なものがもはや決して対象として人間にかかわることなく、もっぱら用象としてのみかかわり、対象を喪失したところの内部において人間がいまやかろうじて用象を用立てる者であるにすぎないようになるやいなや、――人間は断崖の縁のぎりぎりのところを行くことになる。すなわちそこは、人間自身がかろうじて用象としてのみ受け入れられることにならざるをえないようなところである。それにもかかわらず、まさにそのように脅かされている人間が大地の主人という姿で尊大な態度をとる。そのことによって広まるのが、出会ってくるすべてのものは、ただ人間の作ったものであるかぎり存立するという見かけである。[25]

ハイデガーによれば、現存在は存在の真理へと投げ込まれていて、ある意味で存在の贈り物（gift）は、私を通じてしか受け取られない。だが『ヒューマニズムに関する書簡』でハイデガーは、存在が私たちに依存しているだけでなく、存在がその他者性のうちに自らを保持すると共に自己を明らかにすることができるように、存在の牧人であることが私たちの歴運であると示唆することで、『存在と時間』で自らが記したことを再評価しようと試みている。存在は世界にあるあらゆるものの贈り物であるから、ある意味でそれは、存在者へと生成（becoming）しつつあるものとして、存在者のなかにありつつ存在者を越える（in-and-beyond-beings）のであるが、それと同時に、いかなる特定の存在者とも一致するものではないのである。

思考は、現存在の究極的な歴運である存在の開け（unfolding）を証明する。ハイデガーは脱自（ek-sist）へと向かう現存在について再考しているが、それは私たちが歴運のなかからの視点で思考するだろうというものである。その歴運は、たとえ私たちが自らを開くときに存在がもっとも深い不在として現れるのみだとしても、存在の近接性（nearness）に私たちが自らを開くことなのである。より正確にいえば、私たちは存在の不在を経験する。なぜなら、私たちが存在者を支配しようとすれば、存在はその贈り物を引き戻してしまうからである。歴史のなかの存在者としての私たちの被投的な投企が今日、意味していることについてハイデガーは再考し、次のように語る。つまり、人間存在をその本質へと送り出し、家郷へと呼び起こすのは、現存在ではなく存在そのものなのである。ハイデガーによれば、二人の偉大な思想家であるマルクスとヘーゲルは、人間存在の、自身からの根本的疎外における家郷喪失性を考察した。確かにハイデガーはマルクス流の唯物史観に好意的である。ハイデガーにとってはこの疎外の歴史こそが全てなのだから。

マルクスが、ある本質的にして重要な意味においてヘーゲルから、人間の疎外として認識したことは、それがもつ諸々の根をもって、遡れば近世的人間の家郷喪失性のうちへ達している。近世的人間の家郷喪失性は、確かに形而上学という形態における存在の歴運から呼び起こされ、形而上学という形態によって固定されると同時に形而上学という形態によって家郷喪失性としては覆蔽されるのである。マルクスは、疎外を経験することにおいて、歴史のあるひとつの本質的次元のうちまで到達しているがゆえに、マルクス主義的歴史観は、その他の歴史学を凌駕しているのである。[26]

ハイデガーが常々語るように、偉大なる思想家たちの語っていることはそれ自体、本質的に誤ってはいないが、彼らは、自分が認識していたか否かに拘わらず、彼ら自身に明かされた通りに存在の真理について語っている。それゆえ彼ら偉大なる思想家たちを私たちは論駁しない。論駁するのではなくむしろ、存在が彼らの著作のなかでどのように明かされているかを考えるのである。

歴史のなかでの開示（revelation）は、こうした偉大なる哲学者においてのみ見出されるような存在の歴史に他ならない。ハイデガーは次のように述べる。

歴史の生起は、存在の真性の歴運として存在の真性の歴運から統べている。存在は、それがつまり存在がそれ自身を与えるということにおいて、歴運へ来る。しかし、そのことは、歴運的に思考されるならば、存在はそれ自身を与えると同時にそれ自身を拒む、ということである。それにもかかわらず、歴史を「精神」の発展とするヘーゲルの限定が、真でないわけではない。ヘーゲルの限定はまた、一部分は正しく一部分は虚偽である、というのでもない。ヘーゲルの限定は、形而上学が真であるのと同様に真であり、形而上学は体系という点において、ヘーゲルによって初めて、その絶対的に思惟された本質を、言葉へもたらすのである。絶対的形而上学は、マルクスとニーチェによるその顚倒をも含めて、存在の真性の歴史の内に属している。存在の真性の歴史から由来するものは、諸々の論駁によっては的中され得ないし、いわんや片附けられ得ない。存在の真性の歴史から由来するものはただ、それの真性がいっそう元初的に存在それ自身の内へ取り戻して匿われ、そして単に人間的な意見の圏域から引離されることにおいて、受け容れられるだけである。本質的な思考という野におけるすべての論駁は愚かなことである。思考する者たちのあいだの争いは、事柄それ自身に属する「愛する争い」である。その

「愛する争い」は、思考する者たちが、同じものへ単純に所属することのうちへ入るのを、交互に助け合い、その同じものから、思考する者たちは存在の歴運のうちに、その歴運に適ったものを見いだすのである。[27]

ハイデガーは「人間は、存在者たちの主人ではない。人間は存在の牧人である」[28]と書くことで、人間の尊厳を拒絶しているのだろうか。きっとハイデガーはそうではないと言うだろう。そうではなく、彼の意図に関するそのような用語集的な読解は、より深遠な洞察を見過ごしているのだと言うだろう。確かにハイデガーは、現存在を頽落させ、現存在の尊厳を冒瀆するものは、理性的動物たる人間存在の形而上学的観念であると私たちに言おうとしている。ハイデガーにおいて私たちは単に考える動物ではない。より深い意味で私たちは、その身体が投企であるという点で動物とは異なっている。その投企は、私たちの過去の被投性を、有限な死の歴運へと向かっていく本来的未来へと進めていく闘争のなかで、私たちがその投企に与える意義にかかっているものである。そのとき人間存在は有機的な物質に根本的には還元されえない。動物の権利の活動家が何をどれだけ真剣に考えていようとも、私たち人間はさまざまな動物種のひとつではなく、人間存在を動物的存在の本質的な領域に置きざりにすることは、人間存在を格下げすることだとハイデガーは主張する。ハイデガーにおいて、私たちは、本章の冒頭で述べたように「時間内in time」に存在するのだから、私たち自身に対して「他者other」なのである。もちろん、ハイデガーはある意味での二元論、すなわち人間存在が、諸対象のあいだにある主体として生きているような二元論に挑戦している。だがこのことは、ハイデガーが人間存在を何かしらの別の種や、有機体などに還元したかったのだということを意味しない。

しかし、私たちの他者性は、カントにおける道徳的な行為主体性（moral agency）のハイデガーの解釈のように、存在が自らを明らかにでき、贈り物、実際、究極的な贈り物として認められうるような場所として自身の尊厳を気遣うようになるという、私たちの真の本質への被投性（Geworfenheit）のなかで生きているのである。ハイデガーの説明に従うと、私たちの尊厳への気遣いと、牧人としての存在への気遣いとのあいだには不可欠の結合がある。

しかし、「実体」とは、存在の歴史的に思考されるならば、すでに、ウーシア（ousia）を覆蔽しつつ翻訳したものであり、ウーシアというその語は、現前するものの現前性を名づけており、そして大抵それと同時に、あるひとつの謎めいた二義性に基づいて、現前するものそれ自身をいっている。私たちが「実体」という形而上学的な名称を、『存在と時間』において遂行される「現象学的解体」に従って、すでに念頭に浮かんでいた意味において思考するならば、その場合には「人間の実体は脱‐存である」という命題が言っていることは、人間が彼の自性的な本質において存在へ現前するその仕方は、存在の真性のうちに脱自的に踏み留まって立つことである、ということである。人間のこの本質限定によって、人間を理性的動物として、「人格」として、精神的‐魂的‐身体存在者として解する諸々のヒューマニズム的精神が、虚偽として宣言されたり、投げ捨てられたりするのではない。むしろここでの唯一の思想は、人間の本質を限定する諸々の最高のヒューマニズム的限定でさえも、人間の本来的な尊厳をいまだなお経験していない、という思想である。その点においては、『存在と時間』のうちにおける思考はヒューマニズムに反対である。しかし、この対立は、そのような思考が、人間らしいものの反対側に味方するとか、非人間的なものを推挙するとか、非人間性を擁護するとか、さらには人間の尊厳を貶めるというようなことを意味しない。ヒューマニズムに反対して思考されるのは、ヒューマニズムが人間の人間性《ヒューマニティ》を十分に高くに設定していないからである。もちろん、人間の本質の高さは、人間が有るものの「主観」として有るものの実体であり、しかも存在の権力掌握者として、存在者が存在者であることを、あまりにも声高に称揚される

「客観性」のうちで崩壊せしめる、ということに存するのではない。人間はむしろ存在それ自身によって存在の真性のうちに「投げ」入れられており、しかも存在の開けのなかで存在者が、それである存在者として現れ出んがために、人間はそのように脱‐存しつつ、存在の真性を守るべく、存在の真性のうちへ「投げ」入れられているのである。はたしてそしていかにして、存在者が現われ出て来るか、はたしてそしていかにして、神と神々とが、歴史と自然とが、存在の開けのうちへ入って来たり、現前し不現前するか、そのことを決定するのは人間ではない。存在者の到来は、存在の歴運に存している。しかし、人間にとって残されているのは次の問いである。すなわち、はたして人間は、この歴運に呼応せる彼の本質の相応しき自性のうちへ到るか、という問いである。なぜならば、歴運に従って、人間は脱‐存する者として存在の真性を守らねばならないからである。人間は存在の牧人である。そのことに向ってだけ『存在と時間』は、脱自的実存が「気遣い」として経験されている場合には、思考しているのである。(29)

ハイデガーにとって形而上学は、存在を現実の存在者に還元し、そのようにして存在者を学ぼうとするという点で還元主義である。したがって、私たちは存在が自らを明らかにする場所としての現存在の経験を喪失し、そのかわり自らを諸価値の創造者として人間学的に同定している。自らをあらゆる価値の創造者と了解すること、それゆえ自らが最高の価値を持っているのだと把握することは、人間性《ヒューマニティ》こそが世界に価値を与えているのだから、ハイデガーにとっては危険な形態の主観論である。

存在は価値ある何かだというように、ある特定の妥当性の形態を存在に与えるときにのみ存在があるというのだから、価値評価（valuation）は主観論である。この価値評価の行為はやはり、私たちをあらゆる事物の王とし、それゆえ技術の時代において私たちが歴運づけられている危険へと陥らせ、存在を私たちのための価値の対象にしてしまう。ふたたびハイデガーを引いてみよう。

しかし、あるものがその存在において何であるかは、そのものの対象性において尽くされず、そのうえ、その対象性が価値という性格を持っている場合には、なおさら尽くされないのである。すべての価値評価は、それが積極的に評価する場合でさえも、あるひとつの主観化である。価値評価することは、有るものを、有らしめないのであり、価値評価することは、有るものを、もっぱら価値評価するという行為の客観としてのみ――妥当せしめる。諸価値の客観性を証明せんとする珍妙な努力は、それがなしていることを知らないのである。もし、人があまつさえ「神」を「最高の価値」として宣布するとすれば、そのことは、神の本質を貶めることである。諸価値のうちでの思考はここでは、そして他のところでも、存在に対して考えられ得る最大の冒瀆である。したがって、諸価値に反対して思考することは、有るものの無価値さや虚しさのために太鼓を打って喧伝することを言っているのではなくして、有るものを単なる客観へと主観化することに反対して、存在の真性という開けを思考の前へもたらすことを意味している。[30]

ハイデガーにとって、倫理（ethics）という言葉は「エートス ethos」に由来するのであり、この世界において私たちの真の住まい方（dwelling）について考えようとすれば、現存在のエートスについて熟考することになる。ハイデガーにとって、この世界における真の住まい方について考えることは、存在の牧人として実存する者である現存在について考えることと同じである。この考え方は、ハイデガーが根本的存在論と呼んだように存在論的でもあるが、後の著作で彼は、この基礎的存在論の観念を、カントの超越論的観念論の根源化あるいは存在論化といったようなものにいまだ囚われているとして批判している。存在論という言葉でさえ、もしそれが存在を人間性《ヒューマニティ》の何らかの主要な要素——現存在は将来の投企であるのみだから、逆説的に要素でない要素でさえあるかもしれないが——に基礎づけようとするものであれば、私たち自身を第一のもの、あるいは存在の前にあると考えることで、存在の贈り物について考えようとするよう私たちを拘束し続ける。そうではなく、私たちのなかにあるものとして自らを与える存在を通じてのみ、私たちは私たち自身なのである。

では、何がなされるべきなのか。その言葉の最も深い意味で考えれば、なすことが形而上学の伝統にとどまっているのであれば、なすべきことは何もない。ハイデガーによれば、プラトンからアリストテレスを通じて、思考それ自体はテクネー（techne）の一形態になり、すなわち、なすことや作ることに対する、進行中の反省＝反照（reflection）のプロセスになる。そこで、ハイデガーに言わせれば、私たちが真に思考できるようになるためには、実用的になっていく思考から離れなければならない。思考は何かを成就するのだろうか。ハイデガー独特の成就という言葉の意味においてのみ、思考は成就するといえるだろう。私たちが、行為という言葉で何らかの結果の成就を意味するのならば、思考は一種の行為である。思考において私たちがしていることは、存在の現存在の本質に対する関係を成就することである。思考はそのような関係を作り出したり引き起こしたりはしない。ある程度ではあるが、ハイデガーは、カントを拒絶し、また私たちが生きているこの世界は私たちが思考する世界であるという観念を拒絶している。そうではなく、思考はいまや言語によって私たちを支配しつつ、存在が提供するものに合致しようとしている。私たちは存在を表出（express）しないが、もし私たちがそうすることがあるとすれば、存在の贈り物を受け取ることができる限り、私たちはポエシス〔詩〕のなかで存在を開示することができる。現存在が存在を開示することで、あらゆる他の存在者の贈り物と同様に私たち自身の存在者の贈り物として、私たちは存在の真理のなかに住まうようになるからである。もし私たちがこの思考と呼ばれる贈り物を受け取ることができるならば、私たちが何者であるかについての真理のなかにもう一度――すでにしたことがあるならばだが――住まうことができるようになるかもしれない。

存在とは究極的に、あらゆる事物がそこに根ざしている家郷である。ハイデガーが述べているように、この家郷は存在の守護者であった偉大なる思想家たちによって保護されてきた。守護者たる自分自身について考え、この贈り物を前にして自分自身を耐えさせるとき、それを開かせることによって私たちは私たちの真の本質を成就することができる。このことが、ハイデガーが、「あるもの what is」のみが考えられ、成就されると述べる理由である。だがこのハイデガーの「あるもの」は現前する存在者ではなく、それらあらゆる存在者をあらしめる「ある性 isness」のことである。したがって、その究極の危険に対する「解決 solution」があり、またその名に値する人間性への自由があるとすれば、それは存在が自らを明らかにする自由に違いない。このように、人間存在が存在の歴運領域を思考することができ、またそれゆえ、自分たちの尊厳を引き受けるように決して私たちが運命づけられていないという点で――それが逆説的に私たちの最高の歴運であったとしても――思考は存在の自由とつながっているのである。ハイデガーにおいて自由は、私たちがこの歴運を、効率と効用を通じてのみ意味を持つのだとさえのたまう、いわゆる技術革命の運命に対抗して考えることを含意しているのである。こうしてハイデガーは自由を次のように再定義する。

自由は、空け開かれたところ、すなわち開蔵されたところという意味での空けたところを統御する。自由が最も近く、最も親密にかかわっているのは、開蔵の、すなわち真理の生起なのである。あらゆる開蔵は、蔵することと伏蔵とに属している。しかし、伏蔵されてあり、しかもつねにそれ自体を伏蔵しつつあるのは、自由にするもの、すなわち秘密である。あらゆる開蔵は、空けたところに由来し、空けたところのうちに赴き、空けたところにもたらす。空けたところとしての自由は、恣意の意味で拘束されないことではないし、単なる法律によって拘束されることでもない。〔空けたところとしての〕自由は、空開しつつ伏蔵するものであり、その空け開けのうちにおいて、あのヴェールが翻る。このヴェールはあらゆる真理の本質発揮したものを覆い隠し、そして覆い隠すものとしてそのヴェール自体を現出させるのである。開蔵をそのつど導くのは歴運であるが、自由とはそのような歴運の領域なのである。[31]

ハイデガーが運命に対して歴運を対峙させているのを誤解し、それゆえハイデガーが自由などというものをすっかり拒絶していると誤解して批評する人々はあまりにも多い。自由に対するこの定義から何を生み出そうとも、人間性の尊厳は依然としてハイデガーが自由と呼ぶものと一致し続ける。思考を事物に仕えるようなものに切り詰めるという意味では何も行わないことにより、私たちは自らを問いへ向けて開くことができるのである。したがって、存在者の守護者としての私たちの歴運を主張する私たちの思考はそれ自体が、現存在をその守護性に開くことができるものとしての現存在のより高次の本質を保持するという意味で、救済力たりうるのである。

もちろん私たちは危険にさらされているし、確かにハイデガーもこのような危険を認識している。私たちは、抹消の危険にさらされている。しかし人間性が、剥き出しの生（bare life）あるいは身体的実存に切り詰められないとすれば、抹消は最悪の危険ではない。私たち自身が枠付けられ、囚われていることで、私たちはより原初的な開蔵（revealing）のなかに入っていったり、自らを真の家郷たるこの世界に回帰させたりすることができない状態にある。

自然を挑発するとき、私たちはそれが贈り物であることを拒否している。つまり、運命を疑い、存在の牧人たる現存在の尊厳の歴運に詩的にすがるこの思考は、詩的な住まいの開放を生み出すかもしれない。それは存在の恩寵に本来的に内在する救済力を高めるかもしれないのである。ハイデガーはまた次のように書いている。

したがって私たちが問いつつ証言するのは、私たちが技術においてその本質を発揮しつづけているものを単なる技術を前にしてなお経験できず、芸術においてその本質を発揮しつづけているものを単なる美学を前にしてもはや見守れない、という苦境である。だが、私たちが技術の本質を熟慮して問えば問うほど、それだけ芸術の本質は秘密に満ちたものとなる。

私たちが危険に近づけば近づくほど、それだけ救うものへの道は明るく光りはじめ、それだけいっそう私たちはよく問うようになる。というのは、問うことは思考の敬虔さなのだから。(32)

ハイデガーはニヒリズムを生み出すのだろうか。それとも、焼け跡から何らかの新しい世界が生じるように、何らかの必要な破壊としてニヒリズムを促進しているのだろうか。いや全くそうではない。人間的成就はそれだけではこの危険を除去することはできないだろうし、実際この危険は私たちから直接に生じたものではないので直接に遭遇することができないというのが、ハイデガーの全体的なポイントである。

ニヒリズムは、もし無名性（*namelessness*）という言葉を何らかの存在者の名前によって把握できないという意味で用いるならば、存在の無名性の思考ではない。ここで定義される実践的ニヒリズムは、技術による枠付けである。だとすると、ハイデガーはいま与えられた意味でのニヒリズムを生み出そうとしているというのとはほど遠く、この枠付けが私たちをいかに頽落させるかを解明すべく、この枠付けを通過する道を考えようとしているのである。この別の道によって、私たちは現存在の救済力にすがることになるかもしれない。しかし、ハイデガーの思考をニヒリズム的と呼ぶのは大きな間違いである。また、ここまでみてきたように、すべてのヒューマニズムの核心にこれまであった、人間存在が宇宙のなかで特別な位置にあるという考えを彼は斥けてもいないのである。彼が斥けたのは、この特別な地位があらゆる価値の創造者たる私たちの尊厳に還元できるという考え方である。エマニュエル・レヴィナスは、人間存在の道徳的・倫理的行為のなかで、およびそれを通じて、神聖性は世界にもたらされるのだと示唆しながら、この根本的な視座に同意する。カントにおいて神聖性は、目的の王国の偉大なる統制的な理想を通じた、自由に向かう人間の志向（orientation）である。この志向と、現前することはないがつねに闘争への熱望であるこの理想こそが、より正義にかなった形で共生するという意味において、私たちが異なったあり方をするだけでなく、よりよく生きることのできる世界の道徳的イメージをもたらすのである。他方、ハイデガーによれば、存在がその真理において解明され、経験されたときに初めて、神聖性は私たちを取り巻く世界を照らし出すことになる。私たちはせいぜいそれに備えることができるにすぎないのだから、神聖性を世界に生み出すことなどないのである。私は、ハイデガーは破壊的な思想であるとする誤った非難から彼を救うべく彼をその深奥なる思想の域において提示することを試みた。ハイデガーがしようとしたことは、現存在を運命らしきものから救うこと以外の「何ものでもない」のだから。その運命らしきもののなかでは、私たちは、偉大なる金の神に仕え、この惑星上の一握りの人間のために富を生み出すことしか眼中にない、今日、軍産複合体と呼ばれる究極的な技術構造に仕える以外の目的を何ら持たず、商品や効用以外の何ものでもなくなるのである。

しかし結局のところ、カントが最初に明らかにしたこの世界の道徳的イメージを再考する必要があると考える人々と、存在が恩寵へと昇るかもしれないという微かな希望を抱きつつ技術を疑問視し、それによって私たち自身を癒すことが今なすべきことなのだと主張する人々とのあいだに、根本的な相違があるのである。ハイデガーにおいて、悪とは人間本質の卑しさではなく、「瞋怒という悪辣なるもの[33]」に本質がある。もし、私たちが真の尊厳で自らを輝かせるならば存在を受け取れるだろうから、このような瞋怒は存在が隠れていること（concealment）によってのみ生じる。瞋怒という言葉を熟慮の上で用いると、私たちの瞋怒は、私たちを支配してきた技術的枠づけに対する無力な抵抗である。ハイデガーのなかにあるエリート主義を否定しようとは、私は思わない。なぜならそれは現にあるからである。私がここで強調したいのは、私たちみなそれぞれが定言命法を守り、それが私たちに与えかつ要求する自由のなかで生きようとすることができると示唆することによって最初にエリート主義を打ち破ったのは、カントだということである。しかし同時に、ハイデガー自身の意味でハイデガー的な悲観主義に直面する必要があるだろう。いまや神のみが私たちを救えるのだというハイデガーの最も絶望的な瞬間においてさえ、言い換えると、存在の牧人という本来の場所へと帰ることで私たちは救われる可能性があるとハイデガーは希望を抱いているのである。

では、世界を変えようとするすべての主体化する試みについてのハイデガーの悲観主義に抗しつつ、あらゆる美的理想が絶え間なく再イメージ化されなければならないとしても、それでも私たちは世界の道徳的イメージを擁護し続けることができるだろうか。ある意味でハイデガーは、明らかにされてきた存在の真理を私たちに示す、または少なくともそれを問うことのできる偉大なる存在の思想家の地位を占めている、あるいは占めていると自ら主張する。偉大なる思想家たちにおいて思考された存在の歴史を、私たちは知ることができる。それによって、私たちがどのように枠付けされているか、なぜそれについて何もなすすべがないのかを知ることができる。あるいは、マルクス主義者の社会主義の夢もまた、技術の過ち＝彷徨（errancy）の餌食となるために世界を人間らしくすることができないのはなぜかについても知ることができる。ハイデガーは現存在の贈り物については確信する一方、『存在と時間』における自らの義務論的前提と逆説的に相反する立場を取っている。『存在と時間』は、自らが存在の牧人としての守護者性の真性から離れていくのか、あるいはそれに向かって自己が露呈されていくのかのいずれか運命づけられているのかといったことに言及しないまま、人間の有限性の認識を提示している。だが、定義上その全体性において存在を認識できないとすれば、いかにして私たちは、存在が私たちから隠れていることによって、私たちの「あり方」が運命づけられてきたことを知ることができるだろうか。私たちが人間の尊厳を保持しようとするのであれば、私たちに開かれている歴運がひとつしかないことをいかにして知ることができるだろうか。この世界の道徳的イメージが、私たちのたがいの関係を別の関係へと誘い、それのみならず、ひょっとするとそうすることによって技術との関係、この惑星を分かち合っているところの他の存在者との関係についても別の関係に誘うことがないだろうと、私たちはいかにして知るのだろうか。自らの尊厳を主張する現存在は、他の何よりも歓待への呼び声に心を留めることに、瞬間的な隠れなさ＝不伏蔵性（unconcealment）をみるかもしれない。

歓待の呼び声に心を留めること

私は『限界の哲学』で、過ち＝彷徨（errancy）——存在に内在する彷徨は、私たちの主張しえない贈り物である——としての真理というハイデガーの定義に対するジャック・デリダの脱構築の力は、次のようなあらゆる観念に対立するものであると論じた。すなわち、私たちが自らの（歴運（destiny）とは区別される）運命（fate）を知りえ、ヨーロッパ的啓蒙の偉大なる諸理想——自由・平等・博愛——を、あたかもそれらが今一度、私たちを技術の過ちや現存在の尊厳への究極的な危険に陥らせるかもしれない世界の再主観化（resubjectification）に必然的に結びついているかのように断固拒絶することができるという観念である。[34] しかし、デリダの脱構築はハイデガー的な悲観主義にいかに向き合っているのだろうか。デリダの死後に残された膨大な仕事をここで検討することはしない。デリダがハイデガー、そして彼のエクリチュールに込められた精神に生涯をかけて取り組んだことについて、論ずべきことは多いだろう。しかし私は、デリダのある特定の意味を前面に出したい。脱構築についての嘆かわしき誤解がアメリカの一部のアカデミックなサークルに蔓延しているからである。そこで私が強調したいのは、いかに「ある特定の（a certain）」デリダが――彼の有名な決まり文句のひとつを使っていえば――倫理的な責任の名においてハイデガー的悲観論を脱構築しているのかである。倫理的責任は歓待の意味についてのデリダのきわめて独創的な取り組みと不可分である。

これまでみてきたように、ハイデガーが、存在の忘却によって存在と存在者との区別が覆い隠されるという事態が生じ、私たちは、「すべてのあるものがあるにいたった」という贈り物を気遣う歴運を持つ唯一の存在者としての自身の尊厳を軽んじてしまう危険に晒されている、と書いていることは有名である。デリダは「差延」についての論文で、ハイデガー自身の結論をそれら自体に抗する方向へ転換する形で、ハイデガーのテクストに取り組んでいる。ハイデガーが言うように、もし存在が自らを明らかにしつつ覆い隠すのだとすれば、すなわち真理が必然的に、ハイデガーが過ち＝彷徨と名付けたものに関与するのであれば、存在の真理が何なのかを私たちは知ることができない。テクネー（techne）の危険を目撃（witness）せよというハイデガーの呼びかけを真摯に捉えるとしても、存在が自らを隠しているのであれば、事物はつねに別様であるかもしれない以上、私たちは何が隠れたのかを断言できる立場にないことを忘れてはならない。

確かに、ハイデガーがそうした危険について考えたとしたら、その思考自体に、存在と存在者との区別の忘却を印すものについて――たとえそれが覆い隠されているとしても――その痕跡を思考することが含まれるだろう。デリダを引いてみよう。

> 痕跡は何らかの現前性ではない。痕跡はみずからを脱臼させ、みずからの場所をずらし、みずからを送り返すような、本来的＝固有的に場をもたない〔＝生起しない〕ような、そのような現前性の見せかけ《シミュラクル》なのだから、消去は痕跡の構造に属する。消去は痕跡をつねに襲いうるのでなければならない。さもなくば痕跡は痕跡ではなくて、破壊不可能な、記念建造物のように不朽の実体であることになってしまう。しかしここで言われる消去はただそれだけにとどまらない。この消去はそもそものはじめから痕跡を痕跡として構成するのであり、痕跡を場所替えのなかで設置し、痕跡の出現のうちに痕跡を消滅させ、痕跡の定立において痕跡をその外へ出させるのである。してみれば差異の黎明的痕跡（die frühe Spur）の消去とは、その痕跡が形而上学のテクストのなかに痕跡化されることと「同じこと」〔le même〕であるわけだ。形而上学のテクストはそれが失ったもの、言い換えれば保留し脇にどけたものの標記を引きとめて保存したのでなければならない。このような構造の逆説は、これを形而上学の言葉遣いで言えば、次のような効果を生み出す〈形而上学的概念の逆転〉である。すなわち現前者は記号の記号、痕跡の痕跡となるという効果がそれである。現前者は一切の回付が究極的にそこへと送り返す当のものではもはやない。現前者は全般化された回付構造における一機能となる。現前者は痕跡であり、痕跡の消去の痕跡である。[35]

デリダによれば、差延を形而上学的な書き込み（inscriptions）の外から考えることは不可能である。なぜなら、ある意味、差延は、事物が存在することを可能にする時間と空間へのあらゆる事物の運動だからである。差延は、引き出されたものの痕跡としてのみ認識されるような、何らかの静止した存在の贈り物ではなく、事物が私たちの前に現れるならばそこにあらねばならない空間的・時間的な運動なのである。ここでデリダは次の点でカントに共鳴しているように思われる。すなわちデリダは、自分たちを取り巻く事物についての人間存在の全ての経験の必然的な時間化・空間化について書いているのである。しかし、デリダがハイデガーに忠実であろうとして主張するのは、私たちを取りまく世界が、特異性（singularity）によって記し付けられる事物とともに現れるときに初めて、私たちはその世界に取り組むことができるのだとすれば、この運動の力の痕跡は、私たちにとって単なる超越論的地平ではなく、現実に思考されねばならないということだ。

事物のこの「（印《マーク》による）仕切りmarking off」は、事物を現前させる間隙（interval）のようなものである。この間隙は、事物の現前化を、もっぱら事物を超え、同時に事物の時間化＝時間稼ぎ（temporalization）および空間化において現前している「現前化させるpresencing」力を指し示すことで可能とするのである。ふたたびデリダを引いてみよう。

> 出発しなおそう。記号作用の運動が可能になるのは、現前性の舞台に現れる「現前的＝現在的」と言われる各要素がその要素以外の他のものと関係をもち、自己のうちに過去の要素の標記を保蔵し、未来の要素との関係の標記によってすでに穿たれるにまかせている、そうした場合に限られる。差延とはこのような事態を生じさせるものである。そしてなぜそういう事態になるかと言えば、痕跡なるものは過去と呼ばれるものに関係をもつばかり

ではなく、未来と呼ばれるものにも関係をもち、そして自己でないものへのこのような関係そのものによって現在《プレザン》〔＝現前者〕と呼ばれるものを構成するからである。自己でないものと言ったが、それは絶対に自己ではないのであって、言い換えれば変様された現在としての過去や未来でさえもない。現在が現在それ自身であるためには、或る間隔が現在を現在でないものから分離するのでなければならない。けれども現在を現在として構成するこの間隔は、同時にまた現在を現在それ自体において分裂させるのでなければならず、かくしてこの間隔は現在を分割するばかりではなく、現在を基点にして思考可能な一切のものを、すなわちわれわれの形而上学の言語で言えば一切の存在者を、特には実体ないし主体をも分割するのでなければならない。力動的にみずからを構成しつつみずからを分割するこの間隔、これがつまり空間化すなわち時間が空間となること、あるいは空間が時間となること（時間かせぎ）と呼びうるものである。そしてまさしくこうした〈現在の構成〉——すなわちここで類比的かつ臨時に現象学および超越論の言語を再現して言えば（とはいえこうした言語が不適切であることはすぐに明らかになるが）、もろもろの過去把持および未来予持の標記・痕跡からなる「根源的な」綜合、還元不可能なほど非－単一的な、つまり厳密な意味では非－根源的な綜合——そうした綜合としての〈現在の構成〉、これこそを私は原－エクリチュール、原－痕跡、ないしは差延と呼ぶことを提案しているのである。差延（は）空間化（と同時に）時間稼ぎ（である）[36]。

それ自体を超える方に向かう力、そしてデリダが私たちに語る力というのは、差延に対して私たちがなしうる多くのアプローチのひとつに過ぎないのだが、これは事物を現前させるものであると同時に、絶対的現前性（absolute presence）という観念をも崩壊させる。しかしそれはまた、存在者と存在のあいだの存在論的差異の区別という観念も崩壊させるものであり、それによってこの区別は、存在の真理の展開として歴史的に把握できるひとつの時代へと凍結されてしまうようにみえる。デリダにとってこの崩壊は、逆説的に事物を出現させるが、それ自体で実際に現前することは決してない力であり、彼がハイデガー的希望として敢行しようとすることの基礎になっている。

たとえ存在という名称であれ、唯一無比の名称は存在しないだろう。そしてこのことをノスタルジーなしに、言い換えれば純粋に母親的な言語ないしは純粋に父親的な言語という神話の外で、思考の〈失われた祖国〉という神話の外で思考しなくてはならない。それどころか或る種の笑いのうちに、そして或る種の舞踏のステップを踏みながら、このことを肯定しなくてはならない――ニーチェがこの肯定という語を戯れさせるときのあの意味で。

この笑いと舞踏から出発して、一切の弁証法には無縁《エトランジェ》なこの肯定から出発して、私がハイデガー的希望と呼びたいノスタルジーの他の側面が問題視される。ここでこの希望という語が気にさわるかもしれないということを私は顧みないわけではない。にもかかわらず私はこの語から一切の含みを除外せずにあえてこの語を用い、そして『アナクシマンドロスの言葉』が保持するように私には思われる形而上学的な面にこの希望という語を関係づける。その形而上学的な面とはつまり固有の語および唯一無比の名称の探索である。「存在の最初の語」（das frühe Wort des Seinsすなわちto khreōn）について語りながら、ハイデガーは書く。「現前性の本質そのものにおいてみずからの理性を展開する現前者への関係は唯一無比のものである（ist eine einzige）。この関係は他のいかなる関係ともまったく比較されえない。この関係は存在そのものの唯一無比性に属している（Sie gehört zur Einzigkeit des Seins selbst）。それゆえ存在のうちで展開されるもの（das Wesende des Seins）を名づけるためには、言語は唯一無比の語を、それ以外にはない唯一無比の語（ein einziges, das einzige Wort）を見いださねばならないだろう。存在に語りかける（das dem Sein zugesprochen wird）思考の一切の語［一切の思考する語 denkende Wort］がいかに危険を冒しているかが、このことに徴すればわかる。にもかかわらずここで危険を冒してこころみられていることは何か不可能なことではない。なぜなら存在は至るところでつねに、あらゆる言語を通じて語るからである(37)」。

ある意味でデリダは、差延が事物それ自体において現前するもの、あるいは手近なものとして思考されるとすれば、差延は力としては適切に思考されることさえないだろうと書いている。差延は、空間と時間のなかに存在する事物によって、より深い意味でいえば、特異な存在者があるべきところで「存在する」よう強いられている事物によって指示される、ただし指示されるのみであるような彼方（the beyond）である。私がここで強調したいのは、私たちが、存在が存在者を時間と空間のなかでのみ存在させられる仕方の理解を深めようとするならば、これは、私たち自身以外の何かからの贈り物であって私たちに可能な認識という条件には還元できない以上、デリダがすべきと示唆しているカントの批判的観念論を位置ずらし（displace）することに彼が成功しているか否かということではない。この位置ずらしにデリダが完全に成功しているとか、あるいはより強くいうならば、有限な存在者たる私たちの経験を超えた存在の真理を思考できるなどと私が考えていないことははっきりしている。しかしそれを前提としたうえで、デリダはそのエクリチュールの初めから、脱構築は、事物や事物に対する私たちの認識の現前（presence）を超え、事物とは他なるものを指し示す経験であるという主張をしている、と言っておこう。彼はまた、たとえこの〝他なるother〟ことを私たちが認識できない──それは定義上、認識することができない不可能なものの経験である──としても、私たちが存在の贈り物に付き従うつもりならば、それが見捨てられてはならないとも主張している。この贈り物＝それが与えること＝あること（es gibt）が、ハイデガーが雄弁に語るように、所与＝与えられているものに還元されることはありえないからである。

しかし、これはユルゲン・ハーバーマスが論じるように、何らかの否定神学を超えるものの痕跡を照らしだすような痕跡にしがみついているのだろうか。いや、まったくそうではない。なぜなら、ハーバーマスは、デリダにおいてハイデガー的な希望が私たちに対する倫理的な歓待の要求と不可分であることを見過ごしているからである。もし、諸力の戯れのなかにあるあらゆる事物が、存在の贈り物を解明しようとする存在者たちから自身を引き離し、そして覆い隠す静的な存在に還元できないとすれば、私たちは存在と存在者を確実に差異化することができなくなるだろう。というのは、「他」なるものは存在者自体においてのみ指し示されるものだからである。もちろん歓待について書くことは、カントが『永遠平和のために』で述べたような偉大なる理想に共鳴することでもある。カントにおいて歓待は、明らかに反帝国的で、きわめてラディカルなものである。カントによれば、この訪問する権利、異国人であっても親切に扱われる権利は、差し出されたその歓待に背いてならないという訪問する側の責任をともなう。現在であれば帝国主義的行為と呼ばれるであろうものをカントが非難するのは、まさに歓待においてなのである。カントはほとんど予言のように次のように書いている。

ところで、われわれの大陸の文明化された諸国家、特に商業活動の盛んな諸国家の非友好的な態度をこれと比較してみると、彼らが他の土地や他の民族を訪問する際に（訪問することは、彼らにとって、そこを征服することと同じことを意味するが）示す不正は、恐るべき程度にまで達している。アメリカ、黒人地方、香料諸島、喜望峰などは、それらが発見されたとき、彼らにとっては誰にも属さない土地であるかのようにであったが、それは彼らが住民たちを無に等しいとみなしたからである。東インド（ヒンドゥスタン）では、彼らは商業支店を設けるだけだという口実の下に軍隊を導入したが、しかしそれとともに原住民を圧迫し、その他の諸国家を煽動して、広汎な範囲におよぶ戦争を起こし、飢え、反乱、裏切り、そのほか人類を苦しめるあらゆる災厄を歎く声が数え立てるような悪事を持ち込んだのである。[38]

もちろんデリダは、カントの反帝国主義の精神に同調する。彼の掲げる多くの具体的な政治的提案——たとえば、ヨーロッパ全土の大都市でのいわゆる不法滞在状態（illegal status）を理由とする迫害から逃れる自由空間を難民に与えようという「難民都市city of refugees」——は、この精神とまさしく整合的である。そうした難民の多くは、国家の非歓待的な振る舞いによって祖国を追われたのである。したがってデリダによれば、歓待は、私たちのなかに逃げ込み場を見つけようとする異邦人に対する開放性によって試されることになる。

デリダにおいては、存在にとっての他者が、現実の人間存在において私たちの前に姿を現すことがあるかどうかは、私たちが知りうることではない。ひょっとするとこの他者は、それ以外に私たちの前に姿を現すすべがないかもしれない。したがって私たちは、この他者が、あたかも待望していたメシアなのかもしれないというようにこの他者に応対しなければならないのである。次章においてその思想を検討することになるレヴィナスはつねに、他者（the other man）とは隣人のことである、なぜなら他者は私の人間性において私の普遍的な兄弟だからである、と主張している（リュス・イリガライが注意を促しているように、レヴィナスは“man”という言葉を用いる）。だがデリダにおいて、他者の形象（figuration）が人間の形で私たちの前に現れるだろう、という約束はない。実のところ他者は人間以外のものなのかもしれず、そうなると、これこそが私たちを購う他者なのだということを前もって知ることはできないだろう。一見したところ両立しないように見える歓待の諸側面を区別すべく、訪問と招待というより大きな観念を用いる形で、デリダは、私たちが招待する人と私たちを訪問する人を区別している。彼は、私たちの世界において歓待の要求がきわめて現実的な問題であることを認識し、そのために「難民都市」の制度化を推進し、擁護しているのである。つまり私たちは、ラディカルな歓待文化に近いものを展開し、準備するように呼びかけられている。デリダは、歓待とは文化それ自体であるとまで論じており、異国の地に足を踏み入れたときに自然状態へと堕してしまう、いわゆるヨーロッパ高度文明国に対するカントの嘲りに同調する。したがって私たちは、難民や私たちのなかにあって逃げ込み場を探している人々を保護するために、政治と倫理の両面において準備しなければならないのである。

デリダはふたたびハイデガーに共鳴しながら、私たちは、来るべき者が何者なのかを知りえないので、いくら準備しようともそれが不完全で不十分であることを受け入れなければならない、としている。デリダは次のように説明する。

しかし他方で、逆もまたそれにも拘わらず正しく、それと同時にかつ抗いがたく正しいのである。歓待的たるということは、自らを出し抜かれる（surprendre）状態に置くことであり、準備しないように準備すること、そのようなことが可能ならば、自らを出し抜かれる状態に置くということさえできないくらいに出し抜かれる状態に自らを置くこと、驚かされる（be surprized）こと、ほとんど暴力的な仕方で、侵犯＝レイプされる（violée）こと、盗まれる（volée）こと（暴力（violence）、侵犯／レイプ（violation/rape）の問題、収用（expropriation）と脱所有（de-propriation）をめぐる問題すべてが私たちを待っている）であり、まさに、受け入れる準備のない——そして、まだ準備ができていないのみならず、「まだ…ない」という態様でさえない態様で、準備ができていない、用意ができていない——ところでそうするということだ[39]——。

実際、デリダは脱構築を、この不可能な歓待についての心配＝把握（apprehension）の経験として指し示している。歓待が不可能なのは、来るべき者が誰なのか、それが私たちに何を意味するのかについて準備できないからである。デリダをパラフレーズすれば、歓待は、動物や妖怪＝亡霊（specter）という形をとった、実にぞっとするような訪問によって私たちを奇襲しさえする。私たちはこの他者を人間性の射程から締め出されたものとして眺めるので、これはもっぱら怪物のようなものとして現れるかもしれない。しかしデリダにとって、私たちに似ているように見えるものであることをこれまで否定してきたものを人間とみなすためには、歯を食いしばり、視野を拡張するだけではまったく十分でない。なぜなら、もし私たちが真に他者を他なるものとして歓迎するならば、そしてもし、いまあるものとは全く異なるかもしれないものの贈り物を受け入れ、果敢に自らをそれに開かれたものとするならば、あらゆる歓迎行為の基礎になっている、何が人間的かについての私たちの考え方さえも喜んで放棄するはずだからである。

私たちは究極的には、自分たちに馴染み深いすべてのものの限界点にまで自身を拡張する責任があるが、「結局のところ、この他者というのは本当に私たちに似ている」ということで馴染み深いものとすることは、拒否しなければならない。デリダはこの点について詳述している。

すべての概念が自らを匿う、あるいは、別の概念や、もはやそれにとっての他なるもの（its other）でさえないようなそれ自体とは異なるものに取り憑かれているのならば、もはやいかなる概念も変わらぬ地位にはない。これは概念の概念についてであり、私が以前に、歓待、すなわち不可能なる歓待、（私が歓迎することのできない別の客人を接遇すること、することのできないことができるようになること）の不可能性の可能性としての歓待の経験・理解・実行（exercise）を提示した理由である――これこそが、しなければならないもの、そうならなければならないもの、すなわち不可能なるものの経験をするとき、あるいはその経験であるときの脱構築それ自体の典型的な経験である。歓待、これは脱構築の名の一例である。概念の、概念の概念の脱構築および構築、その家、その「アットホーム at-home = son chez-soi」の。歓待は、アットホームの脱構築である。脱構築は、他者、自己とは異なるもの、「自らにとっての他者」とは異なるもの、あらゆる「自らにとっての他者」を超えた他者に対する歓待である。(40)

ハイデガーによれば、世界に投げ込まれた存在者たる私たちはある意味で「罪がある guilty」のであり、決して十分にはすることができない配慮（attention）が要求されるのである。この「罪がある」という言葉の用法は、通常のものではない。なぜならそれは私たちの有限性に、またそのような有限性に内在する配慮の欠如という危険に――とりわけそれが死とありのままに向かい合うのを拒むとき――結び付けられているからである。しかしデリダはこのハイデガーの、罪があることについての理解をさらに深めている。私たちのうちの、私たちの世界の際限なき恐怖としてよく言及されるものを生き抜いた人々が、先に行った＝亡くなった他者による私たちの許しという要請を私たちに課すだろう、と示唆することによって。

デリダがつねに念を押しているのは、許しがたいことがアウシュヴィッツだけではなくアパルトヘイト、ルワンダ、パレスチナでも起きているということである。先に行った＝亡くなった他者によって許されなければならないというとのこのアプリオリな承認を引き受けることは、私たちが――たとえそのようなことはできないとわかっていたとしても――他者が通過したものを受苦すべく自己を開くときにのみ生じうるとデリダが主張する共苦（compassion）にとって不可欠である。

加えて、アウシュヴィッツがそれゆえに固有名および換喩であり続けているすべてのものについて、私たちは、言わば生き延びてしまったこと、生存者になったことについて死者を前にして自分を責める、この痛ましくも本質的な経験について語らなければならないだろう。生きていること、生き延びていることに対する――静かな、あるいは痛烈な――罪悪感があるかもしれないし、時として現にある。それゆえに、死者あるいは誰か知らざる人に対して、そこにいる（être là）という単純な事実、換言すれば、生き延びていること、他者が今やいないここにいること、まだここにいること、常にここにいること――したがって、根源的に罪のあるそこにいること（être là）に対する――の許しを乞えとの命令があるのだ。そこにいること、これは許しを乞うことだろう、そしてまたこれは許しの場面、不可能な許しの場面に銘記されることだろう[41]。

深い意味において、私たちはつねに、与えるものが少なすぎ、到来するのが遅すぎるという罪を負っている。デリダが良心（good conscience）を持つ立場にあるものなど私たちのなかには誰もいないと書くとき、彼は真剣なのである。だがこの許しは、私たちがいかにあらしめられているかという贈り物に応対することと不可分であって、デリダが不可能な歓待として書いたものが要求する受動＝受苦性（passivity）と忍耐に、一体として結合しているのである。それが不可能であるのは、私たちの経験を超えており、それゆえ、それについて私たちが持っている観念を粉砕するかもしれないものを私たちが進んで取り入れねばならないからである。ここでふたたび、ハーバーマスと彼のこれを否定神学であるとする主張に立ち戻れば、私たちは、私たちに来るこの他者が前もって何者であるかを知ることができないので、彼（女）を進んで招き入れ、保護しなければならないことを見て取るべきだろう。したがってこれは、私たちが他者の痕跡に祈り、他者が到来するかもしれないと望むことに関するデリダの側の消極的＝否定的（negative）な振る舞いではない。実のところ、このような他者はいつだって私たちのなかに到来しているのである。そして、積極的にこの他者に手を差し伸ばすために、私たちは「難民都市」から移民法にいたる制度構造を作り出していかなければならない。

歓待についてのこうした思考のなかには抽象的に思われるものもあるかもしれないので、ひょっとすると、より明快な事例を出したほうがいいかもしれない。私は「未来を取り戻そうTake Back the Future」という平和グループの一員である。この団体は、二〇〇二年に北米ムスリム・サークル（Muslim Circle of North America）から、旧移民業務局の前でのデモに参加するように要請された。さまざまな国々から来たムスリム男性たちは、適法な在住資格を再登録せよと求められていた。その理由は、彼らが、イスラム原理主義と関係しているとされる政府が統治している国の市民であったからである。これは、歓待を実行せよとの私たちへの要求をたずさえて他者がいかに到来するかについての、日常の事例である。私たちのグループはまさにこれを達成しようと目指した。そしてそうしたイスラム系のグループを支持して、実際にデモを行った。悲しいことに、私たちは白人アメリカ市民だけが参加した数少ないグループのひとつであったわけだが。この種の到来こそが、デリダが無限の真剣さをもって扱わなければならないと語ったものである。というのは、この他者を保護することによって私たち自身が購われるかどうかを私たちは決して知りえないからである。デリダにとって購いは歓待であって、私たちに与えられるかもしれない何らかの未来の許しなどではない。それは、私たちに責任を負わせる私たち自身以外のものに取り組むことでいかに許しを乞うかということであり、この責任＝応答可能性（responsibility）においてこそ、私たちを取り巻く世界をいかに根源的に異なる場所へと形作っていくかについての、未来の幕開けを見出すことができるのである。

実のところ、この解放の約束がつねに私たちに可能であるというだけではなく、つねに私たちに要求されているものでもある以上、デリダがこれをメシアなきメシアニズムであると主張するとき、そこには一定の意味がある。ふたたびデリダを引いてみよう。

さて、一切の脱構築にとっても還元不可能であり続けるもの、脱構築の可能性そのものと同じく脱構築不可能であり続けるもの、それはもしかすると、解放の約束をめぐる或る経験なのかもしれない。それはもしかすると、構造的メシアニズムの形式性でさえあるかもしれず、宗教なきメシアニズム、メシアニズムでさえない〈メシア的なもの〉、正義の観念——私たちはこれを、つねに法＝権利〔droit〕や人権からさえ区別している——、民主主義の観念——私たちはこれを、現在の民主主義概念および今日規定されている民主主義の諸賓辞から区別している——であるかもしれない（ここでは『法の力』と『他の岬』に送り返すことをお許しいただきたい）。しかし、もしかするとこれこそが、いま考えなければならないこと、別の仕方で考えなければならないことかもしれないのである。マルクス主義はどこに行くのか、ということはまた、マルクス主義をどこに導くべきなのかを問うために。どこに導くべきなのかというのは、変形なしには済まないのだが、今あるがままの、もしくはかつてあったままのマルクス主義がどこにわれわれを導くかではなく、解釈によってわれわれがマルクス主義をどこに導くべきか、ということなのだが。(42)

このように私たちは、事物がいつもさまざまであるだろうなどと単純に肯定したり、このことが私たちの責任に対応しているなどと示唆することはできない。私たちはつねに歓待を提供しなければならない。歓待を提供するには、この理想を実現するための現実に制度がなければならず、そのための立場を獲得し、交渉をしなければならない。もちろん、歓待はカントが描いたような理想ではないし、またそれらの理想に完全に還元されるものでもない。なぜなら、私たちが真に他者に歓待的であるならば、「理想」のような言葉で私たちが意味しているものを改めなければならないからである。

デリダは、存在の贈り物の肯定は、事物をいつも他の形になることを可能にする差延の力に私たちが応対するという意味において肯定的（affirmative）でなければならない、と書いている。ハイデガーによれば、有限な動物としての私たちは手がすでに汚れている。私たちは、あるがままの、あるいは他のあり方をするかもしれない事物を単純に肯定することはできない。私たちはいつだってすでに、歓待を実行せよとの要求をしてくる具体的状況のなかにいるのだ。このように私たちは交渉へと呼びかけられている。

肯定と立場を区別することから始めましょう。私はこの区分に非常に賭けています。私にとってこれこそが最重要です。肯定に満足してはなりません。立場が必要です。すなわち制度を作らなければなりません。だから立場が必要なのです。スタンスが必要なのです。そういうわけで、まさにこの瞬間、交渉は単に、肯定と否定、立場と否定の間で起きているのではありません。肯定と立場のあいだで起きるのです。なぜなら立場は肯定を脅かすからです。これは言うなれば、それ自体において成功裡にある制度化は無条件の肯定の動きを脅すということです。だがこれは起きる必要があります。というのは、もしこの肯定が――どう言ったらいいでしょうか――満足してしまって、制度から手を洗い、あるいは距離を取り、「私は肯定する、あとのこと（the rest）にはまったく関心がない、その制度は私の関心を引かない……、他の人にその面倒を見てもらおう」と言うとすれば、この肯定は自己否定に陥り、肯定ではなくなるでしょう。いかなる肯定も、いかなる約束もまさにその構造において、その成就を要請します。成就を要請しない約束などありません。肯定は立場を要請します。行動を起こすこと、何かをすることが要請されています。たとえそれが不完全であろうとも。[43]

デリダにおいて、私たちは待つことができず、いま行動せよと呼びかけられている。未来に対する私たちの責任の中心にあって、周縁化され排除されているそれらの力に注目するよう呼びかけられているのである。究極的には、私がずいぶん前に『限界の哲学』で主張したように、脱構築はこれから来るものの守護者として機能するという意味で、根本的に倫理的なのである。[44] 政治的変革期にあっては何が可能で何が不可能かをはっきりと知ることができないのであるから、理論的知識の限界はハイデガー的悲観主義と対立する。したがって、世界を変えようとする私たちの活動が、あらゆる事物の主観化を強化することで存在の忘却を必然的に進めてしまうかどうか、私たちは知ることができない。歓待的であろうとすれば、考えるだけでなく行動しなければならない。脱構築はこの行動への呼びかけから切っても切れないものであって、私たちは神を待望したり、神の不在を嘆き悲しんだりするのではない。しかし、世界の道徳的イメージは、脱構築後に根源的に再考される必要があるとしても、脱構築を生き延びるものだろうか？

デリダは、人間性、自由、平等といった偉大な理想の数々は、決して古臭く廃れたものではないと繰り返し述べている。またこのことは、これらが理想であって決して歴史的な現実に還元されるものでないという理由のみによるわけではない。深い意味でいえば、こうした偉大な理想なくして私たちはどうやって交渉し、どうやって法制度や政治制度に関わるのだろうか。交渉するよう呼びかけられるとき、私たちは理想自体と交渉するように呼びかけられているのである。したがって『限界の哲学』でも述べたように、私たちは被投の先にある文脈に責任を負っており、その歴史的文脈はまさに、二〇世紀および二一世紀の恐ろしい現実によって傷つけられてきたそれらの諸理想をも含むのである。[45] このことが、私たちに立場を獲得するように呼びかけるのであるから、歓待に忠実であろうとする脱構築はまさしく実践哲学と足並みをそろえることになる。

注

（1）Martin Hidegger, *Kant and the Problem of Metaphysics*, 5th ed., trans. Richard Traft（Bloomington: Indiana University Press, 1997）（門脇卓爾訳『カントと形而上学の問題（ハイデッガー全集第三巻）』創文社、二〇〇三年）

（2）Hidegger, *Kant and the Problem of Metaphysics*, 50.（『カントと形而上学の問題』、七八－七九頁）

（3）Hidegger, *Kant and the Problem of Metaphysics*, 10.（『カントと形而上学の問題』、二五頁）

（4）Hidegger, *Kant and the Problem of Metaphysics*, 11.（『カントと形而上学の問題』、二六－二七頁）

（5）Hidegger, *Kant and the Problem of Metaphysics*, 64.（『カントと形而上学の問題』、九七頁）

（6）Hidegger, *Kant and the Problem of Metaphysics*, 63.（『カントと形而上学の問題』、九六頁）

（7）Immanuel Kant, *Critique of Pure Reason*, trans. and ed. Paul Guyer and Allen Wood（Cambridge: Cambridge University Press, 1998）, 274（A142/B182）.（篠田英雄訳『純粋理性批判（上）』岩波書店〔岩波文庫〕、一九六一年、二一九頁）

（8）Hidegger, *Kant and the Problem of Metaphysics*, 92-93.（『カントと形而上学の問題』、一三四頁）

（9）たとえばHermann Cohen, *Kants Theorie der Erfahrung*, 2nd ed.（Berlin: Dimmler, 1885）のようなマールブルク学派の研究を参照。

（10）Immanuel Kant, *Critique of Pure Reason*, 273（A141/B180）.（『純粋理性批判（上）』、二一八頁）

（11）Hidegger, *Kant and the Problem of Metaphysics*, 67.（『カントと形而上学の問題』、一〇〇－一〇一頁）

（12）Kant, *Critique of Pure Reason*, 238（A118）.（原佑訳『純粋理性批判（上）』平凡社、二〇〇五年、三〇〇頁）

（13）Hidegger, *Kant and the Problem of Metaphysics*, 55-56.（『カントと形而上学の問題』、八六頁）

（14）Hidegger, *Kant and the Problem of Metaphysics*, 83.（『カントと形而上学の問題』、一二一－一二二頁）
（15）Richard Kearney, *Poetics of Imaging: Modern and Postmodern*（New York: Fordham University Press, 1998）, 54.
（16）Hidegger, *Kant and the Problem of Metaphysics*, 110-111.（『カントと形而上学の問題』、一五七頁）
（17）Hidegger, *Kant and the Problem of Metaphysics*, 112.（『カントと形而上学の問題』、一五九頁）
（18）Martin Hidegger, *What Is a Thing?* trans. W. B. Barton and Van Deutsch（South Bend, IN: Gateway Edition, 1967）, 242.（高山守訳『物への問い（ハイデッガー全集第四一巻）』創文社、一九八九年、二五四頁）
（19）Hidegger, *What Is a Thing?* 176.（『物への問い』、一八九頁）
（20）Hidegger, *What Is a Thing?* 244.（『物への問い』、二五六頁）
（21）Hidegger, *What Is a Thing?* 188-189.（『物への問い』、二〇一頁）
（22）Hidegger, *What Is a Thing?* 88.（『物への問い』、九八頁）
（23）Hidegger, *What Is a Thing?* 89.（『物への問い』、九八－九九頁）
（24）Martin Heidegger, "The Question Concerning Technology," in Martin Heidegger: *Basic Writings*, ed. David Krell（San Francisco: Harper Collins, 1993）, 322.（関口浩訳『技術への問い』平凡社、二〇〇九年、二六－二七頁）
（25）Heidegger, "The Question Concerning Technology," 332.（『技術への問い』、四三－四四頁）
（26）Martin Heidegger, "Letter on Humanism," in *Martin Heidegger*: Basic Writings, ed. David Krell（San Francisco: Harper Collins, 1993）, 243（「ヒューマニズムに関する書簡」（辻村公一訳『道標（ハイデッガー全集第九巻）』創文社、一九八五年）、四三〇頁）
（27）Heidegger, "Letter on Humanism," 239.（「ヒューマニズムに関する書簡」、四二五頁）
（28）Heidegger, "Letter on Humanism," 245.（「ヒューマニズムに関する書簡」、四三二頁）
（29）Heidegger, "Letter on Humanism," 233-234.（「ヒューマニズムに関する書簡」、四一七－四一九頁）
（30）Heidegger, "Letter on Humanism," 251.（「ヒューマニズムに関する書簡」、四四一頁）
（31）Heidegger, "The Question Concerning Technology," 330.（『技術への問い』、四〇－四一頁）
（32）Heidegger, "The Question Concerning Technology," 340-341.（『技術への問い』、五九－六〇頁）
（33）Heidegger, "Letter on Humanism," 260.（「ヒューマニズムに関する書簡」、四五二頁）
（34）一般に以下を参照。Drucilla Cornell, *The Philosophy of the Limit*（New York: Routlege, 1992）.（仲正昌樹監訳『限界の哲学』御茶の水書房、二〇〇七年）
（35）Jacque Derrida, "Différance," in Margins of Philosophy, trans. Alan Bass（Chicago: University of Chicago Press, 1982）, 24.（高橋允昭・藤本

一勇訳『哲学の余白（上）』法政大学出版局、二〇〇七年、六九－七〇頁）
（36）Jacque Derrida, “Différance,” 13.（『哲学の余白（上）』、五一－五二頁）
（37）Jacque Derrida, “Différance,” 27（『哲学の余白（上）』、七四－七五頁）
（38）Immanuel Kant, “Toward Perpetual Peace,” in Practical Philosophy, trans. Mary Gregor（Cambridge: Cambridge University Press, 1996）, 329.（宇都宮芳明訳『永遠平和のために』岩波書店［岩波文庫］、一九八五年、二八－二九頁）
（39）Jacques Derrida, *Acts of Religion*, ed. Gil Anidjar（New York: Routledge, 2002）, 361.
（40）Derrida, *Acts of Religion*, p.364
（41）Derrida, *Acts of Religion*, p.382-83
（42）Jacque Derrida, *Specters of Marx: The State of the Debt, the Work of Mourning, and the New International*, trans. Peggy Kamuf（New York: Routledge, 1994）, 59.（増田一夫訳『マルクスの亡霊たち――負債状況＝国家、喪の作業、新しいインターナショナル』藤原書店、二〇〇七年、一三九－一四〇頁）
（43）Jacque Derrida, *Negotiations: Interventions and Interviews, 1971-2001*, trans. and ed. Elizabeth Rottenberg（Stanford, CA: Stanford University Press, 2002）, 25-26.
（44）一般に以下を参照。Drucilla Cornell, *The Philosophy of the Limit*（New York: Routlege, 1992）.（仲正昌樹監訳『限界の哲学』御茶の水書房、二〇〇七年）
（45）一般に以下を参照。Cornell, *The Philosophy of the Limit*.（『限界の哲学』）

第三章　他者としてのシンボル形式——倫理的ヒューマニズムと言語の活性化させる力

今日、ヨーロッパとアメリカによる世界の支配は、政治的にも、倫理的にも、哲学的にも挑戦を受けている。カントの批判哲学と結びついた世界の道徳的イメージは、この挑戦を受けてもなお、生き残ることができるのだろうか？　いやそれどころか生き残るべきなのだろうか？　人間性という理念は、私たち人間が作ったり選んだりしたのではない条件下にあってさえ自らの歴史を紡ぎ出すが、この理念によって喚起された普遍性の壮大なヴィジョンを私たちは受け入れることができるだろうか。人間性というカントの偉大な理念は、その理念に値するような、さらに正しい世界に向けた闘争をなおも可能にするものである。いや、可能にするどころか、そうした闘争を要求さえしているのだ。この理念はカントに始まり、マルクス主義などきわめて多くの重要な哲学的・政治的闘争を活気づけてきたが、ベルリンの壁の崩壊とともに死んでしまったのだろうか？　私たちには現場での局所的な闘争の他に、何も残されていないのだろうか？　この世界で文化的、政治的、倫理的に生き残るために人間が行っているさまざまな努力を判断できる、いかなる普遍的な基準も持ち合わせていないと主張する、ある種の相対主義へと私たちは哲学的に運命づけられてしまっているのだろうか？

ハイデガーは技術の危険性について不気味な証言を残した。この証言は、批判哲学と遭遇したにもかかわらず、世界の中での現存在（Dasein）の場についての、そして現存在の真の尊厳についての壮大なヴィジョンに依然として結びついている。それゆえ、ハイデガーは批判哲学を論じ、諸存在者を究極的に配慮《ケア》しなければならない存在者としての私たちの運命から私たちの目を覆ってしまう主観性に呪縛されたままであるとして批判する。しかし、ハイデガーは相対主義者たちに同意するわけでも、人類を単なる統計分析や道具的研究の対象、予測、統制へと還元しようとする人々に同意するわけでもない。皮肉にもハイデガーは、人間性の壮麗さを主張するような世界の道徳的イメージにつなぎ止められたままである。それはまさしく、彼が事物の状態について、ひとつのより宇宙論的な意味があること、そして宇宙の中で現存在が特別な場所を占めていることを主張するからである。もちろん、いまやハイデガー的な悲観主義はもうひとつのヨーロッパ中心主義にほかならないとして異議申し立てを受けている。もし、ヨーロッパの文化や社会が終焉を迎えているならば、世界や私たち人間も同じように終焉を迎えているのだという具合に、この悲観主義はたたみかける。すでに『ヒューマニズム書簡』において確認したように、ハイデガーはなおも現存在の尊厳を、単に保持しようとするだけではなく、保護しようとも試みている。たとえハイデガーが、カントの批判哲学はカント自身が世界の道徳的イメージの徴としようとしていた尊厳を掘り崩してしまうとも論じているとしても、それを試みているのである。

本書では以後、批判理論や批判哲学にとってヨーロッパ中心主義に対する異議申し立てがもつ倫理的・政治的重要性に何度となく立ち戻ることにしたい。私たちはまずこの論争の枠組みを規定している哲学的・倫理的な用語を考察することで、この異議申し立てに向き合い始める必要がある。そのために私たちは、この論争が相対主義と普遍主義のあいだのものではなく、文化の諸形態と象徴の複数性を、人間性という理想自体が私たちに課す道徳的要求の不可欠の構成要素として尊重するひとつの普遍性とのあいだでの論争であることを理解することにしたい。本章では、エルンスト・カッシーラーの論考に焦点をあてる。彼はカントの批判哲学を再解釈し、シンボル形式の哲学——そこではシンボル形式の不可避的な複数性が示される――の基礎をなす批判哲学においては『判断力批判』が中心的位置を占めると考えた。カッシーラーにとってこの再解釈作業は、世界の道徳的ヴィジョンへの倫理的コミットメントの一部をなすものでもあった。その道徳的ヴィジョンのなかで、人間は自分たちが投げ込まれた世界に対して責任を負うことができるのである。

本書の目的の範囲内でカッシーラーの功績を振り返るならば、次の四点にまとめられる。第一に、カッシーラーはシンボル形式について洗練された理解を説得的に提示したので、ハイデガーが抱いていた悲観主義を、すなわち彼が技術支配的な理性によって支配された世界や社会秩序を改革する現存在の努力について抱いていた悲観的な見通しを、解きほぐすことができる。第二に、カッシーラーは、私たちの自由は、私たちを人格性において作り出す力であり、ひるがえって私たちはその力を、私たちにとって最初の世界に対するとっかかりとなるシンボル的形成を通じて再形態化するのだと解釈することによって、カントに帰される有名な二元論を克服している。カッシーラーのシンボル形式理解は、しばしばそうみなされているような、素朴なヒューマニズムに切り詰められるものではない。実際のところカッシーラーはむしろ、私たちが住まう世界の状態に対する私たちの責任とその変革可能性を擁護する。

第三に、カッシーラーは、自らに内在する仕方で諸世界を生じさせるシンボル形式が不可避的な複数性と、無限の変容可能性をもつことを認識する、主要な思想家の一人である。カッシーラーが拒絶したのは、何らかのシンボル形式が他のシンボル形式を凌駕して特権的な空間を占めることができるという考え方である。すなわち、「科学的人間 scientific man」が他の全ての現実の象徴化を無効にすると示唆するような位置は正当化できないのである。「ヨーロッパ的人間」の勝利に行き着く、あらゆる単純な新ヘーゲル主義的なヴァージョンの歴史は拒絶される。カッシーラーのなかに進歩が存在するならば――実際、それは存在するのだが――その進歩はシンボル形式が複雑さを増し、たがいに結びつきあうことを通じて生じるのである。私は、カッシーラーのなかにヨーロッパ中心主義が残存し続けることを否定しようとは思わない。しかし、それは彼の哲学の核心をなすものではないし、むしろシンボル形式が不可避的に複数性を帯びることに対する彼の深い洞察とは対立するものだと主張したい。

第四に、もしカッシーラーがカントの洞察を、つまり現実性と可能性を区別する能力という、人間の思考における中心的特徴に向けた洞察を批判的に作り直しているのだとすれば、人間を動物と連続的なものと位置づける方法でそうしているということである。カッシーラーは動物に、考え、計画し、未来さえ持つ生物として正当な位置を与える主要な思想家の一人である。動物と人間との連続体の上では、両者の違いは究極的には、動物が持っている語彙はより少ないところ、そして動物は可能なものと現実のものとを区別する能力を持たないところに現れる。私たちはもはや「人間 man」を「唯一の」理性的動物として理解することはできないだろう。人間をシンボルを操る生き物として重要とするこうした再考は、その核心部分においてカントの洞察、人間の思考の有限性がいまやひとつの歴史的次元と折り合いを付けていることに関わる洞察と連動している。というのも、思考の形式は時間と空間のように基本的なものであっても、異なったシンボル形式においては異なって表象され、表現されるからである。

歴史主義（historicism）と、カントが提示した根源的洞察、すなわち人間はつねに、超越論的想像力においてすでに表象されている世界を経験しているという洞察とのあいだでどちらかを選択することは私たちにはできないし、するべきでもない、とカッシーラーは考える。私たちの思考は時間と空間の形式、そして超越論的な統覚（apperception）としての「私 I」に制約されている。しかし、同時にこれらの制約自体によって、私たちはこの世界を特定の知の形式――それは、世界の感覚経験から可能性と現実性の双方のイメージを産出することのできる生き物にとって利用可能である――において理解することができるのである。カッシーラーの豊かな哲学的業績を十全に考察するというプロジェクトは、開始することさえ不可能である。しかし私たちは少なくとも、新カント派を再考するなかでカッシーラーがそこに占める位置を示し、より際立たせる作業を始めることはできる。いやそれどころか、もし私たちが、一方では世間で多文化主義と呼ばれているものからの異議に、他方ではポストモダニズムからの異議に応答しようとするなら、ここから始めることは必須であるとさえいえよう。

シンボルを操る生物としての人間存在

カッシーラーは『シンボル形式の哲学』を、理性を持った動物という人間観は人間自身が抱いている熱望に対して全く不適切なものであると論じるところから始めている。その熱望とは、人間性に固有の特徴とは何かをつかむこと、そして私たちはなぜ存在の連鎖のなかで特別の位置を占めているのかを理解することである。カッシーラーは、理性がシンボルとしての性質を持つことを明らかにし、この真理の認識が文明の発達に欠くことのできないものであることを明らかにした。

理性という言葉は、人間の文化生活の豊富にして多様な形態を了解せしめるには、はなはだ不完全な言葉である。しかし、あらゆるこれらの形態はシンボル的形態である。だから、人間を animal rationale（理性的動物）と定義する代わりに、animal symbolicum（シンボルの動物 - 象徴的動物）と定義したい。このように定義することによって、我々は人間の特殊の差異を指示できるのであり、人間の前途にひらかれている新たな道――文明への道――を理解しうるであろう。(1)

既に示唆したように、カッシーラーは、動物が複雑な知的過程を通じて世界と関係を持っていることを真剣に捉えている主要な思想家たちの一人である。カッシーラーは動物と人間の決定的な区別を、信号（signals）とシンボルとの区別として捉えていた。カッシーラーは生涯を通じ、当時行われていた動物研究の注意深い読者だったし、動物はサイン＝記号（sign）を把握しおたがいに信号を表現しているという見解を強く擁護している。そのサインを通じて動物たちは感情を明らかにし、原初的なレベルであるもののたがいにコミュニケーションをとっている。動物は道具を操作することもできるし、経験から学習し、その経験を他の動物に教える。さらにある道具が欲求している結果を達成できないならば自己修正することもできる。それゆえ、ある意味で動物は一種の時間的継起のなかを生きているのであり、過去と未来を区別することができる。学習には少なくとも原始的な時間感覚が必要とされるからだ。

動物たちは何らかのアイデンティティ感覚、他の事物や他の同じような姿をした動物とは別個の存在であるという感覚をもっている。これは恐らく原初的な空間感覚を有していることをも示唆している。カッシーラーは人間の知性と動物の知性との違いを次のように述べる。

もし知性という言葉を、直接的環境への適応か、環境の順応的変更という意味に解するならば、我々は、たしかに高等動物に、比較的高度に発達した知性を認めねばならない。また、あらゆる動物の行動が直接的刺戟の存在によって支配されるものでないということも認めねばならない。高等動物は、その反応に際して、さまざまの種類の廻り道をすることができる。装置を利用するばかりでなく、目的のために道具を発明することさえ学ぶことができる。それゆえに、精神生物学者のうちには、躊躇なく動物における創造的想像あるいは構成的想像を語るものがある。しかし、この知性もこの創造も、とくに人間のみにある型のものではない。要するに、動物は実際的想像および知性をもっているのに対し、人間のみが新しい形式のもの——シンボル的想像およびシンボル的知性——を発展させたということができる。(2)

動物たちはまた単純な命令に応答することはできるし、サインや信号に反応し感情を表現するといった、限られた意味においてならば言語を使用することもできる。それゆえ、カッシーラーにおいて動物は明らかに知性を有し、感情や学習能力とともに個体としての何らかの感覚をも有している。しかし、人間知性はシンボル形成という異なったレベルを構築する能力を持っている。

カッシーラーはその著作を通じて、シンボル形式を区分しそれらの一貫性をもった形成を説明するために、三つの次元を使用している。描出＝表象（representation）、表現（expression）、意義（significance）の三つである。(3) 動物たちは、感情を表現し、世界を実践的に表象することはできるが、人間と全く同じように意義を経験することはない。カッシーラーは、意義を定義して、確立された一群のシンボルの保有であるとする。シンボルは慣習的な意味を通じて確立されなければならない。そうすることで特定の言語を話す人々に対して普遍的な適用可能性を持つにいたるからである。この普遍的な適用可能性によって、人間は対象として繰り返し認識しうるような対象を指示（designate）できる。たとえ実際の対象は私たちの直接経験には現前していないとしてもである。動物が抱くイメージは、動物たちを取り巻く具体的な世界から受け取った情報によって引き起こされる。言い換えれば、動物たちは抽象的なものから具体的なものへと直接進むことはできない。再びカッシーラーを引用しよう。

動物の鳴き声や叫び声が、恐怖の叫び声や喜びの叫び声、交尾をもとめる鳴き声や警戒の鳴き声などといったふうにどれほど多様に異なっていようと、その場合でもやはり、それらは単なる〈間投詞〉の域を超えることはない。動物の鳴き声や叫び声が〈有意味〉だとしても、それはそれらが外界の特定の事物や出来事にその記号として割りふられるという意味でそうなのではないのだ。W・ケーラーの観察に従えば、最高度に発達した類人猿の言語でさえ、それがきわめて多様な主観的状態や欲求の直接的表現としてどれほど豊かであっても、やはりこの〈間投詞〉の圏域に封じ込められている。つまりそれは、けっして対象的なものの〈標識〉や〈名前〉(designation)にはならないのである。(4)

普遍的な名前によって指示された世界が人間にとってもつ意義を描くために、カッシーラーはヘレン・ケラーの逸話を感動的に語る。彼女は名付けることの深遠さをついに理解した瞬間、対象からなる世界が彼女に立ち現れるさまに酔いしれたのだった。カッシーラーによれば、ヘレン・ケラーがこの普遍的な適用可能性という機能を習得して初めて、人間の世界が彼女の前に現れたのだ。こうも言うことができよう。水に関わる経験、たとえば泉に手を浸すことから海から押し寄せる波を走って横切ることまでに及ぶそれらあらゆる経験を通して、私たちは水が何を意味しているのかを学ぶことができる。水は人間の経験にとって非常にさまざまな形で作動することがありうる。それでもなお、私たちは水にひとつの普遍化可能な対象としての意義を付与することができる。一方、動物たちもさまざまな形で濡れるという経験をすることはありうる。しかし、動物たちは自らの濡れているという実践上の経験の外で、水というものを表象することはできない。なぜなら、彼らは特定の時間性と空間性の契機を超えて水を名づけることができるシンボル体系を持っていないからである。

カッシーラーにとっては、あるシンボル形式の内部で対象が潜在的に普遍的に適用可能な名を持つ能力は、人間の言語が持つ特権のひとつに過ぎない。カッシーラーは言語の経験主義的観念を揺らぐことなく拒否し、かわりに言語による名指しの外部には何も存在しないということを指摘し続けた。その名指しは私たちにシンボルにおける世界を与えるのみならず、現実の世界に対する経験的関係そのものを提供する。これが意味するのは、異なった言語による名付けは、異なったシンボル形成の力を伴うことによって、世界の事物を異なって表象するということである。カッシーラーにおいて重要なのは、名指された世界そのものでも、それらの言葉が実際に名前として機能しているということでもない。カッシーラーが説明しようとしたのは、異なった言語を話す人間は、実際のところ異なり、分岐した事物の世界に生きているということなのである。しかし、私たちの言語的経験を名指す際のこの特殊な違いにもかかわらず、人間は重要な共通性を有している。カッシーラーにとって、その鍵は人間の言語がもつ建築術的（architectonic）形式という一般的機能である。エスキモーが雪について三〇種類以上もの異なる名をもっているのに比べれば、私たちが雪を感覚によって理解することは単純どころかひどく精彩のないものであるかもしれない。しかし、カッシーラーが強調するのは、言語は、その建築的機能によって活性化されることで、所与の言語を用いる人々に対し、サインを通して世界全体のことを語りかけることができるようになるということである。

適用可能性、多用途性、活性化

言語がもつこの活性化の力によってこそ、一見したところ異なったシンボル形式の諸世界に住まうものであるようにみえる人間たちも、言語の諸形式を横断して存在する同じものについてともに知ることができる。言語の建築的機能は翻訳を可能にするものでもあり、他の言語において活性化された言葉と折り合いをつけるために絶えず交わされる格闘を通じて現れるものなのである。それゆえ、シンボル形式の無限の可鍛性（malleability）のうちに与えられた固有の柔軟性は、異なった言語による世界間を橋渡しする機能を果たし、そのように言語間に橋をかけようと願う人々に対し、物質的サインが異なる言語において世界をどのように異なって活性化するかについて開かれているように要求する。そのように考えることによって、カッシーラーは共約可能性と不可能性とのあいだで続く論争の解明に寄与したし、言語の建築的機能を把握することによって私たちは、いかに人間の言語は名指すのかということのみならず、異なった言語は異なって名指しを行なうという事実も理解することができる。名指しの形式を私たちがどのように経験しているのかに取り組むことで、私たちは、潜在的に他者の世界――彼らは、自らの住まう世界を意味表示（signify）する――に対して自らを開くことができるのである。

シンボル形式としての人間言語の形式にとって、普遍的な適用可能性がひとつの鍵となる構成要素であるとするならば、もうひとつの鍵はその多用途性（versatility）である。繰り返すと、人間によるシンボル化の多用途性こそ、名の建築的機能とともに翻訳を可能にするものなのである。名指しと多用途性を交互に用いることによって、人間は対象間の関係を抽象化することが可能になるのだから、シンボル化の焦点となりうるのは関係のみである。感覚的経験をさらに抽象化した関係のシステムのなかにシンボルは持ち込まれうる。シンボル化の多用途性についてカッシーラーはたびたび、言語の自由な理念性（free ideality）として言及した。自由な理念性によって、人間はシンボル間の現実の関係を抽象化できるのみならず、その関係について反省（reflect）することもできるのである。カッシーラーは反省を広く捉え、特定の要素を抜き出し、他の要素を排除した上でそれのみに焦点をあてる力であると述べている。私たちはシンボル化という人間的過程によって力を与えられていると同時に、ある深刻な意味においてこのシステムのなかに囚われている。実際、私たちのシンボル体系の外側には、人間のいかなる経験も全く存在しない。カッシーラーを引用しよう。

人間は、彼自身の成就した結果から逃れることはできない。人間は、ただ彼自身の生活条件を、採用し得るのみである。人間は、ただ物理的宇宙ではなく、シンボルの宇宙に住んでいる。言語、神話、芸術および宗教は、この宇宙の部分をなすものである。それらはシンボルの網を織る、さまざまな糸であり、人間経験の、もつれた糸である。あらゆる人間の思想および経験の進歩は、この網を洗練し強化する。人間はもはや、実在に直接当面することはできない。彼は、いわばそれを、面とむかってみることができないのである。物理的実在は、人間のシンボル的活動が進むにつれて、後退してゆくようである。人間は、「物」それ自身を取り扱わず、ある意味において、つねに自分自身と語り合っているのである。彼は、言語的形式、芸術的形象《イメージ》、神話的象徴《シンボル》または宗教的儀式中に、完全に自己を包含してしまったゆえに、人為的な媒介物を介入せしめずには、何物をも見たり聴いたりすることはできない。彼の立場は、理論的な領域においても、実際的な領域におけると同様である。ここにおいても、人間は固い事実の世界に生活しているのではなく、彼の直接的な必要および願望によって生きているのではない。彼は、むしろ想像的な情動のうちに、希望と恐怖に、幻想と幻滅に、空想と夢に生きている。エピクテトスはいった、「人間を不安にし、驚かすものは、『物』ではなくて、『物』についての人間の意見と想像である」(5)。

カッシーラーは、哲学において現在では言語論的転回と呼ばれている事態を予期していたものの、カッシーラーが研究していたのは、私たちがそのなかに住まう発話の働きと私たちが書き記す言語という、ふたつのシンボル体系だけである。

カッシーラーにとって、仕事（work）や経済活動もシンボル体系である。資本は、マルクスがとうの昔に語っていたように、ひとつのシンボル形式である。いまや商品のフェティシズムを通じて現実の幻影に転化してしまったとはいうものの。それゆえ、カッシーラーはシンボルと物質のあいだに区別を設けない。私たちにとって物質的なものは、つねにすでにシンボル形式のなかで私たちのもとに到来するからである。カッシーラーは独自にカントを解釈して、人間が自分たちを取り巻く世界を言語によって知るとか、その世界は重要なものとして私たちが知ることのできる唯一のものであるとかいうことではなく、有限な生き物としての私たちはつねに、現実性（actuality）と可能性の区別を通して私たちに表象（represent）される世界へと赴かなければならない、ということだと示唆する。カッシーラーが正しく注記しているように、カントが最終的に可能性と現実性の区別をはっきりさせ、それが人間の知識にとって真に固有のものであることを示したのは、もっぱら『判断力批判』においてである。特に、カントは人間における可能性と現実性の区別を神的な知と対比した。神的な知、純粋な現実性（actus purus）の領域では、思惟されるものは全て、神によって存在として創出される。カントは、この種の存在に関わる権能を有した神なるものが存在することを弁証しようとはしていない。むしろ神的な知を、人間の知、有限な人間の理解が有する限界と対比するために用いた。ハイデガーも、存在に関して創造的でない現存在の有限性が重要であることを強調している。究極的には、現実的なものと可能的なものとの区分は、人間と動物とのあいだにある決定的な差異である。動物の実践的知性は感覚世界の内部に留まっているからである。

カントの『純粋理性批判』における次のフレーズは著名である。「内容のない思惟〔直観のない概念〕は空虚であり、概念のない直観は盲目である」(6)。しかし、カッシーラーによれば、カントは『判断力批判』においてようやく、現実性と可能性を区別する人間理性の能力を下支えしているのは私たちの言説に関わる理解の異質な要素であることを十全に理解したという。カッシーラーにとって、そしてこれは彼が批判哲学にもたらした独自の寄与の決定的側面でもあるのだが、私たちが認識する必要があるのは、人間知性はイメージを必要としているということだけでなく、人間の知が決定的にシンボルを必要としているということなのである。カッシーラーはこの特筆すべき見解を、カントの図式（schema）を独自に改作することで巨大な批判哲学の業績に付け加えた。

カントの図式に対するカッシーラーの批判

カッシーラーにとって、カントが『純粋理性批判』に見られる抽象的な図式論（schematism）から、『判断力批判』での自然と芸術の双方における研究でより具象的な形式へと前進したということもあって、『判断力批判』は重要な作品である。カントにとって図式とは、抽象化の働きをする超越論的論理がいかにして感覚的内容に適用されうるのかというディレンマに対する解決である。カントの関心は、このことが実際にいかに起こるかというところにはない。というのは、カントが概念と直観を融合させることなしには経験というものが存在しないということを論じる場面で使っている、〝起こる happen〟という言葉自体が、事態が他のようにもありえたということを示唆しているからである。ゆえに、私たちは概念的直観と人間悟性によって特定の知識が実際に構成されることのあいだの中道について考える必要がある。カントにおける図式とは、そのなかで悟性の諸形式と感覚的直観が融合され、経験を構成することが可能となる、根底にある表象＝再現前であり、総合的媒介である。図式は悟性のカテゴリーを縮約（compress）する一方で、それと同時にカテゴリーが供給する以上のものを包含してもいる。この点で、図式とは単なる「カテゴリー」の単純さを超えたものであるということができよう。というのも、それは、論理形式も、感覚的内実も単独では生み出すことができない経験というものを可能にするものだからである。したがって、図式は感覚的な形態のものと知性的な形態のものの双方を含む。しかし図式は単なる媒介として感覚的なものと知性的なものを統一するだけのものではない。

感覚によって捉えられるものは何であれ、つねに時間という普遍的形式のなかで現れることを忘れてはならない。つまり、図式は時間のなかに現れる悟性の概念間の関係でなければならない。たとえば、原因と結果は世界のなかでの出来事の継起にふさわしい概念なのであり、時間のなかで生起する事物間の必然的つながりを確固としたものにする概念なのである。純粋な概念の図式は感覚性の図式でもあり、私たちが世界を知ることを可能にするカテゴリーの最初の実現でもある。このように、図式とはカテゴリーよりも、そして時間や感覚的内実の形式よりも完全なものである。というのも、それら全てが総合されたものこそが図式だからである。カントの表現を言い換えるなら、彼が魂（soul）の神秘的な力としての図式に驚嘆したのも無理はない、ということである。つまり図式とは、単に論理的なものではなく、存在の現象、現れの具体的な構成要素という意味で現実的なものでもあるのである。図式自体が悟性の形式と整合的である限り、現象と呼ばれるべきであるというのは驚くべきことである。というのも、このことが意味するのは、図式がもはや分析のなかにおいて、また分析に関してのみ認識しうる隠れた超越論的要素ではなく、それが不在では現象がありえない現実的な現前性（a real presence）であるということだからである。

カッシーラーの『シンボル形式の哲学』は、カントの図式という観念を多くの点で発展させたものである。それどころかカッシーラーは、ドイツ観念論の主要な展開は図式を創造的に作り直すことに由来するところが多いと考えていた。カッシーラーにとって『判断力批判』は、人間の経験が不可避的に図式化を通して形成される様子をカントが最も明晰に提示した著作である。概念と直観の統一は、カッシーラーのシンボル形式の理解の中心点であり続けた。シンボル形式もまた概念と直観を感覚的なものの経験としてまとめあげるものだからである。カッシーラーに言わせれば、図式というカントの観念は、カントをして、人間がいかにして時間と空間とともに始まる諸形式の、既に表象されたセットを通じてのみ世界を知るのかについてのカント自身の概念化を超えさせるに至った。ある意味で、カントが立ち止まった地点からカッシーラーは出発した。図式と同じような仕方で、シンボル形式を直観と構造的形式の統一として理解するというところから出発したのである。カッシーラーによれば、言語自体が、まさに、感覚的諸記号——それらは表象、表現、意義の体系として理解されることになる——を通して世界に生気を与える機能をもつ建築術的形式（architectonic form）として、この図式というものを所有する。

しかしカッシーラーは、イメージがシンボル形式にとって本質的（integral）な核となる構成要素であり続けるからといって、カントが人間の知識にとってイメージのもつ絶対的な必然性について誤りを犯していたと示唆したいわけではない。しかし、産出的かつ再産出＝再現的な（reproductive）想像力はいまや、次のふたつのもののあいだの差異として鋳直されることになる。すなわち、私たちの世界を時間と空間のなかに表象するのに必要な受動的イメージと、知性それ自体によって創造されるシンボルとの差異である。このように言うこともできよう。再産出的想像力の諸々のイメージは、産出的想像力と交わるのに使われるシンボルとは異なったものとして規定されるのだ、と。シンボルは部分的には創造されるものだが、もちろん無から形成されるわけではなく、言語、神話、科学といったシンボル形式という、確立された資源から形成される。それらのシンボル形式は人類史を通じて受け継がれ、慣習的な用法のうちに生き生きと保たれている。人間は存在的に創造的になることはできないが、それでも、シンボルが一種の創造する力のようなものによって作られることには深遠な意味がある。この関係を明らかにするためには、言語の例を使うことが助けとなるだろう。語は、それがいかなる能力において経験されても、それ自体が感覚的イメージである。ラップソングを聴いたことのある者は誰でも、ラップの技は言語のもつ感覚的表象の力を最大限に発揮させ、全世界がたったひとつの語のなかに生きることも可能とすることを知っている。しかし、語は意味をともなって使用され、それが表象しようとする現実から抽象されて使われるものでもある。カッシーラーは『シンボル形式の哲学』第一巻の末尾でこう書いている。

感性的なものと知性的なものという両極の対立は言語の独自な内容を捉えるものでないのであって、それというのも、言語がそのすべての働きとその進歩の一々の局面において、同時に感性的でもあれば知性的でもあるひとつの表現形式であることを証示しているからである。(7)

カッシーラーにとって、生命と精神(Geist)、すなわち感性的なものと精神的なものは、つねにおたがいにシンボル形式によって媒介されている。言語は、ひとつのシンボル形式として感性的世界の一部でありつつ、同時に抽象的な観念からなる知性的世界を可能にするものでもある。言語をこのようなものとして考えることによって、感性的なものと精神的なものの統一が肯定される。カッシーラーはこのことがカントの図式観念を鋳直すために決定的に重要であると論じている。

あるイメージがシンボルとして使われるとき、そこには表現と意義と表象の複雑な関係が含まれている。それゆえシンボル化という特別な機能が詳しく解明されなければならない。これこそまさに、カッシーラーが全四巻(訳注:ドイツ語の原典は三巻構成)からなる著作で取り組んだプロジェクトである。もちろん、カッシーラーの新カント派的な解釈が行われる以前にも、シンボル化については多くの意味付けがあった。たとえば言語について、一八世紀には、心は事物の類似の性質に注意を向け、それらのイメージのそれぞれにひとつのラベルを貼ると考えられていた。この語‐ラベルはそれぞれが指示する対象を再び想起するために使われる。しかし、言語におけるシンボル化をこのように考えるならば、言語はすでに与えられたものを反復するだけであり、新たな意味を明らかにしたり、発展させたりする力は持たないことになる。まさにこうした、語‐事物対応としてのシンボル化理解こそ、カッシーラーが異議を申し立てたものである。ここでカッシーラーが、人間が有限であるがゆえに有している特性、すなわち現実性と可能性の区別をつねに念頭に置いて思考を働かせていることを思い出そう。言語は、私たちの使用に供されるとき、この根源的区別と一体不可分のものである。言語は実際に、語‐事物対応としてのシンボル化理解よりも、よりよく人間の使用に供されている。言語は新しい知識に到達する手段でもあり、新たな世界を開示することさえ可能にする。言語によってこうしたことが可能となる理由は、シンボルについての一八世紀的モデルが擁護し、解明したものよりも、ずっと多くのものがシンボル化機能には含まれているからである。

カッシーラーにとって、私たちに既に与えられていてそれについて再び話すことを可能にするにすぎない印《マーク》のようなものは、本当の意味でのシンボルではない。ある語で私たちが意味する「それ it」が知覚されるのは、第一に、私たちに対して言葉によって既に開示されている世界についてのそれまでの体験の全体によって照らされることによってのみである。それは、それがそうであるものとして、すなわち他の既知の経験の文脈によって与えられたものとの関係によって必然的に時空のなかにある対象として同定されるのである。何らかの所与の個物の再創造の瞬間に、つねに現前するものとして、そうした全体が存在する。その所与は他の既知の経験の文脈との関係で意味を帯びるにすぎないからである。また、いかなる所与のシンボルの再創造の瞬間にも、つねに現前するものとしてそうした全体が存在する。どんなシンボルもその意義を言語のなかに表象された、その全体から引き出すからである。ウィトゲンシュタインに親しんでいる読者にはこう言ってもよいだろう。カッシーラーが強調しているのは、意味とはある生活形式の中でのみ生起するものであり、その生活形式は、シンボル体系の意味そのものを表象してもいるということなのだと。カッシーラーにとってシンボル形式としての言語は、人間が自身の世界を知るにいたる普遍的なあり方を例証しているにすぎない。すでにみたように、カッシーラーはカント的な意識の観念、すなわち多くの経験内容を統一して捉えるという観念を維持している。しかし、彼はこの総合的統一という観念を組み換え、全体に対峙する形で表象される同じ内容において、そしてその内容を通して経験の意味を表現するシンボルの機能を通じて、再定義している。言い換えれば、個々のシンボルは、すでに表象された経験の全体性によって付与された意味に満ちているのである。しかし、シンボリックなものは意味を表象したり、表現したりするイメージや内容のみを保持するわけではない。というのもシンボリックなものは、そのなかで意味が理解可能なものとなる諸形式にもまたあずかっているからであり、それらの形式は、ある深い意味では、もっぱら確立された慣習的な意味と形式の体系の一部としてシンボル化の機能を果たすことができるからである。

カッシーラーは言語について包括的に省察するなかで、彼がカントの図式観念において基本的な洞察であると考えているものへと回帰する。すでにみたように、全ての理解の図式は、知性的であり感性的でもある想像力による現象である。感性的な側面ゆえに、対象の参照による感覚的な意味が存在し、知性的な側面ゆえに、何かが人間の心にとって意味をもつ際のカテゴリーや形式との合一（agreement）が存在する。すなわち、私たちは何かをそもそも知るためにイメージをシンボル化するのであり、こうしたシンボルは現象自体と織り合わさっているのである。語の外には何も存在しないし、語は事物を活性化するときに感覚的な現実となる。シンボル化のこの基本的機能はさまざまな方向性をもち、シンボル形式はまさに、意味が人間の意識のなかで認識され開示されるような方向性なのである。それに対応して、人間の意識は、統一されたように見える世界を私たちに与える表象のシステムのなかで、そのシステムを通じて展開するのである。

シンボル形式の不可避的な複数性

あらゆる経験にシンボル化の構成的機能が働いているという理解から、カッシーラーは、科学が人間の「人為による（artificial）」シンボル化のひとつであり、神話、言語、宗教や芸術と並んで、人間の意識のシンボル化過程のひとつの方向性にすぎないと結論した。空間と時間、悟性の諸カテゴリーといった基本的な形式が存在する一方で、それぞれのシンボル形式に特殊の構成が存在する。実際、諸科学はそれぞれ自身の言語の多様に分散したシンボル形式に基づいて異なった理論的構成を有している。ある科学言説における概念の意味は、それが使用される構造ないし体系全体に依存し、それが理解される一般理論の中で変化していくことになる。カッシーラーが明快に述べているように、「科学の事実はつねに、理論的、すなわちシンボル的な要素を含んでいる」(8)。ゆえに、たとえば数学のシンボルさえ、異なる科学の文脈では異なって活用されるだろうし、それどころか実際に異なった意味を持つことになるだろう。というのも、異なる科学は不可避的に異なる理論的前提の上に形成されることになるからである。ある数学的システムをある文脈から違う文脈に移すときに注意しなければならないのは、シンボル自体やそれらに意味を与えている諸原理のあり方もまた意義付け（signification）という点においてシフトすることがある、ということである。たとえば、代数が社会科学で使用されることがあるが、それが効果的な使用となるのは、社会科学の研究では客観的現実を自然科学とは異なって捉えること、それゆえそこには異なった理論的前提があるということを意識して活用する場合である。以降では、カッシーラーと客観性をめぐるさらなる議論には少し後で立ち戻ることになるが、ここで重要なのは、数学さえ、ひとつのシンボル体系としてはその究極的意味をそれが使用される理論の文脈のなかからのみ引き出すのであるということである。その理論が異なれば、使用される数学のタイプも異ならざるをえない。

科学を含むあらゆるシンボル形式は意味を知るための条件、あるいは人が意味を表現・表象するための条件である。芸術というシンボル的な領域のなかでイメージや内容が意義をもつのは、芸術作品が作られる際の形式上の構造に基づいてである。音楽の形式もあれば詩という形式もあり、その他、より一般的なものからより個別的なものまで無数のシンボル形式が存在する。芸術という一般的形式に加えて、特定の芸術家の個別の形式やスタイルも存在する。意義をもつものには、何らかの普遍的な言説形式が含まれているのが常である。たとえば神話的思考は、ひとつの世界を構成するための独自のシンボル形式を持っている。シンボル化する形式のあり方としての神話は、私たちが住まう世界の事物を表現するとともに、カッシーラーによれば、詩化する機能をももつ。芸術はそれと同一ではない。芸術は神話から分離可能だからである。カッシーラーは次のように示唆している。「［それに、他方で］神話は、世界認識の端緒と最初の試みを内包しており、さらには美的幻想の、おそらくは最初の、そしてもっとも普遍的な所産でもあるのだから」(9)。神話的意識にとってひとつの決定的な側面は、それがもつ豊穣な具体性である。この豊穣さは、事物を理解するための抽象的要素を限定――そこには、具体的宇宙の豊穣さに対して省察によって課される限定も含まれている――し、それによって記号自体から距離を取ろうとする内的世界を産出する神話独自の形式に繋がっている。カッシーラーによれば、神話とは、自分たちが傷つきやすい存在であるところの現実から人間存在を引き離すための形式として理解される。しかし、そのなかで人間たちが自分たちを含む現実へと自分たちを再統合しようとするこの分離は、魔術的世界を創造する。そこで私たちは、自分自身を実存のなかで位置づける私たちの能力によって、認知的に受容可能な現実を創造する事物自体のなかに人間の位置を知り、ある種の設計を見てとることができるのである。(10)

神話の創造的な側面は、カッシーラーによれば、言語の生成的側面に内在しているもので、この両側面はともに隠喩という共通の根をもっている。神話は主に、表現的であり表象的なものである。意味自体の意義は、神話のイメージと魔術的世界の基礎としての表象との豊かな具体性のうちに捕われている。それは思考の媒介を創出しさえするが、イメージの意味を抽象的に省察しようとすることに対しては、制約するようなあり方での創出である。しかし、いかなるシンボル形式であっても、表現と表象と意義は相互に関係し合う。それゆえカッシーラーにとって、たとえひとつのシンボル形式としての神話が言語における意味の凝縮にも内在する概念的なものへと注意を限定しているとしても、神話に非合理的なものはまったく存在しないのである。カッシーラーが神話的意識の形式について正しかった点、間違っていた点を探究することは本書の射程を超えている。しかし、彼は、神話が知の重要な形式であることを認識した主要な思想家たちの一人だっただけではなく、神話的思考──カッシーラーにとってそれは紛れもなく思考である──が、科学のような他のシンボル形式によって消されてしまうようなことはありえないと説得的に論じてもいる。なぜなら神話は隠喩に欠くことのできないものであり、隠喩は言語の表現機能に内在するものだからである。カッシーラーが今もなお非常に多くの人類学者たちにとって深い支えとなっているのも不思議ではない。

想像的・投企的なシンボル形式

言語は、シンボル的であるという点では、神話や芸術、科学と同じである。カッシーラーにとって、いわゆるリアリズム言語理論は、実際、唯名論的言語理論と同様に間違った方向を向いているものだ。シンボル形式としての言語が世界を開示する力をもつことを理解し損なっているからである。世界の開示は単なる発見ではない。それは回想的想像力（recollective imagination）を働かせることでもあり、私たち人間の共通の企てのあらゆる形式において、新たな可能性を創出するものなのである。対象の性質やその他の側面が定義されるのは、事物を指示するために言葉を使おうとする意図の背後に横たわる経験とシンボル化によってのみである。したがって、ひとつの既にシンボル化された世界が、名付けの過程で使用される単語それぞれのなかで引き合いに出されている。言葉や数学的シンボルは、つねにそれらに先立って存在する思考の体系によって意味を付与され、理解可能なものとなり、個々の言葉やシンボルの再形成や再定義を可能にするより大きな図柄へと開かれる。もちろん、逆に、単語やシンボルが自らを覆っている思考体系に究極的には影響を与えることもあるだろう。カッシーラーが注記しているように、言語はつねに、ウィトゲンシュタインが生活形式と呼んだ日々の発話や代数のような概念体系のうちに捕われているので、言語の多様性はつねに世界への特定のアプローチと結びついており、そのアプローチと結合したひとつの世界の見え方に結びついている。ある意味で、言語は全ての文化形式を関係付けている基本的な工夫であると考えるべきなのである。

数学的言語は、日常的言語に内在する、概念化し抽象化する力の最も極端な例を示している。それによって日常的言語は、各要素が関係し合っている体系の組織へと効果的に移し替えられる。それぞれのシンボル形式は自律的である。たとえ究極的には言語との何らかの関係やそれ自身のイメージ世界の自律性へと再び結びつけられるにせよ、自律的なのである。カッシーラーにとって、科学もまたひとつの世界のイメージを有している。それはもちろん、数学によってシンボル化されるほかないイメージではあるが、カッシーラーにとって、数学は自身が埋め込まれている法則的性質をもつ世界のイメージから決して自由になることはない。私たちはただ単に与えられたものとしての現実に直面することは決してない。というのも、何らかの形式のなかで解釈されていないようないかなる内容も存在しないのであり、何らかの世界のイメージに埋め込まれていないような形式も存在しないからである。人間の意識が利用するものはそれがどんな目的のためのものであれ、ひとつの形式のうちにすでに捉えられている。それは単に異なった知の様式ではない。それは私たちが通常、認識論的な問いとしてのみ考えるようなものではない。現象の基盤は知の形式が異なれば実際に異なるものである、とカッシーラーは論じている。知や事物がそれぞれ異なった形式において表象され、意義を付与されるのを理解するための異なった仕方が存在するのだ。

他の種類の知よりも世界をよりよく、あるいはより正確に表現するような知は存在しない。言い換えれば、科学は芸術よりも私たちを現実に近づけてくれるものではなく、単に異なった現実を与えてくれるのである。カッシーラーはこう言っている。

《経験主義》、あるいは《合理主義》といったカテゴリーは、認識の《起源》への問いに関わる―発生的な意味においてではなく、《品位 Dignität》の意味において。我々は、認識の《起源》とその真理の基準を《理性》のなかに探さなくてはならないのか、それとも、純粋な《経験》のなかに探さなくてはならないのか。《感官》、あるいは《悟性》が、確実性の基礎、妥当性の基礎であるのか、また、それらのいずれに、根源的な《真理》が属しているのか――、〔……〕この問いへの回答によって、認識論の諸学派が分かれることになる。(11)

カッシーラーはシンボル化がどのように現実の対象と可能的な対象とからなる世界を私たちに与えるのかを示している。カッシーラーにとって、科学的仮説さえ、仮説的推論の「かのように」を通じて進行する。科学者は、ひとつの自然法則として存在するものを把握するために存在し得ないものを投影するといった、一見したところパラドクスに見えるような仕方で進んでいくことがしばしばある。カントのところで確認したように、自然とは物質的な事物の集合体ではない。自然とは、カントの著名な表現によれば「普遍的諸法則にしたがって規定されているかぎりの、物の現存在（existence）である」[12]。ガリレオや他の偉大な科学者たちは、この法則的秩序を自然に投影した。それは、統制的理念としての統一されたルール体系を投影する、ルール的な性質の秩序である。この統制的理念は、ある意味で、人間の知に内在する二階《セカンド・オーダー》の可能性である。この体系は現実のものではないが、可能的統一として投影される。ここでカッシーラーが強調するのは、科学はしばしばこのような自然の像を、現に存在せず将来も恐らく存在しないであろう対象をイメージすることによって推測しているということである。空間のなかに静止し、いかなる外力によっても動かされないような可知的な対象は実際には存在しないだろう。しかしまさにそのようなイメージ上の対象を投影することによって、ガリレオは近代物理学の諸法則のひとつを把握したのである。

　カントの有名な表現によれば、科学者は裁判官として登場し、実際に自然の上にある要求を課し、科学が自然を理解するために使用を企てる諸原理にしたがって自然を把握可能なものにしようとする。つまり、あるがままのものとしてではなく、人間の精神によってそのように秩序付けられたものとして把握可能なものにしようとするのである。自由落下における加速度の大きさを計測するのに適した計測装置とともに、加速度の観念そのものがなかったならば、ガリレオは計測ができなかっただろう。しかし彼は実際には決して存在しない想像上の対象を用いて実験を開始する[13]。それゆえカッシーラーが強調するのは、現実の対象と可能的な対象を区別する人間の能力に、科学がいかに依存しているかということである。シンボル形式はしばしば想像上の対象を投影することによって前進するということと、現実のものではなく可能的な統一体としての自然の体系を投影することによって科学は前進するという、二重の意味でそうである。この可能的な統一体は、近代科学の巨大な野望にとっては、単に統制的理念であるだけではなく、絶対的に必要な理念でもある。この理念を最も根源的で明快な形式で示すとこうなる。科学においてさえ私たちは何かについて真なる知を得るためには、その何かが他のようにある様子を想像しなければならない、と。もちろん、政治哲学においては、この現実性と可能性の区別もまた長い歴史を有している。ルソーのよく知られている自然状態を分析するカッシーラーは、この自然状態を、フランスにおいて第三身分の置かれている状態が間違っていることを活き活きと描くためにルソーが使用した想像上の対象であるとして擁護している。他のようであると想像することは、現在の社会的現実を批判的に評価するための立脚点を構想することになる。それゆえ、他のようであると想像することはもちろん、第一章で論じたような、全ての偉大な美的理念（aesthetic ideas）の基盤でもある。そこには、自分たちは無知のヴェールに覆われていると想像するロールズの有名な実験も含まれている。もし、私たちがリアルな対象と現実の対象とを区別できなかったなら、無知のヴェールを想像することもできず、ましてや他のようであることをこのように表象することが、ひとつの正義論における平等の意味に対してもつ意義付けをシンボル化することもできなかったであろう。

もちろん、他のようであると想像することが、ひとつの行為としてそれ自体のなかで自ら、新しくより正しい世界をもたらすわけでは必ずしもない。そんなふうに考えた愚か者は今まで誰一人いない。ただ政治的闘争と倫理的コミットメントをもってしてのみ、そうした課題を達成することができるのである。私たちがカッシーラーから学ぶのは、そのような政治的・倫理的闘争でも不可避的に、よりよく、より正しい未来の投影＝投企を含む、シンボルの投影が行われる、ということである——この点には次章でフランツ・ファノンと、実存についての黒人の哲学者たちの挑戦を論ずるときに立ち戻るつもりである。しかし、私たちはこの点を十分に強調することはできないでいる。なぜなら、数多くの共産主義的党派を駆動してきた経験主義的あるいは唯物論的マルクス主義の考え方に反しているからである。全ての物質的現実はあらゆる場合において、人間によって、つねにすでにシンボル化されたものとして把握される。人間生活のシンボル形式のひとつである資本は、別のシンボル的生活形式によってのみ置き換えることができる。これが、人間に物質と理念の二元論は存在しないというカッシーラーの洞察の重要性である。つまり、私たちの物質的生活形式はつねにまたシンボル的なものでもある。シンボル化の多用途性は、近年の議論でよく使われる言い方を転用するなら、言語の反復可能性を可能にするだけではなく、ある意味では不可避的なものとする。カッシーラーにおいて、言語がもつ変革の力はその反復可能性に還元することはできない。というのも、言語はつねにその内部に安定化に向けて引っ張る力と、何らかのシンボル形式の中に埋め込まれた可能的世界へと変革する方向に向けて引っ張る力とを持っているからである。さまざまなシンボル形式はそれぞれ異なったあり方で変革と安定化とのあいだのこの緊張を組織化するが、どのシンボル形式においてもこの引っ張り合う力と緊張は現に存在しているとカッシーラーはみている。カッシーラーの表現を使うならば、言語は自由な理念性をもっており、それは名指しする力に内在する普遍的な適用可能性と表裏の関係をなす。それゆえ言語は、まさにこの名指しの力を通じて私たちを一般化へと突き動かしていく。しかし、一般性と抽象化へと突き動かすこの力だけで、言語の自由な理念性がもつ力の全容が説明されるという単純な話ではない。名指しとは言語にとって真に鍵となるようなものではないからである。

ヴィルヘルム・フォン・フンボルトはカッシーラーにとって重要な役割を果たしている人物だが、彼によれば言語は産出的な力でもある。なぜなら、名指す力そのものが究極的には、ある世界像、何らかの受容された意義付けの形式に依拠しているからである。この文脈では、言語によるいかなる命題も、単に既に固定され発話者の意識に与えられたものとして現われるのではなく、意味付与と、可能的な新しい世界の開示の媒体として現われるのである。カッシーラーは、彼独自のフンボルト解釈を用いることにより、カントが人間の思考の顕著な特質とした可能性と現実性の基礎的区別がもつ新しい意味を明らかにしている。それゆえ言語はもはや、シンボル化の過程でつねに必須のリンクの役割を果たすような、人間によって構成された道具的なものにはとどまらない。すなわち、私たちの創造性は、シンボルが私たちの生きられた経験のなかで何かを意味するとき、つねにその一部分をなしている。カッシーラーにとって言語の内的主観的領域は、エネルゲイアであるとともにエルゴンでもあるもの、創造的な規則であるとともに創造的可能性でもあるものなのである。このため、彼はベルグソンに反対して、Geistつまり精神と生命を対立させることを拒否するのである。(14)

「私」という立脚点

言語は私たちの世界とそこでの経験に生気を与える。私たちは言語によって印づけられ境界を定められているものの、言語によって自分たちの生を表現し、表象し、意義づけることもできるからである。異なるシンボル形式は、表象されたものの連鎖において必須の結節点である「私」なるものを印づける。たとえ判断可能性としての「私」という この立脚点が表現される仕方はさまざまであったとしても。しかしながら、神話をも含むあらゆるシンボル形式には、それぞれの「私」という立脚点が存在するので、カッシーラーにとって、判断する者としての「私」は、近代に向けて特有の発展をとげたものであるという訳ではない。カッシーラーを引用しよう。

あらゆる象徴的な形式形成は、それ固有の仕方と方向で、このような純粋な自我‐意味（Ich-Sinn）に向かおうと努めるのであり、この純粋な自我 - 意味は、単なる自我 - 意味の一切から固有に区別されるのである。言語においては、自我 - 意味のこのような際立ちが最も特徴的に現れるのは、言語が、自我 - 意味に適った表現に到達する場合においてである。――つまり、言語が、純粋な関係の妥当性と存立が陳述される繋辞の《である》を、単なる現実存在の - 陳述（Existenz-Aussagen）のすべて、すなわち、空間的あるいは時間的な現存在（Dasein）についての陳述から、鮮明かつ明確に分離する場合においてである。(15)

この「私」という立脚点はまさしく科学においてひとつの判断可能性として存在するものだが、それは芸術においても、また宗教においても同様である。最近の議論の言葉遣いを借りるならば次のようになろう。私たちの境界を定めているシンボル形式は、「私」という立脚点を産出するものでもあり、この立脚点が、私たちにある種の創造的産出性を与えるのである。なぜなら［それによって］何らかの形による判断の空間が可能になるからである。かくしてカッシーラーは、自我の社会的構成をめぐる現代の論争に重要な点で関わってくる。そう、私たちは言語によって産出され、社会的に構成されている。より正確に言うならば、シンボル的に構成されているのである。しかし、これらの構成のなかには、判断可能性を通じて構成された「私」も存在している。繰り返しになるが、主体を構成する確証可能性（ascertainability）は、変容可能性という一面も持っているということは強調しておこう。シンボル形式の外部には、いかなる主体も存在しないし、いかなる世界も存在しない。ゆえに、カントが概念的なものに対する判断を特権化したことを自由の実践として新たに意味付けるという点で、カッシーラーは一貫している。この実践は現実のものと可能的なものを区別する人間に内在するのであり、このことはひるがえってあらゆるシンボル形式に欠くことのできないものとして理解されるのである。ハイデガーの言葉を使うならば、世界に現存在があることは可能性の投企と本質的に結びついているのである。

客観性はいかにして可能となるか？

しかし、カッシーラーにおいて、さまざまなシンボル形式における私たちの判断に客観性は存在するのだろうか？存在する、というのが答えである。私たちの人間性の限界を所与とするならば、それぞれのシンボル形式には内的必然性のようなものが存在する。たとえば、カントが現象の科学的表象について論証したことがそうである。カントにおいて、あらゆる現象は必然的に時間と空間のなかで表象される。この内的必然性によって、私たちはひとつの法則的存在のようなものとして自然を表象することができるのである。しかし、カッシーラーが語っているように、カント自身でさえ『判断力批判』において、自らが行った科学の客観性の擁護は狭すぎ、人間の心が世界を表示するたくさんの形式を包含できていないと結論づけていた。カントとカッシーラーの双方にとって、現象に必然的形式、そして、それにともなって客観（対象）としての性格を与えるのは、つねに形式という要素に他ならず、それは自らが埋め込まれた像 - 世界（image world）と切り離すことができないものである。事実的なものが理論的なものと適合することによって、前者は科学においてのみならず、芸術や神話においても、その内的必然性を有することができるのである。もっとも、私たちは、何らかのシンボルの領分における特定の客観性を科学的認知のようなものに特有の客観性と融合しようとは決してしないだろうし、そうすべきでもない。カッシーラーにとって鍵となるのは、私たちが世界を知り、生きることになる手段としてのさまざまな人間の企ての形式を把握することである。このことがカッシーラーにとって意味するのは、シンボル形式とその内容のあいだには、存在論的な区別は言うに及ばず、存在者的な（ontic）区別も存在しないということである。私たちはただ、形式が表象され表現される際に、形式自身の自律性を十分に尊重しつつ、形式を知ろうと努力することができるだけである。科学に何ら特権的位置は用意されていないし、哲学を他のシンボル形式を判断する包括的な基準を産出するものと見なすならば、哲学にもまた特権的位置は用意されていない。カッシーラーにとっては、人間（man）または現存在の究極的存在論なるもののなかに、こうしたさまざまな形式を、それらの現実性と切り離した形で根拠づけることもできない。次にみていくように、これこそカッシーラーのハイデガーに対する不同意の核心にあるものである。

カッシーラーは、ヘーゲルが試みたことで有名な、哲学による哲学自身の合理化という切なる試みは不可能であると説得的に論じている。精神（Geist）のあらゆる形態は哲学という形態も含め、全て像‐世界のうちにその位置を占めているからである。私たちは「理念性」によって特徴づけられ、それとは分離し得ない生き物である。理念性という言葉は、カッシーラーが拒絶した二元論の響きを宿しているのでここでは正しい言葉とはいえないかもしれない。しかし、有限の想像力に根ざす特定の種類のイメージを通じて思考し、生き、働くという人間の必要性の保持がカッシーラーの思想の基盤であり続けたのであり、ここに理念性のもうひとつの意味がある。前章で論じたように、私たちの理念性は、私たちの有限性と表裏をなすものとしてハイデガーによって決定的に作り直されてもいる。しかし、カッシーラーにおいては、シンボル化の形式と不可分の判断空間こそ、私たちが自由を主張し、責任を引き受けることを可能にしているのである。カッシーラーがことあるごとに強調しているように、私たちの倫理的世界はつねに形成途上の状態にあり、それを形作るのは他ならぬ私たち自身である。したがって、倫理的世界はある意味で、判断するという人間の特質のうちにあり、この特質は私たちの有限性と不可分であり、また私たちを責任ある存在にするものとするのである。私たちは、自分たちの正義の諸理念を、たとえそれらをシンボルの形成として受容し尊重するのだとしても、少なくともそれにしたがって生きようとあがくことはできる。カッシーラーにおいては、人間の企てのあらゆる形式のうちに含まれている、世界についてのある道徳的イメージが存在する。それは物理的自然を前にして判断を下し、疑問を抱くまさにこの存在者が、道徳的判断を下し、道徳的にふるまうことができるからであり、この存在のなかにカッシーラーは人間性という理念の偉大さを見出したのである。あらゆる形式における判断こそ、何らかの客観的世界の現象のなかに失われることのない「主観」の存在を証し立てている。その判断も突き詰めれば当然、シンボル化された世界の一部分なのだとしてもである。私たちは判断のなかで、留まり続ける「私」を獲得する。たとえ、カントによれば、その「私」は、「私」が意味するものについて私たちが下す判断を擁護できるような外部の場所としては決して理論化できないとしてもである。

カッシーラーと進歩

カッシーラーは人間の歴史を、ひとつの陶冶（Bildung）であり、自己発見の地盤であるものとして理解した。少なくとも彼が比較的楽観的なときにはそうであった。彼は著書『人間』を自らの哲学全体に漲っている倫理的課題を示す次のような著名な一節で締めくくっている。

> 全体的に考察した場合、人間文化は、人間の漸次的な自己解放の過程として記述することができる。言語、芸術、宗教、科学は、この過程におけるさまざまの側面である。それらのすべての領域において、人間は、新たな力を発見し、これを試みる――それは、彼自身の世界、「理想的」世界を築き上げる力である。哲学は、この理想的

世界における基本的統一性の探究を断念することはできない。しかし、哲学は、この統一性を単純性と混同しない。哲学は、人間のさまざまな力の間の緊張と摩擦、強烈な対立と深刻な闘争を見逃さない。これらは共通の名称のもとに一括することはできない。これらは異なった方向に向うものであり、異なった原理に従うものである。しかし、このように多様であり、相違があることは、不和と不調和を示すものではない。あらゆるこれらの機能は、たがいに補充し完全ならしめるのである。いずれも新たな限界をひらき、人間性の新たな側面を我々に示すのである。不協和は、それ自身との調和のうちにある。反対物はたがいに排除し合うものでなく相互に依存し合うものである。——それは「音弓と竪琴の場合における如き反対における調和」である。[16]

カッシーラーは、シンボル形式の複数性を熟考することによって私たち自身の創造性に対する理解を拡げていくことができると信じていた。それによって究極的には、これらのシンボル形式のあらゆる豊かさを認識することが可能になり、それと同時にそうしたシンボル形式がそれぞれ有する独自の内的必然性と究極的な相互依存性を理解しようと努めることが可能になるのである。しかし、カッシーラーは謙虚な人間であったので、自らがプロジェクトを始めたばかりであること、そしてそれが未来に委ねられていることを知っていた。彼の仕事を貫く精神は、アマルティア・センが人間精神の矮小化として定義しているものに対して闘うということである。[17]

もし人間の知に発展や進歩というものがあるとしたら、究極的には、カッシーラーにとってそれは複雑さの認識を通して得られるものである。その認識は、私たちを自分自身の傷つきやすさによって駆り立てられる不安のなかへと陥れるような闇を突き抜け、よりはっきりと自分たちの道を見ることを可能にする。カッシーラーはときに、近代ヨーロッパ世界が、神話のなかには現前していなかったような複雑性の認識を私たちに与えてくれるかのように語るときがあるが、そういう場合の彼は、暫定的に、そうした複雑さの名において語っているのである。カッシーラーが繰り返し強調したのは、私たちは諸々のシンボル形式の真理を、そのシンボル形式のなかでそれを通してのみ知ることができるということだ。彼は自らのこの主張こそ、カッシーラーは相対主義者であるという非難につながっていることもまた何度となく強調した。カッシーラーの二大批判者、レヴィナスとハイデガーに目を転ずる前に、私がもう一度強調しておきたいのは、相対主義という言葉は、現存在についてのいかなる普遍的真理も拒絶するという意味でしばしば使われるが、カッシーラーはこの意味での相対主義者ではないということである。それどころかカッシーラーは、この章を通してみてきたように、シンボル形式のなかで与えられる人間の知の独特さ、すなわち可能性と現実性の区別に対し、彼独自の再解釈を施すことによってひとつの普遍的洞察を私たちにもたらしている。この意味において彼は、シンボルを形成する生き物である私たちの人間性の形式的な側面についてひとつの洞察をもたらしているのである。カッシーラーはその偉大な批判者たちによってさえ相対主義者と誤って呼ばれているが、それというのも、私たちが人間であるということの独自性を構成している普遍的なものについてのカッシーラーの中心的な洞察からすると、私たちは形式から離れて内容を知ることは決してできず、それぞれのシンボル形式はそれぞれ自身の客観性を持っているということになるからである。しかし、私がここで強調したいのは、カッシーラーは私たちに倫理的な呼びかけを遺しているということだ。彼の倫理的な呼びかけは往々にして相対主義と混同されてしまうが、それはむしろ、カント的な人間性の理念にとって本質的なものとしてシンボル形式の複数性に尊敬の念を抱くことを要求するものである。

ダヴォス討論

一九二九年、若きハイデガーはダヴォスの地でカッシーラーに会い、見解の違いについて討論を行なった。カッシーラーの『シンボル形式の哲学』はすでに出版されてから数年がたち、彼は新カント派の界隈において議論を巻き起こす存在となっていた。超越論的な想像力をシンボル化の新たな形式へとラディカルに翻訳していたからである。カッシーラーとの討論は、彼が強調し続けてきた想像力という論点、それからカント哲学において『判断力批判』が中心的な位置を占めているという彼の主張をめぐって行われた。マールブルク学派を自認する者たちも含め、当時のドイツの新カント派の学者たちの大勢は、カントが悟性のカテゴリーを論理的に導出するに際して使用した超越論的想像力は、一貫性がなく、不必要な理念であるとの立場を擁護していた。マールブルク学派はほぼ完全に『純粋理性批判』に焦点を据え、『実践理性批判』にいくらか注意を払う程度だった。カッシーラーはハイデガーとの討論を、カント読解の根本的な点についてはおたがいが盟友であるかのように開始する。［しかし、］ハイデガーはこの同盟を拒絶した。あいにく私はこの討論に十分な時間を費やして論じることはできない。しかし舞台設定は疑いもなく劇的なものだったのである。

ドイツは深刻な危機的状況にあり、ナチス党は人々の支持を得つつあった。若きエマニュエル・レヴィナスはダヴォスでの討論を目撃しており、多くの学徒たちと同様にハイデガーに魅了されていた。ある大学院生のグループは、古風で学者然としたカッシーラーを茶化す寸劇を催した。レヴィナスはそこでカッシーラー役を演じたが、後年、この判断を深く悔いている。私が議論の焦点としたいのは、レヴィナスがカッシーラーの作品について著している試論である。それに続く恐ろしい出来事のなかで理解されるようになったこのドラマ設定が、学者たちのこの討論の受け取り方を特徴づけていたことは間違いない。私たちはおそらく、この討論をそれが属している歴史の暴力的な結末から切り離すべきではないだろう。ダヴォスでの討論から十年も経たないうちに、カッシーラーはユダヤ人であることを理由として大学教授の地位を剥奪され、ドイツから亡命することになる。一方、ハイデガーは短期間ではあれ、フライブルク大学の総長に就くことになる。レヴィナスはというと、戦時を強制収容所のなかで過ごすことになる。ハイデガーを真剣にとりあげることは、一部のサークルでは彼のナチズムのゆえにタブーとなり、その結果として悲しいことに忘れられてしまったのが、若きハイデガーにはカントによって触発された部分もあったという事実に他ならない。

ダヴォスにおけるこの豊穣な討論での長大な意見交換の意義を把握するには、特に強調されるべきふたつの論点がある。カッシーラーは自分とハイデガーがカントの読解において共有しているものを強調して次のように述べる。

ある一点においてわれわれのあいだには一致が成立し、それは私にとっても産出的想像力は事実上カントに対して中心的意味をもつように見えることである。私は象徴的なものにおける私の仕事によって、そこへと導かれた。このことは、それを産出的想像力という能力へと導き戻すことなしには解決され得ない。想像力とは、あらゆる思考の直観への関係である。カントは想像力を形象的綜合と名づける。綜合とは純粋思考の根本的力である。しかしカントにとっては単に綜合だけが問題なのではなく、まず第一に種概念を用いる綜合が問題である。しかしこの種概念の問題は、形像概念、つまり象徴概念の核心のなかへと導くのである。(18)

前章でみたように、ハイデガーの応答は、彼がまさにカントの超越論的想像力という観念を作り直すところから始めたという事実を受け入れている。しかし、この作り直しは有限性について完全に異なった種類の存在論を要求することになる。ハイデガーによれば、カントはこの存在論に自ら着手しようとはせず、ただ予期しただけだった。カッシーラーとハイデガーという二人の思想家はともに、真理は現存在に応じた相対的なものに他ならないということ、そして、そのように述べることでカントに従っていることに同意している。両者のあいだで何が異なっていたのか、ハイデガーによるまとめを引用しよう。

有限性を超えて超出するというこうした問いの中には、まったく中心的な問題が存している。私は、有限性一般の可能性に関して問うことは特殊な問いであると言った。なぜならわれわれは形式的に簡単に次のように論じうるからである。私が有限的なものについて陳述しそして有限的なものとして規定しようとするやいなや、私はすでに無限性の理念をもっているのでなくてはならない。このことはさしあたり多くのことを語ってはいない。しかしそれにもかかわらず、ここに中心的な問題が存するというほどの多くのことを語っている。ところで内容的にはまさに有限性の構成要素として明示されているものにおいてこの無限性という性格が出現するということを、私が次のように述べたことにおいて明らかにしよう。つまりそれはカントが図式性の想像力を根源的描出（exhibitio originaria）と言い表しているということである。しかしこの根源性はその中に受容への依存性が存するような自由な自己賦与のexhibitio、つまり描出のexhibitioである。それゆえ、この根源性は、ある種の仕方では創造的能力としてそこにある。有限的存在者としての人間は、存在論的なものにおいてある種の無限性をもっている。しかし人間はけっして有るものそのものの創造において無限的で絶対的であるのではなく、有の理解の意味において無限的なのである。しかしカントが言うように、存在の存在論的な理解は存在者の内的経験においてのみ可能である限り、この存在論的なものの無限性は本質的に存在的な経験に結びついており、その結果、われわれは逆に次のように言わねばならない。想像力において突如として出現する無限性は、まさに有限性に対する最も鋭い証明である、と。なぜならば、存在論は有限性の指標であるからである。神は有限性をもたない。そして人間がこの描出をもっているということは、人間の有限性のもっとも鋭い証明である。なぜなら存在論を必要とするのは、ただ有限的存在者だけだからである。(19)

この二人の哲学者はともに、現存在にとって中心的なのは自由であることを最重視している。それにとどまらず、両者はカントのラディカルな読解を提示したと主張する。それは、自由の理論的な把握不可能性のみが可能性としての現存在の自由を可能にすると主張する読解である。

しかし、ハイデガーにとってこの可能性は、死に向かう存在として印づけられる生き物としての現存在の実存について新たな存在論を展開することによって、現存在の真理として開示されるほかないものであった。ハイデガーは、自身の自由理解とカッシーラーのそれとの違いを以下のように規定している。私たちが今までみてきたように、カッシーラーにおいて自由とは、私たちがたとえ事物によって形作られているとしても、それらの事物を再形成することができる力能である。なぜならシンボル形式はつねに判断の余地を残しているからである。ハイデガーは次のように応じる。

カッシーラーにとっては、まず形成作用のさまざまな形式を取り出し、続いてこれらの形成作用を顧慮して追加的に形成諸力そのもののある種の次元を詳述することが問題なのである。ところで次のように言うこともできよう。それゆえこの次元は、やはり私が現存在と名づけているものと根本において同じものなのだ、と。しかしそれは誤りであろう。その相異は、自由の概念において最も明らかである。私は、現存在の内的超越の自由化は哲学することそのものの根本性格であるという意味において自由化について語ったことがある。その際、この自由化の本来の意味は、いわば意識の形成的イメージに対して、そして形式の王国に対して、自由になることに存するのではなく、現存在の有限性に対して自由になることに存する。現存在の被投性のなかにまっすぐに入り込むことであり、自由の本質において存する矛盾対抗の中に入り込むことである。私は自由なる存在によってはじめて私自身でありうるのであるけれども、私は自由を自身で私に与えたのではない。しかし今やその場合の私自身というのは無関心的な説明的根拠ではなく、現存在である。現存在は本来的な根本生起であり、そこにおいて人間が実存することおよびそれとともに実存そのもののあらゆる問題性が本質的になるのである。[20]

この討論において解明された哲学者の任務とは、超越としての現存在の自由についての真理を明らかにすることである。私たちは第二章でみたように、つねに自分自身に先立ち、世界に投げ込まれている。その世界を起点にして私たちは、部分的に私たち自身の創造する営みによって印づけられているものの、究極的には無、すなわち死へと私たちを連れ去る未来を投企（project）する。言い換えれば、私たちは、自分が自分であるのはただ無に直面することによってのみであることを最も深奥のレベルで知っている存在者なのである。しかし、この未知であり決して知られることのないものに直面することで、私たちは自らの真正な人間性を悟り、ほとんどの人間を「彼ら（世間）」の会話と気散じに頽落させてしまう社交性の条件を超越する。超越することは、私たち自身もまた他者としてそのなかにある諸対象の世界に投げ入れられていることに内在するものである。私たちは、私たちを特徴づけている無を経験し、無に直面することでハイデガーが人の並外れた（eccentric）性格と呼んだものを悟るのである。[21]

自由は超越として私たちのもとへ到来する。それは私たち自らを真正な存在者にし、その自由が無との直面のなかで明らかになる未来の「未だ来たらざる」企てである。このことがハイデガーにとって意味するのは、伝統的形而上学でいう、考える主体としての「人間」という観念は、人間性の真の尊厳にとってはまったく不適切なものであるということだ。既にみたように、主体の理論の可能性を初めに掘り崩したのはハイデガーでなくカントである。ハイデガーはそのような理論を探究しなかったが、時間のなかにある私たちの存在の基礎（fundaments）について新しい実存分析を行おうという意欲に燃えていた。そして、現存在の分析を通じて、現存在の対象化に関する任意の形式、たとえば神話的思考の個別の特徴についても理解することができるようになるだろうというのである。それゆえ、ハイデガーはカッシーラーを相対主義のかどで糾弾し、神話という形式についてのカッシーラーの議論を素材に、カッシーラー哲学の根本的な問題を指摘する。

> しかし神話の当面の解釈が、たんに実証的諸科学へのこのような導きの機能を顧慮するだけでなく、それ自身の哲学的内容に関して判断されるべきであるならば、その場合、次のような問いが生じてくる。形式的意識の機能形式としての神話の先取的規定は、その側から十分根拠づけているのだろうか。そのようなむろん不可避的な根拠づけの基礎は、どこに存在するのだろうか。このような基礎自体が十分確実にされ仕上げられているだろうか。精神の形成力（bildender Kraft）としての神話のカッシーラーの主導的な先取的規定（「シンボル形式」）の彼の根拠づけは、本質的にカントの「コペルニクス的転回」への依拠であり、それによればすべての「実在性」は形式的意識の形象として妥当すべきである。[22]

カッシーラーのハイデガーに対する応答は、むしろ自分はシンボル形式の哲学の基盤を、いかなるものであれ現存在の哲学に求めることはないだろう、というものであった。カッシーラーにとって、そのような現存在の哲学は、「人間」の実存——そこには人間に並外れた性格を付与する超越としての「人間」の実存も含まれている——に関する何らかの包括的な哲学的観念に依拠しているのである。

このように、カッシーラーにとっては、皮肉なことにハイデガーのほうこそ超越論的想像力のラディカルさから後退しているのである。私たちがカントに忠実であるべきならば、私たちはいかなる人間の理論も、それが非「形而上学」的なものであっても持つことはできないというカントの根本的な教えに忠実に従わなければならない。カッシーラーは、カントによる理性の有限性についての中心的な洞察について、自分自身がどう理解しているかをこう説明している。

このような［コペルニクス的］転回における新しさは、私にとっては次のことに存するように思われる。つまり今ではもはや唯一のそのような存在の構造が存するのではなく、われわれはまったくいろいろな存在の構造をもっているということである。それぞれの新しい存在の構造は、その新しいアプリオリな諸前提をもっている。カントは、彼が経験の可能性の諸条件に結びつけられていることを示している。カントは、いかにして新しい形式のそれぞれの仕方がいまやまた対象的なもののそれぞれ新しい世界に関係するか、いかにして美的対象が経験的対象に結びつけられていないか、いかにしてその対象がそれ自身のアプリオリな範疇をもっているか、またいかにして芸術がひとつの世界を構成するか、しかしいかにこれらの諸法則が物理学的なものの諸法則とは別なものであるかを示している。このことによってまったく新しい多様性が対象問題一般の中に入りこんでくる。そしてこのことによって古い独断的形而上学から、いまやまさに新しいカントの形而上学が生ずる。古い形而上学の存在は実体、つまり根底に存するものであった。新しい形而上学における存在は、私の言葉ではもはや実体の存在ではなく、機能的な諸規定と意味の多様性から出発する存在である。そして私には、ここにハイデガーに対する私の立場の相違の本質的な点が存するように思われる。[23]

ハイデガーと自分との違いについて雄弁にまとめたカッシーラーに、私は同意する。本書の目的にとってこの二人の哲学者の間にある鍵となる違いは、ハイデガーの哲学はシンボル形式の複数性（plurality）を尊重することができないのに対し、この尊重こそがカッシーラーの哲学の核心を成すものであるということだ。現存在の全ての対象化の背後に、ハイデガーにおいては私たちの有限性の基礎についてのひとつの新たな実存分析がある。そのような実存分析はカッシーラーからすれば不可能なものであり、あるべきものでもないのである。なぜなら、私たちは現存在をその多様性（multiplicity）のなかでのみ知るからである。その多様性のなかで、その多様性を通じて現れる以外の形での現存在は存在しない。ゆえに、私たちの有限性の基礎を分析することさえ可能なことではない。複数性の尊重へ向けたこの呼びかけこそ、カッシーラーを、世界の道徳的イメージがもたらす倫理的な重要性を絶えず擁護していくために必要な出発点とするのである。もちろん、すでにみたようにハイデガーは後年、『存在と時間』にみられる初期の思考を自ら否定し、それに伴いダヴォスでの討論でカッシーラーに対してとった位置も否定するにいたる。既にみたように、ハイデガーは超越する主体としての人間の観念を保持したことを自己批判した。そのような観念を保持すれば、私たちは「存在Being」の真理からさらに遠ざかり、もっと絶望的なことにはテクノクラシー的な理性の完全な支配へと至ってしまう、というのである。このような後年のハイデガーに対してカッシーラー的に答えるならば、そのような行き過ぎた悲観主義は、カントによる私たちの有限性についての洞察と衝突するものである、ということになるだろう。

ハイデガーに対するカッシーラーの応答においてみたように、多様性とは私たちがシンボル形式に不可避的に囚われていることと表裏をなしている。より特定的に言うならば、言語がある限り、神話が消え去ることはありえない。なぜなら神話は言語の隠喩的な力能と本質的に結びついているからである。このように、神話的思考は、人間が言語のなかで自らに生気を与え続けていく限り、完全に死に絶えることはありえないし、将来において死に絶えることもないだろう。もちろん、私たちには自らの未来について悲観的になる理由がたくさんある。しかし、それこそが理由というものなのである。これらの理由はつねに、世界のイメージの中で表象され、そこに埋め込まれているシンボル形式で私たちのもとに到来する。私たちは神ではない。しかしカッシーラーにとって、人間のためにより正しい世界を創出していくことは私たちにかかっている。それは私たちの責任であるとさえいってよい。というのも、実践の倫理は、私たちの経験の内容と、言語の活性化の力のなかで遭遇される未来の世界の可能性へと読み込まれることがありうるからである。たしかに、神から少しでも助けがあったならばすばらしいことだろうし、少なくとも私はそれを歓迎するつもりだ。しかし、カッシーラーにおいては、世界を変革するのは私たちにかかっているのである。その変革は、ヨーロッパの有する偉大なる諸理想によって行われるだけでなく、それらの諸理想が、人間性をシンボルによって表明するひとつの事例にすぎないことを認識することによっても行なわれるのである。

レヴィナスのカッシーラーへの取り組み

しかし、レヴィナスにとってカッシーラー哲学の問題は、単にそれが相対主義であるように見えるという点だけではなく、それが変革（transformation）をひとつの文化的主体に――たとえこの主体が変容的主体性（transsubjectivity）として考えられていたとしても――根拠づけているという点にもあった。カッシーラーの問題提起に対する感動的な回答の試みにおいてレヴィナスは、ダヴォスであの寸劇に参加したことへの悔恨の念を響かせつつ、いかにして意味は生起するのかについての自らの考えを擁護している。それはレヴィナスの全著作を理解するうえで決定的な重要性を有するものだ。レヴィナスにとって、諸々のシンボルはそれらを究極的に駆動する道徳的な命法を含むことはできない。たとえば、レヴィナスの論じるところによると、原初的な倫理的要求である「汝殺すなかれ」は、それが言葉として発せられるより前に到来するものなのである。この命令は私たちが大文字の〈他者 the Other〉の顔に直面したそのときに発生する。〈他者〉の顔は、レヴィナスにとって、いかなる所与の意味体系をも超えて到来するものなのである。レヴィナスを引用しよう。

換言すれば、表現は、存在の奉祝である以前に、まず私がその者に対して表現を表現するのである人、私の表現という文化的な身振りが産み出されるためにその現前がすでに要請されている人とのあいだの関係であるということである。私に直面している〈他者〉は、表現された存在の全体のなかには含まれていない。彼は、存在のすべての集摂の背後に、その者に対して私が表現するものを表現する人として、再び現れ出てくるのである。私は、再び〈他者〉に直面することになる。彼は、文化的な意義でもなければ、単なる所与でもない。彼は、始源的に意味［方向］なのであり、というのも彼こそが表現そのものに意味を貸与するからであり、ただ彼を通してのみ、意義のような現象が、存在のうちに、おのずから、導入されるからである(24)。

レヴィナスが恐れていたのは、カッシーラーのシンボル形式の哲学が、レヴィナス独特の用語である大文字の〈他者〉を同一のものからなるひとつの秩序へと還元してしまうことであった。それは、シンボル化を通じて私たちは他者たち（others）に到達することができ、彼らを私たちのもとへ引き寄せることができ、彼らを私たち自身に現前させることもできるのだといったような議論を通しての還元である。もう一度、レヴィナスを引用しよう。

顔は抽象的である。この抽象は、確かに、経験論者たちの言う、生な、感覚所与のようにあるのではない。それはまた、そこで時間が永遠と《交錯》するような時間の瞬間的な切断なのでもない。瞬間は世界の権限内にある。すなわち、それは血を流すことのない切断である。ところが、顔の抽象は〈世界〉の地平のうちにみずからを定めることなく内在をかき乱す訪いであり、到来である。その抽象は、存在の実体、つまり個的なものから一般的なものへと発する論理的な過程から出発して獲得されるのではない。逆に、それはそれらの存在の方へと向かうのであるが、とはいえ存在とかかわり合うわけではなく、そこから引き籠っており、それから赦‐免されているのである。その驚異は、それが到来し、すでにそれが引き籠っている他処に由来する。しかし、この他処からの到来は、この他処への、ちょうどある項へと同様の、象徴的な回付なのではない。顔は裸性のうちに現前するのであり、背景の地を秘めた――まさにそのことによって、それを指示する――形態なのではない。それはまた、即自的な事物を隠した――まさにそのことによって、それを表現する――現象なのでもない。そうでなければ、顔は、まさに顔を前提としている仮面のようなものと混同されてしまうだろう。もし意味することが指示することと等しいのであるとしたら、顔は意味することのない、つまらぬものであることになるだろう。(25)

レヴィナスにとって、〈他者〉の表現は到達し得ないもの、その意味では文化に先立つもの、としてのみ表象されうるものである。それは主体のいかなる自己確証（self-certainty）をも吹き飛ばしてバラバラにしてしまい、その主体に倫理的応答を行うように呼びかける。

レヴィナスが〈言うこと The Saying〉と〈言われたこと The Said〉と名付けているもののあいだにある差異が、ここでは決定的に重要となる。〈言うこと〉は実際の言説であり、カッシーラーの用語を使えば、この〈言うこと〉のうちで私たちは自らをシンボル化するにいたる。〈言われたこと〉は人間の発するいかなる〈言うこと〉よりも始源的なものである。このようにして、レヴィナスにとって、原初的命令たる「汝殺すなかれ」の精神、あるいはそう〈言われたこと〉は、〈他者〉の顔にその始源を持つのみならず、逆説的なことだが、それが書かれたトーラーで宣明されるよりも前にそこにあるものなのである。その意味では、書かれたトーラーは、顔の暴露＝啓示（revelation）という精神において、すでに〈言われた〉ことを単に〈言う〉だけなのである。レヴィナスにとって、痕跡としての倫理的関係はいかなるシンボル形式によっても含み込むことはできない。それどころか、倫理的関係はあらゆるシンボル形式を破砕し、その彼方を指し示すのである。カッシーラー自身の哲学全体を特徴付けるものとしての、宗教に関する著作やユダヤ教についての深い思索を議論することなしには、カッシーラーの観点から十分な回答を与えるのは不可能だろう。しかし、レヴィナスが正しく理解しているように、カッシーラーにとって、有限な生き物である私たちは〈他者〉を、彼らがシンボル形式のなかで私たちに到来するときにのみ知ることができる。私たちは、既に確立された意味の形式によって、おたがいに対して手を差し伸べる。たとえ、そのように接触するに際して私たちが、包摂し、おたがいを理解することを可能にするシンボル形式を破砕しようと熱意を燃やしてしまうにせよ。

私が『限界の哲学』で論じたように、デリダは、私たちが〈他者〉を一人の人間の顔として考えるならば、〈他者〉の非対称性は、現象学的な対称性に依拠している、と正しく指摘している。[26] ハイデガーとカッシーラーとのあいだにある差異を論じたときに既にみたように、カッシーラーは私たちの人間性の同一性（sameness）は、シンボル形式の多様性にその根をもつと教えてくれている。この同一性は現存在の並外れた性格としてさえ喚起されえない。私たちはシンボル化する生き物として同一なものであり、同一なものとしてたがいに異なっている。なぜなら私たちは、拡散した諸世界を与えてくれる諸々のシンボル形式の外にいることは決してできないからである。カッシーラーの著作の核心にあるのは、複数性の尊重が、他者性の尊重を、そして他の文化や民族の独自性、彼／彼女らが生きる他の世界の尊重を要求するということである。カッシーラーとレヴィナスが、ともにハイデガーに異議を唱えるにあたって共有しているのは、レヴィナスの言葉を使えば「存在論によって測るのではなく、人間的なものにひとつの意味を見出すこと」[27]である。カッシーラーにとって、カントにおいて始まった真のコペルニクス的転回は、シンボル形式の複数性の尊重へとつながるものだった。いわゆるポストコロニアルの世界において、いまやそのような尊重以上に必要なものがはたしてあるだろうか？

注

（1）Ernst Cassirer, *An Essay on Man*（New Haven, CT: Yale University Press, 1972）, 26（宮城音弥訳『人間』岩波書店、一九九七年、六六－六七頁）

（2）Cassirer, *An Essay on Man*, 33.（『人間』、七八頁）

（3）Ernst Cassirer, *The Philosophy of Symbolic Forms: Volume 4: The Metaphysics of Symbolic Forms*（New Haven, CT: Yale University Press, 1996）, 4-8（笠原賢介・森淑仁訳『象徴形式の形而上学』法政大学出版局、二〇一〇年、五－一〇頁）

（4）Ernst Cassirer, *The Philosophy of Symbolic Forms: Volume 3: The Phenomenology of Knowledge*（New Haven, CT: Yale University Press, 1957）, 109.（木田元・村岡晋一訳『シンボル形式の哲学 第三巻 認識の現象学』岩波書店、一九九四年、二一九頁）

（5）Cassirer, *An Essay on Man*, 25.（『人間』、六四－六五頁）

（6）Immanuel Kant, Critique of Pure Reason, trans. ed. Paul Guyer and Allen Wood（Cambridge: Cambridge University Press, 1998）, 193-194（A51/B75）（篠田英雄訳『純粋理性批判（上）』岩波書店［岩波文庫］、一九六一年、一二四頁）

（7）Ernst Cassirer, *The Philosophy of Symbolic Forms: Volume 1: Language*（New Haven, CT: Yale University Press, 1955）, 319.（木田元・村岡晋一訳『シンボル形式の哲学 第一巻 言語』岩波書店、一九九四年、四六七－八頁）

（8）Cassirer, *An Essay on Man*, 59.（『人間』、一三二頁）

（9）Ernst Cassirer, *The Philosophy of Symbolic Forms: Volume 2: Mythical Thought*（New Haven, CT: Yale University Press, 1955）, 23（木田元・村岡晋一訳『シンボル形式の哲学 第二巻 神話的思考』岩波書店、一九九四年、六一頁）

（10）Cassirer, *The Philosophy of Symbolic Forms: Volume 2*, 24.（『第二巻』、六一頁）

（11）Cassirer, *The Philosophy of Symbolic Forms: Volume 4*, 167.（『象徴形式の形而上学』、二四六－二四七頁）

（12）Immanuel Kant, *Prolegomena to Any Future Metaphysics That Will Be Able to Come Forward as Science*, trans. and ed. Gary Hatfield（Cambridge: Cambridge University Press, 1997）, section 14.（久呉高之訳「プロレゴーメナ」一四節、『カント全集第六巻』岩波書店、二〇〇六年）

（13）Cassirer, *An Essay on Man*, 16および第一章全般（『人間』、四五－六頁）

（14）Cassirer, *The Philosophy of Symbolic Forms: Volume 4*, chapter 1.（『象徴形式の形而上学』第一章）

（15）Cassirer, *The Philosophy of Symbolic Forms: Volume 4*, 99.（『象徴形式の形而上学』、一三六頁）

（16）Cassirer, *An Essay on Man*, 228.（『人間』、四七九－四八〇頁）

（17）一般に、Amartya Sen, *Identity and Violence: The Illusion of Destiny*（New York: W.W. Norton, 2006）（大門毅監訳『アイデンティティと暴力――運命は幻想である』勁草書房、二〇一一年）

（18）Martin Heidegger, *Kant and the Problem of Metaphysics*, 5th ed., trans. Richard Taft（Bloomington: Indiana University Press, 1997）, 194.（門脇卓爾訳『カントと形而上学の問題（ハイデッガー全集第三巻）』創文社、二〇〇三年、二六六頁）

（19）Heidegger, *Kant and the Problem of Metaphysics*, 197.（『カントと形而上学の問題』、二六九－二七〇頁）

（20）Heidegger, *Kant and the Problem of Metaphysics*, 202-203.（『カントと形而上学の問題』、二七七－二七八頁）

（21）Heidegger, *Kant and the Problem of Metaphysics*, 204.（『カントと形而上学の問題』、二七九頁）

（22）Heidegger, *Kant and the Problem of Metaphysics*, 186.（『カントと形而上学の問題』、二五五－二五六頁）

（23）Heidegger, *Kant and the Problem of Metaphysics*, 206.（『カントと形而上学の問題』、二八二頁）

（24）Emmanuel Levinas, *Humanism of the Other*（Chicago: University of Chicago Press,1972）, 30.（小林康夫訳『他者のユマニスム』書肆風の薔薇、一九九〇年、七四－七五頁）

（25）Levinas, *Humanism of the Other*, 39.（『他者のユマニスム』、九二－九三頁）

（26）たとえば、*The Philosophy of the Limit*（New York: Routledge, 1992）, 54-55で私はこう述べた。「デリダは大文字の〈他者〉の純粋な外在性への追放それ自体が、自己への閉じ込めの一形態であると論じている。自己へと閉じ込めること、すなわち〈他者〉それ自身の『痕跡』自体を否認することは不可入的になり、『外部』の汚染から安全になることである。『差延とは抹消のもとの差異』なのであり、現象学的非対称性の称賛ではないのだ」（仲正昌樹監訳『限界の哲学』御茶の水書房、二〇〇七年、一〇四頁）

（27）Levinas, *Humanism of the Other*, 57.（『他者のユマニスム』、一三五頁）

第四章　批判理論を脱植民地化する——黒人による実存主義の挑戦

アフリカーンス語を話す友人が昔、彼の子どものころからのひどいジョークを教えてくれた。そのジョーク自体には多くのヴァージョンがあるが、オチはいつも同じである。それは、南アフリカ共和国生まれの白人たちがトランスカイ共和国（訳注：かつて南アに存在した自治区、一九七六年から一九九四年まで独立国）を訪れたとき、いぶかしげに、なぜここには人がいないのかと疑問に思った、というものである。よく知られているようにW・E・B・デュボイスは、ニグロ化（negrification）の過程において黒人は問題として姿を現すことだけが許されるのであって、日常生活を営む人間として現れることは許されない、と論じた。ここにもまた、アフリカ人の仲間を人間として見ることのできない白人がもつ、ゆがんだヴィジョンの一例がある。実存についての黒人の哲学者による著作や、彼らによる現象学の再解釈のなかで、私たちは、デュボイスが黒人に課された二重の意識と呼んだものに何度も回帰するであろう。この二重の意識において黒人は、自分たちが見られる存在であることに気付くだけでなく、白人たちがいかに彼らを人間以下の存在とみなしているかを想像しうる第二の視点もまた持つことになるのである。

W・E・B・デュボイスやフランツ・ファノン、そしてさらに若い思想家たちが切り開いてきたのは、現象学の新分野や、黒人による実存思考だけではない。人間と見られうるものの登録要件を黒人はどこか満たさないという潜在意識、さらに制度化された信念とを原因とする、倫理的なものの崩壊がもたらした全般的な力についても鋭く論証してみせた。人間は合理的な生き物ではなく、象徴化する存在である——しかも、他のあらゆる実践がそこから審判されるべき頂点となる象徴的実践など存在しない——というカッシーラーの優れた主張は、ファノンが排他性の原理と呼んだものへの明らかな挑戦である。ファノンにおける排他性の原理が示唆するのは、黒人の文化的構成はすべて、人間性の文化と私たちが考えるものへの真に重要で持続的な、そして象徴的な貢献に値しないというように、理性に届かないものとして系統的に格下げされるということだ。実存についての黒人の哲学やアフリカ系の現象学とつながりを持つ多くの思想家が、人間の象徴化の多様な形態に忠実な研究を強く支持した思想家としてのカッシーラーに回帰したことは驚くべきことではない。なぜなら、これらの諸形態は彼ら自身の発展の歴史や、自分たち自身を審判する基準の内側で研究されなければならないからである。しかし、カッシーラーもレヴィナスも、人間的な世界、そしてヒューマニズムについての新たな批判的思考を生み出すにあたって向き合わなければならないとデュボイスやファノンが述べたものに、直には向き合わなかったのである。

私たち——ここでの「私たち」とは、アカデミズムのなかで、そしてその外の両方で人間性の理想に値する世界を構築することに関心をもつ白人たちを指す——は少なくとも、植民地主義によって引き起こされた倫理的なものの崩壊を直視しなければならない。この植民地主義のなかに、黒人男性は、そしてもちろん黒人女性も、ある種の奇妙な不可視性によって取り込まれている。そこにおいて彼／彼女らは、自由のために闘ったり、世界に価値をもたらしたりするような主体性の内面を欠く者として現れているのである。本章で示したいと思うのだが、ファノンは実に批判的なヒューマニストであり、そのヒューマニズムが彼の全著作を突き動かしている。しかし、十分に政治的かつ倫理的な脱植民地化の要求と、世界を変えるためのいかなる闘争においても黒人の人間的意義が十分に認められるだけの地位の向上、この双方に直接向き合うのでなければ、そのヒューマニズムも虚しい夢である。ルイス・ゴードンが私たちに念押しするように、「ブラック・パワーは、価値の源泉として黒人を承認し、尊重することを、そのあらゆる価値の中でも、第一に、そして最重要なものとして要求する」[1]。

私は、ルイス・ゴードンとパジェット・ヘンリーによる区分にしたがって、黒人の実存哲学（black existential philosophy）と、実存についての黒人の哲学（black philosophies of existence）とを区別している。とりわけ彼らが示唆するのは、ファノンがヨーロッパの実存哲学という道具を用いて仕事をした思想家であることは確かだけれども、他方で、彼とその後を継ぐ思想家たちは異なる哲学的な道具を用いていたということである。ここでの鍵は、実存についての黒人の哲学が、人種主義や植民地主義から自分たちを解放するための、黒人の現実の闘争から始まっていることである。実際、アフリカ系の現象学が独自性を有するのは、しばしばヨーロッパの現象学の創始者とされるフッサールのようなヨーロッパ的理性の危機というよりも、人種主義という痛烈な力、そしてデュボイスがニグロ化と呼んだものとの衝突の場面こそが超越論的反省の機会となるからである。この意味で、実存についての黒人の哲学は、W・E・B・デュボイスが黒人にとっての中心的な問題であると何度も確認してきた存在論的な課題、すなわち「私は白人社会において問題以外の何者なのであろうか？」という問いに答えようと試みるものだ。もちろんアイデンティティの問題は、いつでも社会的、政治的そして象徴的な文脈のなかに位置付けられている。そしてそのなかで、「私は何者なのか？」という問いに対して、その「何者か」という部分が人間性の領域以下に引き下げられてきた場合には、その答えを見出すためにアイデンティティは苦闘しなければならない。実存についての黒人の哲学のなかに込められた、この存在論の問題にいかに答えるのか。共通の答えが存在すると私があえて主張できるとすれば、それは、こうした問いが、以下で論じられる思想家の仕事のなかでつねに重視されてきた、解放の問題と切り離すことができないことを意味している。

ゴードンは、アイデンティティの存在論的な問題と、解放の問題との違いについて、次のように簡潔に定義している。

> 解放の問題についても、私たちは一連の哲学的転回を通じて議論を進める。その二つの問題は、誰が解放されるべきかという問いにおいて出会うのだが、解放へと向かう意識は価値の方向性を示す。この価値は、つねに本質であるわけではないが、ときとして存在を超越することもある。解放は目的に関わる事柄であり、べきとなぜに関わる事柄である。したがって、私たちが何者であっても、そのポイントは、私たちが何になるべきか、という問題にエネルギーを集中させるということである。(2)

実存についての黒人の哲学者たちは確かに、自由についての強力な道徳的イメージを私たちに与えてくれる。しかし、人種主義や植民地主義という絶望的な重圧の下から解放され、そこから外へ出るための黒人による現実の闘争にとって、自由が切り離しえないものであると主張するなかで、彼らはより大きく、そしてより困難な何かを私たちに提示するのである。自殺のみが二〇世紀における唯一の真に哲学的な問いであると書いたのはアルベール・カミュであるが、フレデリック・ダグラスからW・E・B・デュボイスに至る思想家たちは正当にも、なぜ黒人は生き続けるのかという問題が、つねに奇妙で恐ろしいねじれを抱えていたことを私たちに思い出させてくれる。あなたの生活のあらゆる面に影響を及ぼす抵抗不可能な抑圧に直面しながら、なお生き続けることが意味するものは何か？　あなたの人間性をすべて否定する激しい批判の中で、なお人間であろうと闘うことが意味するものは何か？　白人の予定された純正さのために、あなたは浄化されるべきであると要求するマニ教的（＝善悪二元論的）な白人世界に直面するということが意味するものは何か？　その唯一の答えは、自由とは闘いによって得られるものであること、そして植民地的条件や、明らかにそこに含意されている人種主義による根本的な侵害に抗して、倫理的なものの始まりそのものを何度も主張しなければならないということである。ある意味で、黒人は大文字の他者（Other）でなければならない。倫理的なものがふたたび始まる前に、植民地化という全体化の衝動を限界づける人間であるという、十分に実存主義的な意味における大文字の他者である。

もちろん、すでに私たちは、白人である私たち全員に突きつけられた、実存についての黒人の哲学による根本的な倫理的挑戦へとたどり着いた。ふたたびゴードンを引用すると、

ここで私たちは、古典的なリベラリズムとカント的なヒューマニズムの要求がなぜ満たされないのかということに気付くのである。その理由は、両者が対称性に依存しているからである。白人－黒人の関係は、黒人が大文字の他者性を獲得するために闘うものである。つまり、それは倫理的なものが出現する位置にいようとするための闘争である。したがって、状況は政治的なものの現実化によって独自に作り出される。それゆえ、ファノンの著作は政治的かつ実存主義的に終わる。政治的には、著者によってロマンティックに描き出されたアフリカ系アメリカ人のように、その抑圧システムに抵抗し、闘争することが求められている。しかしその闘争においてファノンは、探究的な人間性を構築＝啓発（edifier）するための教育方法へと呼びかける。この構築物は祈りの形をとる。怒りから笑いへ、涙へ、そして祈りで締めくくる。それは数あるリアリティのなかでも、彼の身体に対する祈りである。自らを探究する人、開かれた存在、そして最終的には人間的な存在にするよう、彼は自分の身体に懇願するのである。彼は一九六〇年まで、『地に呪われたる者』において、同じ主題で議論を締めくくっている。

その主題とは、新しい人間性を立ち上げるためには、可能性を切り開くための物質的かつ概念的な闘争が必要とされるというものである。[3]

それゆえ、実存についての黒人の哲学によって与えられる自由の道徳的イメージは、世界を変えるための闘争のなかで黒人たちがどのように捉えられているのか、そして私たちが白人として位置づけられることの意味に白人としてどのように折り合わなければならないかということと不可分なのである。私たちの場合にも、肌の色という記号が私たちの人間性の否定と絡み合っている。ここで私たちは、私たちという身体化された存在（embodied beings）がいかにしてこの世界を見たり、この世界を生きたりするのかという、根本的な現象学的問題へと回帰させられる。パジェット・ヘンリーは、現象学を次のように簡潔に定義していた。すなわち、「現象学という言葉で私が示すのは、自己にズレを生じさせる技術によって日常生活の「自然な態度」が括弧に入れられた後に、意識の構成的な活動について自己反省的な記述を生み出すような言説的実践である」[4]。偉大な現象学者たちの誰もが念押ししているように、身体化された意識として、私たちは世界について少なくとも三つの異なる視点を有している。すなわち、見る次元、見られる次元、そして、他者によって見られることを意識する次元である。見られることがないトランスカイ共和国の人々において、人間であることは何を意味するのであろうか。他の人々を見ることができないだけでなく、そうした人々が振り返って見ていることすら知りえない人間であるということは何を意味するのであろうか。他の人間たちに取り囲まれていながら、彼らを人間として見ることができない白い人格（白人）であることは何を意味するのであろうか。デュボイスとファノンがともに述べるのは、このような立場に置かれ、近視眼的な無知に陥ったままでいるとき、私たち全員が人間性を喪失してしまっている、ということである。黒人に課された二重の意識の中で、文化的伝統を共有する「私たち」はニグロ化によって粉砕されてきたのだが、デュボイスにおいては、黒人であるアフリカ人がこの二重の意識を乗り越える道を見出すことができる方法がふたつ存在している。第一の方法は、黒人の顔というステレオタイプを超える「私たち」になる道を企て、創り出すことによって、黒人が自分たち自身を非人間化された他者として見てしまう従属的視点（second sight）の悲劇を克服することができるというものである。パジェット・ヘンリーは、少なくとも従属的視点の支配に挑戦する、この第一の方法の優れた例はラスタファリアン（訳注：エチオピア皇帝ラス・タファリ（ハイレ・セラシー）を救世主として崇め、アフリカを約束の地と信じる宗教集団）であると説得的に論じている。もうひとつの方法は、デュボイスが塔への撤退と呼ぶものである。この方法では「私たち」を洗練させるのではなく、黒人が彼／彼女たち自身を少なくとも考える主体として捉えることのできるような、一次視点（first sight）を備えた「私」を創り出そうとするのである。黒人であるアフリカ人の側のさらなる文化的主張がなされなければならない、ということについては、ファノンは確かにデュボイスに同意しているが、同時に彼は革命の可能性についても書いており、その中で、革命のみが人種主義なき世界の実現と私たちの人間性の回復への唯一の正しい答えであると論じている。では次に、ファノンとそのユニークな呼び掛けに目を向けてみよう。彼は私たち全員に対し、私たちが自らの人間性を真に要求することのできる世界を形成するための闘争に加わるように呼び掛けている。

『黒い皮膚、白い仮面』

ファノンは、その主著『黒い皮膚、白い仮面』を書き始めるにあたって、黒人が日々の生活における人間性の否定をいかにして耐え忍んでいるかについて探究している。ファノンにおいて、あらゆる人間はこの世界に自らが存在していることを感じるために、自己主張を行い、自分自身の主体性を発揮しようと努めている。まさにこの自己主張という行為において、私たちは他者と直面せざるをえないのである。偉大な実存主義哲学者ジャン・ポール・サルトルは、自己主張のダイナミクスが同じように自己主張をしようとする他者と即座に衝突するということについて語ることが多かった。この世界に存在しようとする私たちの試みは、つねに他者とともに存在しようとする試みである。私たちは誰もいない場所に立ち入るためではなく、他者と関係を結び、「私はここにいる」と宣言するために自己主張を行う。しかし、まさにこの「私はここにいる」という主張は、そのなかで「私」が生き、自己主張し、そして名前を持つ固有の存在として現存するような言語をともなっているのである。

カッシーラーが述べているように、言語は私たちが持つ最も本源的な象徴体系の一つであり、私たちは言語ごとにまるごとの世界を獲得する。それは単なる恣意的な名付けの体系ではない。他者の象徴世界に立ち入る際、その言語に注意深く耳を傾けることができなければ、そのとき、私たちはたがいの交わりのなかで自らの存在に意味のある訳語を与えることができないだろう。『黒い皮膚、白い仮面』第一章の理解を深めるためには、すべての人間にとって基本的な言語が象徴体系としていかに存在しているのかについてのカッシーラーの洞察が有用である。もちろん、それによってファノンがカッシーラーに依拠しているというつもりはまったくない。ここでの私の意図は、誠実に、実存についての黒人の哲学を西欧思想の脈々と続く遺産の中に象徴的に凍結させてしまわないように警戒することである。しかしそれよりも、ここでのポイントは、最終的には同一の結果に至るような見せかけの選択を黒人たちに強制する植民地状態にあって、文字通り深刻な実存的ディレンマを生じさせるような、他者の言語の公的地位を否定するという恐るべき不正を劇的に表現するカッシーラーの企図を強調することにある。以下のごとくファノンが念押ししているように。

そうだ、ニグロ訛りを話すことで黒人は遮断されるのである。つまり、白人が黒人に対して極度に危険な異物を注入するという矛盾した状態が続くことになるのである。黒人が適切に自らを表現しているのを耳にすることはほど驚かされることはない。なぜなら、そのときこそ真に、彼が白人の世界を引き受けているからである。(5)

植民地化された人々は、彼ら「自身の」言語を話すことができるが、そこでは人間的な象徴化の地平において認められないままであるがゆえに見くびられることになる。あるいは植民者の言語を引き受けるとき、そうした言語体系が植民地的抑圧という暴力と不可分のつながりを維持しているがゆえに、自らが見くびられていることにふたたび気付かされることになる。

黒人の男女が抑圧者の言語に屈してそれを引き受けるとき、彼／彼女たちは自らが抑圧者と象徴的に対等に守られているとは思わない。このような象徴体系を内面化するに際しては、人はまたそれに付随するイマーゴを受け継がなければならないのである。それは例えば、フランス語を話すのがフランス人のみであるがゆえに、自らフランス人となり、自らをフランス人と見なそうとする、ということである。ファノンは次のようなありふれた場面について詳しく語っている。そこではある家族が、植民地化された大学システムの只中で研究する黒人青年の帰宅を待ちながら、彼が故郷の訛り言葉を話しながら船を降りて来るのか、それとも植民者の言葉を話しながら降りて来るのかと議論している。ファノンが説明するように、一つの言語を話すということは、一つの世界、一つの文化を引き受けるということである。白人になりたいと思っているアンティル列島の黒人は、言語という文化的な道具に熟達すればするほど、白人に近づくであろう。ほぼ一年以上も前になるが、リヨンでの講演で、私は黒人の詩と西欧の詩との類似性を比較したことがあるが、その後で、フランス人の友人が熱烈な調子でこう言ったのを憶えている。「根は、あなたは白人なのだ」。これほど興味深い問題を私が白人の言語を通じて考察することができたという事実によって、私には名誉市民権が付与されたのである。(6)

もちろん、いかなる黒人の男性も女性も真に白人として見られたり聞かれたりされないことが問題なのではない。その代わり、せいぜいがよくできた操り人形であるもの、つまり、かなり近くで見たり注意深く聞いたりしなければ白人に「見える」かもしれない操り人形のようなものとして、おぼろげにしか見られていないことが問題である。このような、決して白人性に到達することのない、ほとんど「見せかけの」白人であることこそが、自らを象徴化しようと企図している黒人の男女の間に裂け目を作り出してしまう。いずれの状況でも、このような黒人の男女は、植民者の言語と象徴体系のみに価値が付与される世界との格差を受け容れる。一貫性のあるイマーゴ、すなわち、それに意味を与えることのできる世界のなかで象徴的に保護された場所によって強化されたイマーゴを組み立てることはとても不可能である。

それゆえ、ある意味で言語の力そのものが、個人として自己を主張する闘いのなかで黒人男女を傷つけることになる。彼/彼女らは、他の人々とともに自身の平等性を追い求めることができるような、公的に強化された、自身が何者であるかについての象徴化作用のなかに自身を見出すことができないのである。したがって、他の人間主体たちのなかにいる一人の人間主体として自身を捉えられるような、一貫したイマーゴを思い描くことが難しくなる。また、不可能でないとしても、現実の公的世界に入ることが難しくなってしまう。なぜなら植民地化における公的世界は植民者のものだけであり、その言語はあなた自身のものでないばかりか、それ自体が抑圧の言語でもあるからだ。

ファノンは『黒い肌、白い仮面』の冒頭で、植民地化の状態における個人の自己主張について詳細に論じている。このような自己主張は最終的には失敗に終わる。なぜなら、黒人の男女は、植民者の白人性を真似ようとして自分自身を変えるか、あるいは植民地化された状況においてつねに／すでに言語たりえないものとして見下されている自身の言語にしがみ付くか、というディレンマのなかで身動きが取れなくなってしまうからである。独力で人種主義問題を解決できると個人が考えるとき、いかなることが生じるかをファノンは語っている。よく知られているように、言語と言語をめぐる反乱はしばしば、集団的な行動を引き起こす。一九七六年には数千人もの南アフリカの若い黒人学生が、抑圧者の言語であるアフリカーンス語で教育を受けさせられていることに抗して蜂起し、彼ら自身の言語にそれに見合うだけの敬意が払われるべきだと主張した。ソウェト蜂起は、黒人の若者たちによる革命への強力な要求であり、彼ら自身の言語が尊重され、劣等の烙印を押されることのない公的空間を認めるように求めたものである。言語をめぐる集団的な闘争と、問題を一人で解決しようとする個人的な企てが抱えるディレンマとの違いを強調することは重要である。深い意味において、人種主義と植民地主義とを終わらせる個人的な解決策は、黒人にとっても白人にとっても存在しないとファノンは主張する。にもかかわらずファノンは、植民地主義の転覆が要求するものの悲惨さを通過することによって個人が自らの途を見付け出すのは容易ではないと私たちに教えるのである。

しかし、もし黒人の男性や女性が、言語のような、私たちの最も本源的な形式によって自己を主張したり見出したりすることができないならば、そのとき、人種がすべてを支配しているわけではないその他の社会において、彼／彼女たちはなお自身を見出すことができるだろうか？　人種主義的な世界から離れて自己主張や何らかの形の主体性を実現しようとする闘争の文脈のなかで、黒人男性と白人女性、黒人女性と白人男性との関係についてファノンは分析している。ファノンは、人種間関係の正当性や不当性について一般的な説明を与えるような議論は提示しない。その代わり、自らの黒人性に対する公的な自己嫌悪を内面化し、人間性を保持する者として崇拝される何者か——すなわち白人の男性や女性——に愛されることによって、人間的になる、可能なら黒人性の烙印を超え出るような私的星辰＝布置連関（configuration）を求める人々の絶望的な状況について記している。

もちろん、ファノンはこれが悲劇的で悲惨な行き止まりであることを告げている。というのは、白人男性に愛されることで真に白人になった黒人女性はいないからである。黒人女性の場合には、恋人の目に美しく映りたいという深い欲求が、白人に近い存在として見られたいという欲求となる。なぜなら、白人以外の美は存在しないからである。物語のあらゆる段階で、ファノンは、マヨッテ・カペシアがどのようにして自らの自己肯定からどんどん遠ざかって行ってしまうのかを語っている。彼女は自らの祖母が白人であるという事実を慰めにしようとしている一人の女性である。その事実は、自らの静脈を流れるそのわずかな白人の血が彼女を白人性によって染め上げ、何とかして自分の黒人性を覆い尽くしてくれるだろうという、ぞっとするような希望を彼女に授ける。カペシアは、自らの身体のどこかに白人の血が流れているがゆえに、自分自身が白人の男の子を産むだろうとさえ夢想する。そうした空想はむろん、逃れたい呪縛から自身の血統を解放することができるかもしれないというものである。しかし当然ながら、自らが逃れなければならない呪縛として自分自身を捉えることは、永続的なトラウマの状態へと砕け散るイマーゴとともに生きることであり、それは容易に妄想へと崩れ去るものである。

同じように、白人女性を追い求める黒人男性の場合も、自尊心についての基本的なディレンマに立ち戻らされる。

黒人男性は、彼自身であることのみによって愛されることを望むだけでなく、究極的には、彼を黒人という彼自身の自己とは別のものにすることができる何者かによって愛されたいと望む。つまるところ、もし白人女性があなたを愛するならば、そのときあなたは真に黒人ではないのである。このような関係は心理学的な意味でのトロフィーを表象し、黒人性の価値には人間性の位階においてより高い地位が与えられるべきであると示す。しかし、仮にあなたの子どもが白人とのみ混血し、白人との混血を続け、いつしか、恐るべき着色によってその色が浄化されたことに気付くとしても、それには数世代かかるだろう。しかし、こうした形での逃避幻想を装った自己主張は、究極的には、人が自らの自己と捉えているもの——すなわち黒人男性——とは別のものとして愛されることを求めているがゆえに、あなた固有の存在への愛という、すべての恋人たちが求めるような要求そのものに背くのである。[7] さらにファノンは、人種間の関係についての政治的あるいは倫理的判断を行ってはいないが、その代わりに、この人種主義システムとは無関係でいられる私的な場所を見つけることで平等な尊厳を備えた人間としての公的象徴化の否定を回避しようとしてきた人々の悲劇的な物語について論じている。このような回避の企ては、ちょうどフランス人のふりをする個人のように、個人レベルでは生き残りえないが、その代わり、ファノンが念を押すように、世界のより強力な象徴的再構築を通じて生起するに違いないものである。

疎外された精神によって永続させられてきた性的神話の探求——白人の肉体の探求——が積極的な理解を妨げることを許してしまうようなことは二度とあってはならない。

私の皮膚の色は決して欠陥と見なされるべきではない。ヨーロッパ人によって押し付けられた分離を黒人が受け容れる瞬間から、黒人はもはや休むことができない。そして、「それ以来、彼が白人男性のレベルまで自らを高めようとすることは理解できないだろうか？　彼がある種の位階としている皮膚の色の領域で自らを高めようとすることは？」

私たちは別の解決が可能であると考えるだろう。それは世界の再構築を含意しているのである。(8)

それゆえファノンにおいて、植民地主義の恐怖と自己象徴化を求める闘争に抗してイマーゴが自己を防衛するには二つの方法がある。すなわち、融合された人格の個人的な夢想へと向かう自滅的な退却か、あるいは文字通り、あらゆる人々に平等な地位を付与すべく世界の象徴化をやり直すための解放に向けての集団的アクションである。

黒人の不可視性／匿名性というパラドクス

同様に見込みの薄い、こうした個別の解決策に染み込んだ荒涼たる感覚を真に把捉するためには、ファノンにおいて鍵となるふたつの概念、すなわち重層的決定と不可視性について検討する必要がある。もちろん、黒人は自身にとっても他者にとってもよく見える存在である。しかし黒人は、人間であることの不在としてのみ現れる。つまり、黒人は人間性の確固たる不在としてのみ見えるのだ。人間性の不在についてのこの重層決定は、純粋に黒い皮膚として現れるが、そこから、ファノンにおいてなぜ植民地主義下では黒人の一貫したイマーゴが存在しえないのかがわかる。人が黒人として自らの存在を主張するとき、それはまた同時に自らを人間ならざるものとして主張することになり、自己肯定という欲望自体が矛盾するものになるのである。

私はゆっくりと世界に参入する。今となっては、もはや大きな変革を求めないことに慣れているのである。私は這って進む。そして既に、私は白人の眼差し、すなわち唯一の現実の眼差しの下で詳細に吟味されているのである。私は「凝視」される。ミクロトームを調節して、白人の眼差しは客観的に私の実在の断片を切り落とす。私は丸裸にされる。それら白人の顔色に私が感じ取り、見て取るのは、入ってきたのが新しい人間ではなく、新しい種類の人間、新しい種族であるということである。すなわち、それがニグロというわけだ！

私はそっと片隅に行き、そして私の長いアンテナが物の表面にまき散らされたキャッチ・フレーズを拾い上げる。——ニグロの下着はニグロの臭いがする——ニグロの歯は白い——ニグロの足は大きい——ニグロの広い胸——私はそっと片隅に行き、沈黙を守り、匿名の存在、不可視の存在であろうと努める。そう、私は誰にも気付かれさえしなければ、何でも受け入れる！(9)

深い意味で、こうした状況からの出口は存在しない。出口がないというこの経験は、黒人性がまさにそう呼ばれることによって格下げされるときにのみ、アイデンティティに浸透するようになることである。そしてそれは、黒人性は疎外する匿名性をも帯びるということを意味するのである。

このような匿名性のシステムのなかでは、いかなる黒人も他のすべての黒人の代わりになりうる。たとえば学科の同僚に三人の「黒人」がいることを自慢する大学教員のように、雇用における人種排除の問題が、その組織に雇われた黒人の数によって解決されたかのようにいわれることがあまりにも多いのは、そうしたわけである。このような言説のなかでは、単なる統計的な数値以上に何かを言う必要はなく、確かに、大学で経験される多くの裂け目をセメントで塗り固めたような制度的な人種主義にあえて注意を払うこともない。なぜなら、黒人は個々の研究者としてではなく、単に黒人という短命なカテゴリーのなかでのみ数えられているからである。ファノンの要点は、こうした数え方が、すでに存在している多数者を正常として表す一方で、数えられる人々は不適切な異常であるということを含意している、というものである。私の大学人としてのこれまでの人生で、学科に何人の白人がいるかを誰かが数えたとは聞いたことがない。実際、ファノンが言うように、このような数え方は奇妙である。大学という概念についての私たちの深層のイメージにおいて、そのことは白人性によって覆い隠されている。

実際のところそれは、一人の黒人が象徴的な意味で別の黒人の代わりになりうるという奇妙な形の匿名性である。ファノンもゴードンも、こうした交換可能性が、その核の部分において反人間的な匿名性の形態であると示唆している。ゴードンは匿名性を次のように定義している。

アルフレート・シュッツは匿名性を、理解領域において他人と代わり得るというありふれた能力として論じている。匿名性は私的言語と認識論的特権の概念自体を消し去るとともに維持するのである。この点で、匿名性は人間存在の普遍性の一形態に制限され、そこではルールがルールとしてすべての人間に適用されることが期待されるのである。それゆえ、それ自身の制限が匿名性のうちに暗示されている。あまりに平凡であるがゆえに他の人の一般的な関心事ともならない公的生活のおかげで、私的生活の弁証法が存在するのである。関心事が現れたときに、人が人間として他人の代わりになることができるとしても、その人の生の代わりとなることができないのは、個人の固有性を認めているためである[10]。

実際、ゴードンにおいて抑圧と解放は、この匿名性の観念によって特異な形で結び付けられている。ゴードンにとって抑圧とは、その定義によれば、「「普通な」生活を送ろうと努めている諸個人に対し、普通なものの異常な条件を課すことである」[11]。アルフレート・シュッツが、ゴードンによる解釈のような仕方で匿名性を記述していることは書き留めておくに値するだろう。つまり、バスに乗ったり、コーヒーカップを買ったりという単純な行為について、微妙な差異を含んだ経験の細部を他者に理解可能な形で明らかにする必要によって立ち止まらされることなく、日常生活を送ることを可能にするものとして、である[12]。

ローザ・パークスを思い出すだけでよい。彼女は縫製の仕事をしており、帰宅するためにバスに乗ろうとしただけであったが、黒人であるがゆえに、バスの後部に座らされたのである。ローザ・パークスはいつもバスに乗るとき、抑圧された女性としての自分自身と対峙しなければならなかった。深く根付いた抑圧を映し出す真実に向き合うこともなくどの白人も行ってきた普通の行為に反抗することによって、つまり座席の移動を拒否することによって、ローザ・パークスはありふれた匿名の実践を英雄的な行為へと変化させた。そして、彼女は公民権運動の英雄としてしかるべく立ち向かった。しかし、黒人性の事実として不当にも残存したのは、自己主張への終わりなき妨害であった。そうした妨害は、マニ教的（＝善悪二元論的）であるとともに遺伝恐怖、すなわち自己閉鎖的である。

黒人の男女を不在のものとする重層決定は、部分的には、彼／彼女らが最も正常な形の匿名的な振る舞いのなかに閉じ込められ、もともとは存在しないはずの自己のヴァージョンへと押し込まれるということである。黒人たちが白人の象徴世界のなかで人格としての意味を与えられなければそれだけ、そうした黒人は、白人のイマジナリーにおいて棄却（abject）された衝動が投影されたものとなる。なぜなら、このイマジナリーは黒人を世界の否定的な価値を身体化した恐るべき存在とするからである。もちろん、私たちの誰もが、黒人を脅威と位置づける空想についてよく知っている。しかし後に見るように、このような投影は、完全な人間性を示すことができない形象としての白人男女にとってのある種の救世主の意味を黒人に付与しうるものである。ゴードンによる非常に重要な再構成を施されたシュッツの現象学の言葉を用いれば、匿名性は、私たちが多くの物事を当たり前のことと受け取ることができる、共有された生活世界を与えてくれるものであるが、しかし、この共有された世界はまた、私たちの感情移入（empathy）を可能にするものでもある。なぜなら、私たちは経験の意味をともに形成できるような重なり合った象徴言語のなかに生きている他者に囲まれており、それによって、共有された共通世界のなかの自由な人間主体として他者の活動に感情移入できるからである。抑圧が倫理的な破滅をもたらすのは、この種の感情移入を排除するからである。黒人の男女に課された特有な形態の匿名性が感情移入する能力をいかにして蝕むか、そして同時に、唯一性をもった人間としての自由をいかにして否定するのか。それを引き出すのに役立つ、二つの有名なポピュラー・カルチャーの例がある。

映画『小説家をみつけたら *Finding Forrester*』では、作家になろうと奮闘している黒人青年について語られる。彼は若い黒人男性というステレオタイプ的な匿名性のなかで名声を得ようとしている。彼はバスケットボールを楽しむ平均的な学生だが、学校中の誰もが驚いたことに、統一テストで高得点をマークし、ニューヨークのダウンタウンにある私立の進学校に通うための奨学金が与えられた。その若者が、けしかけられて白人の男性作家と偶然に出会った。その作家は、兄の死によるトラウマとその後の喪失感から作家を続けることに無意味さを感じ、家に引きこもっていた。黒人青年は、自分が挑戦すると言ったことは誠実に守るという姿勢を友達に示すため、その作家のアパートに忍び込むが、鞄を忘れて来てしまう。その白人作家は青年のノートを見つけ、その文章についてのコメントを黒人青年に書くために時間を割く。この二人の約束は、黒人青年がこのことについて口外しなければ、友好関係を続けるというものである。

黒人青年はその学業成績によって奨学金を与えられたにもかかわらず、バスケットボール選手として期待された。しかし、バスケットボールは彼の人生の中でそれほど好きなものではなかった。彼は学校のなかで、特に作文の授業で秀でた存在となるが、これにより教師は彼が盗作したと決めつけるようになる。結局、黒人青年が白人社会の言葉を巧みにつむぎ出すことなど到底できないのである。後に、その青年が大事なバスケットボールの試合の決定的瞬間でミスをし、学校にとっての彼の価値が疑問視されたときに、こうした剽窃行為への厳しい仕打ちは激しさを増した――結局のところ、バスケットボールをする以外で、黒人が学校に通うことが許される他の理由などあったのだろうか？　こうした混乱の結果、その黒人青年は作文大会への参加の機会を奪われた。最終的には、孤独な白人作家が隠遁生活から表に出てきたことにより、土壇場で窮地から救われることになる。その白人作家は若い友人［黒人青年］によって書かれた自分宛ての手紙を手に取った。大会プログラムにも掲載されておらず、また学校関係者でないにもかかわらず、その名声ゆえに、作家はその手紙を読むことを許された。そこで読まれた手紙は白人の作者の言葉によって書かれているものだと誰もが自然に思い込んでいたが、声に出して伝えられたその作品は、実際には黒人青年ジャマル・ワラスの優れた才能によるものだったことが最後に明かされた。思い込みが外れ聴衆は衝撃を受けたものの、ワラスは学校で勉強を続けることを許可された。

この映画は、白人と黒人の世代を超えた友情を感動的に描いたものとして広く解釈されてきた。これから述べることはこの映画のそうした側面を傷つけたり、価値を下げたりするものではないが、その代わりに、仲間のもとを去りたがらず、作家志望であるにもかかわらず人前で目立ちたがらない青年にとっての匿名性の問題を例示してみたいと思う。ここでファノンによって明確化された重層決定のディレンマが、ゴードンがその匿名性についての含意を明らかにしたことによって拡大されて見えてくる。黒人青年が作家としての自己規定を試みたとき、彼は剽窃行為のかどで告発されてしまう。しかし、彼が劣等生と見なされるのは、スポーツで失敗したときだけなのである。最終的に、この黒人青年が天賦の才を持つという真実を公にする唯一の方法は、彼の言葉を公衆の面前で読み上げる白人男性の弁護を通じてのみだったのであり、それによって、ワラスは著名な白人作家の庇護のもとで作家となれたのである。白人が彼の才能を請け合うことで、その黒人青年は理解された。これはまさしく、ゴードンが最悪の種類の抑圧として引き出しているものである。若者は、友人を持ちたい、スポーツで秀でたい、作家として生きるために努力したい、などと願う。白人の学生は当然のように、自分の好きな学校でそうしている。ジャマル・ワラスのあらゆる活動は、世間に自己を主張し、アーティストとして秀でるために研鑽を積もうとする若者の、ありふれた日常的な努力として理解されるべきであった。しかし彼が黒人であったために、これらは途方もなく大きな仕事となってしまった。そして、黒人が人間であるという宣言を行ってくれる白人がいなければ、その物語にハッピー・エンドは訪れなかったのである。黒人性はすべて除去されるか、あるいは白人男女の自我の抑圧された面が投影されなければならないという植民地主義の人種主義が有するマニ教的な側面についてファノンが語るとき、それは明確なステレオタイプが存在しないということではなく、そうしたステレオタイプはこのように制限された二元論的な目的を通じてのみ読解可能であることを述べているのである。

異なった観点を与えてくれるものではあるが、映画『女神が家にやってきた *Bringing Down the House*』にも似たような状況が見られる。異性愛者で白人の男性弁護士が誤って前科のある黒人女性とのデートを計画する。弁護士が間違ってデートするこの黒人女性をクイーン・ラティファが演じている。異性愛者《ストレート》で白人の男性弁護士は、まさに前述のステレオタイプである。彼はそのうんざりするような浅薄さとウォルター・ミティーのような生活ゆえに妻を失い、そして、彼の弁護士事務所の上級パートナーの姉で人種主義者の隣人と偶然にも隣り合わせで住んでいる。このいわゆるコメディーが始まるのは、前科者が騙されて逮捕されてしまった自分の事件を退屈な弁護士に依頼した事実、あるいは隣の家のドアの前で自分の姿を丸見えにして、黒人とかかわる！という最悪の犯罪によって彼をトラブルに巻き込み、困らせたという事実からだ。この映画が一九五〇年代ではなく二〇〇三年に制作されたということも銘記しておくべきであろう。弁護士はその前科者の代理人となることに同意し、自分の子どもの乳母ということにして彼女を自分の家に入れる。もちろん、黒人の乳母を雇うことには多くの「とびっきりのout of this world」利点があった。たとえば、彼女は彼の娘をデート詐欺から救ったり、退屈な弁護士にダンスを教えたり、妻とワイルドなセックスをする方法について神秘的なアドバイスを与えたりした。ハッピー・エンドが訪れるのは、退屈な弁護士の生活がその前科者のおかげで豊かになったときである。彼女は、ステレオタイプ的な白人として郊外に居住する人間の欲求不満を彼が消し去るのを手助けする。最終的には、彼は結婚に対する情熱を、厄介な仕事を辞め、そしてついには妻との情熱的な悦びに満ちたキスをするのである。このシナリオは暗く恐ろしい黒人男性の裏面を描くものだ。白人男性をより完全な男性へと成長させることができるセクシーな黒人女性が描写されている。しかし、ファノン的には、それはふたつのステレオタイプにすぎない。両者は、おたがいの裏面であり、最終的にそのマニ教的な起源を分からなくする。

悪しき時代の自己欺瞞

黒人であることは、被抑圧者の分をわきまえた分け前である限りにおいてのみ、意味をもつ余地が与えられるような白人の投影となる。ふたたびゴードンを引用すれば、

> 反黒人の人種主義は、比喩的にも字義通りにも黒人の身体を追跡する警察犬の跡を追うリンチ集団に、彼らの結論へと至る因果的な説明と類型化を求めている。その追跡は、もし目的がマニ教的であるとすれば、白人性の清廉さから黒人性という汚れを消し去ろうとする努力である。それはまた、その本質において神義論的である。なぜなら、このような世界において黒人性は、それが現出するシステムを非難することなく説明されなければならない逸脱として機能するからである。反黒人の人種主義システムは、その制度とそこに住む人間の肉体において自己正当化する神として生きられる。その欠陥がそのシステム自体内に表出すれば、システムはそれをもっぱらシステム自体の「汚れ」と見なす。結果として、警察犬による黒人の身体の追跡は、事実と価値との間の同一性の関係を前提とするロジックを持つようになる。システムは事実である。つまり、それは実際に「あるもの what is」である。それは確実である。「ある」ものはすべて、あるべきものであり、あるべきであったものということになる。劣った他者は優れた自己を確立するための根源的な企てであり、その優越性はあるものの一機能である。[13]

自己欺瞞（bad faith）についてのゴードンの分析はまた、あまりに浸透しているがゆえにほとんど気付き得ない抑圧

の諸形態を私たちが実際に変えようとしたり、その浸透性ゆえに私たちの日々の活動や私たちの存在の深みにおいて私たち全員の根源的な変革が求められたりする場合に、私たちが引き受けなければならない闘争がどのような種類のものかを考え始めるときにも役立つかもしれない。人種主義の遺伝恐怖的な性質は、黒人の病理それ自体が黒人性の事実であり、こうした人種主義がそれ自体の内に閉じられているということを示している。そして、それは重層的決定のさらにもうひとつの側面でもある。黒人が犯罪者とみなされているというのは正しくない。正しくは、黒人性と犯罪性とが経験的概念として結び付けられるようになるということである。この結合では、価値判断が事実言明へと直結するが、それはまさに、主張を形成する判断が、理性と疑問を持つ能力の閾値以下に落ち込んでしまう、深刻さの精神に関するゴードンの分析が明らかにするところである。

確かに、ゴードンにとっては、ヨーロッパ中心主義と植民地主義の黒人差別はある種の自己欺瞞である。サルトルの意味での自己欺瞞とは、私たちが行った価値判断、およびそうした判断によって私たちが生み出した世界に対する責任の拒絶である。最も一般的な意味での自己欺瞞とは、自らの自由を見ようとしないことである。サルトルは自己欺瞞の典型としてサディストやマゾヒストの例を用いる。サディストは、深い意味で、神を演じたいと考えており、他人や世界を彼ら自身の欲望のイメージへと作り変えるために、彼らの実体的な創造性に存在論的な限界を課すことができる他者は存在しえないと信じている。その逆にマゾヒズムは、サディストによって自らに課されるものを、主体性が制限し妨げているということを否定することで、主体性をすべて消し去ろうとする。自己欺瞞の両形態は、有限性の身体化である生物にとって本来的な主体性の制限と自由を否定する。これから見て行くように、ゴードンは、黒人の解放闘争や国家権力の奪取後にそれが意味するであろうものの文脈の中で、サルトルの自己欺瞞という概念をかなり書き換えている。しかし、さしあたり私たちは、人種主義が黒人の人々の選択肢を深刻に制限しているために、ファノンにとっては、武装闘争のみが本物の生を求める黒人にとっての唯一の解決策であった、ということを理解しなければならない。暴力へと向かうこうした動きが、本物の生を送るために黒人男女が採り得る唯一の手段であるということは、ファノンにとって悲劇であり、このことによって、武装闘争への呼び掛けや白人の植民地主義者をやむを得ず殺害することにさえも強い共感が示されるのである。

ファノンから見て、武装闘争では人種主義の遺伝恐怖的なシステムに二つの重要な裂け目が生起する。黒人に課された特異な形態の匿名性は、全体的な脱動態化のシステムに諸個人が抵抗を始めることを可能にする集団的な自己主張の形態としては要求されることはない。希望なきディレンマと捉えられてきたもの——白人になることを選択して失敗するか、人種的に定義された黒人性という低い地位を受け容れることを選択するか——が、いまや克服されうるのである。個人は、彼/彼女自身が、どちらを選択すべきかをめぐる悪しき無限循環の中にあるのではなく、遺伝恐怖的な人種主義の閉所恐怖症の世界に彼らを閉じ込めてきた価値剥奪に銃と拳で応戦すべく彼らの力を集結し、実力を行使する同志として、他の黒人とともにいることに気付くのである。ひとつの人格に課された人種主義の全体に一個人が抵抗しうる唯一の方法は、そのときの同志である他の人々とともに自分は闘争の一部であると主張することである。ファノンは重要な考察によってこの点を明確化し、次のように論じている。

個々人のレベルでは、暴力とは浄化作用である。それは原住民を劣等コンプレックスから解放し、絶望や無気力から解放する。つまり、それは彼の恐れを除去し、その自尊心を回復させる。たとえ武装闘争が象徴的なものに過ぎず、脱植民地化への急速な動きにより国民が武装解除させられようとも、人民は解放が各人そして皆の務めであり、指導者がいかなる特別な利益も得ていないことを理解するだけの余裕を持つ。そこから、成立間もない政府が慌てて示す協定機構に関しては、そうしたタイプの攻撃的な黙殺が行われるのである。人民が暴力を通じて民族解放に参加した場合、彼らは誰かが自らを「解放者」と名乗ることを許さない。彼らは自分たちの行動の結果を失うまいと用心し、彼らの未来、彼らの運命、祖国の行く末を生ける神の手に委ねないように気を付けるのである。昨日まで、全く責任を負っていなかった彼らが、今日からはすべてを理解し、すべてを決定しようとする。暴力により啓蒙され、人民の意識はあらゆる和解に反抗する。この時から、デマゴーグ、日和見主義者、そして魔術師は、困難な職務を背負うことになる。人民を殴り合いの闘争へと投げ込んだ行動により、具体的なものを求める貪欲な趣向が大衆に与えられる。神秘化の企ては、長期にわたり、実践的に不可能となるのである。(14)

人種主義の遺伝恐怖的な側面を考えれば、白人のなかには脱植民地化の過程の一部として死なければならない者もいるであろう、という結論をファノンは取り下げない。

白人の殺害は、既に行われた人間性の剥奪を文字通りに解釈するものであり、白人がサルトルの意味でのサディストであるという幻想、すなわち、神性を偽ることで触れることのできない存在たり得ているという幻想を終わらせるものである。抑圧者の脆弱性に対してこのように銃を持って応えることは、その支配の単なる象徴的な意味での中断や、非暴力によって終わらせるやり方を許容しないマニ教論的な人種主義の悲劇的な一側面である。なぜ生きるべきかという問いに対する黒人男女の答えは、植民地的状況を終わらせるべく、他者との団結により、格下げに抗する効果的な力を主張するということである。ファノンはネグリチュード運動の大いなる敬愛者であり、あらゆる解放のための努力における心的、文化的変革の中心的意義につねにコミットし続けた。しかし、『黒い肌、白い仮面』で念押しされているように、ネグリチュード運動の象徴的な主張は、制度的抑圧という社会的な現実が残存する限り、それまでの到達点を超えることはできない。ファノンは次のように説明する。

よくある誤り、それも正当化しえない誤りとは、植民地支配の枠組みの中で原住民の文化を表す文化的な表現を見つけようとしたり、それに新たな価値を付与しようとすることである。それゆえ、私たちは一見すると矛盾しているかのような命題に到達する。その命題とは、植民地においては、最も初歩的で、野蛮で、未分化なナショナリズムが、民族文化を擁護するための最も熱烈で効果的な手段である、というものである。なぜなら、文化は第一に、民族の表現であり、その選好や禁忌や生活様式の表現である。他の禁忌、他の価値、他の生活様式が形成されるのは、社会全体のあらゆる段階においてである。民族文化はこれらすべての評価の総計である。つまり、それは、社会全体及びその社会のあらゆるレベルに影響を及ぼす内的かつ外的な緊張の帰結である。植民地状況において、文化は、民族と国家という二重の支えを奪われ、衰弱し瀕死の状態にある。それゆえ、文化の存在条件とは民族解放と国家の復興である。(15)

しかし、ふたたびゴードンに耳を傾けるならば、ファノンの場合、黒人男女が服従させられてきた遺伝恐怖的な人種主義の世界から彼/彼女らを脱出するために必要であるという武装闘争への呼びかけさえも、それは黒人の格下げに対する責任を組織的に回避してきた共同体のせいで引き起こされた凄惨な悲劇だと理解したうえでのことなのだ。こうした武装闘争は、抑圧された個人が初めて植民者のサディスト的幻想に対する客観的な限界になるという点で、進歩的であるとともに退行的であり、その意味で真に悲劇的である。

植民地的状況下で黒人の生活の大部分を占め続けた屠殺場から脱出しようとすれば、人は殺さねばならない。かつて地に呪われた者の武器によって、いわゆる神々が破壊される状況は、真に正義を回復しようとする時にしか自己を正当化することはできないということを十分に承知したうえで。言い換えれば、白人の脆弱性を文字通りに解釈しなければならないからのみならず、より重要なことに、そうすることによって正義が回復され得るという理由から、強い主人公は撃たれなければならない。さもなければ、正義を熱望することなく脆弱性が文字通りに解釈されるとき、それはそのまま復讐へといたる。ファノンが最も戦闘的に武装闘争を要求するときでさえ、そのなかにヒューマニズムが確かめられるのは、彼の正義への衝動ゆえなのである。ファノンはそれ以外のやり方を見出せなかった。ゴードンが述べている通り、武装闘争なしのラディカルな変革にいまだにしがみついている人々ですら、ある根源的な真理に直面しなければならない。すなわち、

非暴力による変革は結局何にもならない。暴力は銃弾、ナイフ、石よりも広い概念である。根本的に暴力は、快くは引き渡されなかったもの、あるいは引き渡されないであろうものを獲得するひとつの形態なのである。その物事について正義や不正義に既にどのような了解が成立しているかに関係なく、その物事において権力がどこに位置するかにも関係なく、誰かが現在持っているものや保持し続けたいと思っているものを失う以上、暴力は存在するのである。(16)

ファノンはこのような仕方で彼の古典的な研究『黒い肌、白い仮面』を結んでいる。一見したところ唯一の解決策は武装闘争であるとの結論へと向かっているが、そこには、私たちはまだ世界を再構築し、ともに自由に生きることができると暗示する、他のあらゆる人々と自分自身への強い祈りが込められている。すなわち、

私は、これとかそれとかである義務を持たない。

白人が私の人間性を否定するなら、私は、私の人間としての重みのすべてを彼の生に圧し掛からせる。そして私は、彼が頑なに信じ続けている「美味しい食べものあるよ」ではないということを示すつもりである。

私は突然、世界に自己を発見する。そして、自分がたった一つの権利を持っていることを認める。それは、他者からの人間的な行為を要求する権利である。

たった一つの義務。私の選択による私の自由を否認されない義務。

私は黒い世界の詐欺の犠牲者にはなりたくない。

私の生は、ニグロの価値のバランスシート作成に費やされるべきではない。

白い世界はない。白い倫理はない。ましてや白い知性はない。

世界の至る所に、探し求めている人々がいる。

私は歴史の囚人ではない。私はそこに自らの運命の意味を探るべきではない。

私は、実存の中に発明を導入することに本当の飛躍があるということを絶えず想起すべきなのである。

私は、自らが歩み続ける世界の中で、倦むことなく自己を創造している。(17)


ファノンにおいて黒人の闘争は、定義上、白人による人間性の承認を求める黒人男女による闘争ではありえない。現象学的な対称性は、人種主義システムにおける黒人と白人という呼称そのものによって否定される。このような対称性がふたたび主張されるために必要なのは、白人が彼ら自身の自己欺瞞の深さと自らの人間性の喪失と十分に折り合いを付けなければならないということである。

精神的、文化的変革としての武装闘争

私たちにしばしば聞こえてくる承認への叫びには、なぜそのような表現が呼称となったのかをわざわざ問題にしないまま、ある意味同じ事態が継続する状態で、黒人を人間に含めることができるかのようなトーンのものがある。武装闘争に関するファノンの議論は、現象学的な対称性と自由の約束はともに引き受けられ、生きられなければならないというものであり、それは他の誰かから簡単に与えられるものでは決してない。もし私たちがあえてこの世界を再構造化しないのであれば、人種主義の永続化に対する間主観的な責任の否定という、ゴードンが自己欺瞞と呼んだものが継続するのみであろう。しかし今のところ、地に呪われた者のための出口が存在しているとすれば、それを超える武装闘争はあらゆるレベルでの政治的・社会的変革を要求するものであるということを、少なくとも覚えておかなければならない。なぜなら、ファノンが述べているように、倫理は私たちの主体性に対する限界としての大文字の他者とともに始まるが、まさにこの主体性こそ人種主義によって有色人種には認められていないものなのである。ファノンが挑んだのは、植民地主義の状況において倫理的関係が存在しえないという状況である。

武装闘争は、ファノンにとって、黒人が自らの自由を手にするための唯一可能な方法であり、その自由がなければ植民地主義のトラウマを克服できないということを覚えておくことが重要である。武装闘争に対してヒューマニストが抱くインスピレーションは、まさにその変革の可能性である。『黒い肌、白い仮面』では、人はいかにして人間や黒人になり得るのか、という問題が述べられている。その究極の答えは、黒人個人に植民地主義の原初的トラウマを

再び刻み込むことのないような、植民地主義的状況に対する個人的解決法は存在しない、というものである。その闘争の中心にあるのは、白人の脆弱性という明白な事実を暴露することによって彼／彼女らの価値を低下させることではなく、その代わりに、闘争に参加する人々全員について、その闘争そのものが変革を引き起こすということである。世界のなかで被植民者が何者であり得るのかについての白人の幻想の押し付けに対する認知的な限界として、被植民者が意義のある自己主張を行う手段を見出すことができるとすれば、それは他者と団結し、ともにあり、そして集団としてトラウマに向き合うことによってのみである。最終的には、精神的な変革がこの闘争を価値あるものにするのである。

それゆえ、ファノンにとって、武装闘争はいつでもヒューマニスト的な正当化を備えており、抑圧者をも正義へと導くものである。その正義とは、彼らが十分に人間的であるならば求めるはずのものである。被抑圧者にとっては、それによって、シルビア・ウィンターが言うところの、新たな記号論的生命発生（semioticbiogenisis）を形成するための努力を始めることが許されるのである。[18] 記号論的生命発生という言葉によってウィンターが意味するものは何か？　ウィンターは、私たちがこの世界を理解する際に行う象徴的な次元での素材の再加工と、それとともに私たちが人種主義を真に乗り越えるための新たな身体の諸形態とを示しているのである。ウィンターにおいて、発展のための闘争とは常に目的論的である。なぜなら、人間的であるための別の方法が現実に生じ得るのであれば、私たちは人種主義と植民地主義を乗り越えなければならないという倫理的な命令が、その核の部分にあるからである。それゆえ、発展の名の下に象徴的な闘争が行われ、そして実際、私たちは人種主義の刻印による傷跡を持たない人間であるという新たな社会的発生の約束に従って行動しているのである。精神だけでなく、身体もまた変わらなければならないのであろう。ファノンは、武装闘争において、そしてそこでのみ、記号論的生命発生の始まりのようなものが現実に始まり得るという考えに深く共感していた。

よく知られているように、ファノンはヴェールという象徴について書いている。もちろん、ヴェールは長いあいだ、イスラム教原理主義と関連付けられてきた。ここでは、イスラム教の伝統を信奉する人々にとってさえ、多くの種類のヴェールが存在しているということを記す必要がある。ヴェールを被るというこうした習慣のなかには、女性の全身がヴェールで覆われることを要求しないものもある。しかし、ファノンが主張するポイントは異なる。ファノンの分析によれば、ヴェールとは、イスラム教においてイスラム女性たちの外部に位置する何ものかによって彼女たちに課されたのである。しかし武装闘争の過程で、イスラム女性は革命の要求にもとづいてヴェールをしたり、それを外したりし始めた。あるイスラム女性はフランス領に入国するために、ヴェールを外し、西欧風の洋服を着た。そうしなければ入国が許可されないからである。あるイスラム女性はその逆に、気付かれず、脅されないように、ヴェールを付けるかもしれない。そのヴェールで覆い隠されるのは爆弾に他ならないわけだが。闘争に必要なものとして彼女が外したり、被ったりするヴェールと折り合いをつけるための彼女自身の闘争の過程で、彼女は自らの選択についての感覚や自己主張を行うための能力を身に付け始める。これまで見てきたように、実存についての黒人の哲学者は選択すること（choice）と選択肢（option）を区別している。そこには、私たちは常に選択の過程にあって、自ら選択したものに責任を負っているという意味がある。しかし、私たちの誰もが同じ選択肢の幅を持っているという意味で平等に選択できているわけではない、ということを明確にするために、実存についての黒人の哲学者、とりわけルイス・ゴードンは、闘争はそれ自体、かつて選択できなかったものへの選択肢を切り開くものであり、そうやって切り開かれた領域で、いかに私たちが行っている見せかけの選択が以前は他の選択肢を持たなかったことの結果であったかを振り返る力が生み出されると主張するのである。

ヴェールは押し付けられるものではあったが、イスラム教を信じることによって女性はヴェールの着用を選択することができた。しかし「ヴェールを着用しないという選択肢は存在しない」のであるから、そこに意味のある選択は存在しない。ひとたび闘争が始まれば、ヴェールをするかしないかという選択肢が女性にとって利用可能になる。そして、少なくともファノンの分析によれば、こうした女性たちは、自らの自己主張のためのより幅の広い選択肢の枠組みの中で選択をすることができるのである。これにより、彼女たちは選択を異なる仕方で経験することができるようになる。ひとたびヴェールが選択の領域へと意識的に持ち込まれれば、もはやそれは女性に押し付けられた定義の象徴ではなくなる。それは、今やそのいわゆる伝統的な文脈から解放された象徴となるのである。そして、私たちは皆、ヴェールはいつでもアラブ世界における政治的闘争の一部であるということを強く想起させられるのである。なぜなら、ヴェールを着けるという選択の一部は、宗教的な敬虔さだけではなく、植民者からじろじろと見られるのを避けるための手段にも関わっているからである。もちろん、私たちがセクシーとされる装いで自慢げに歩き周り、絶え間なく、自らを完璧な女性的な望ましさのイメージへと作り上げようとする一方で、そこに含まれる多くの複雑な問題を心に留めることなく、こうしたヴェールの着用を批判するのは西洋のフェミニストの浅はかさである。文化産業の精神的な力と、高齢者の受け容れがたい容姿を食い止めるためのいわゆる整形手術——今日ではしばしば、若い少女たちのための予防策として売り込まれている——の必要性を私たちに想起させるようなその狡猾な手法の下に、いかに深刻な選択が存在しているか、ということからもわかるであろう。これらは本当に選択なのであろうか？　深い意味で、それらは実存についての黒人の哲学者たちによって与えられた意味において選択である。しかし、象徴的に押し付けられた女性の理想像についての定義——これまでよりも若い、想像された女性の身体という要求に従って、女性たちが必死に生きようとすることで、毎年数十億ドルを儲けている先進資本主義の命令の作用を、それに付け加えてもよいであろう――によって制限された別の意味の文脈であったとしても、それらは選択である。[19]

フェミニズムは常に、女性が選択したものを反省し、彼女たちの選択肢を制限してきた意味と物質的な現実性の領域に折り合いを付けることができるように選択肢を拡大し、そうして、彼女たち自身の自らに関するイメージを生起させる可能性の領域を拡大するものである。ファノンのポイントに立ち返れば、身体そのものと身体的な経験の再生が、より広い選択肢の領域開拓に参加しようとする女性の努力の一端となるのである。ファノンは、いかにヴェールが女性たちをヨーロッパの植民者の視線から保護してくれるかということとともに、それが押し付けられた場合には、彼女が自らの身体的な統合性の源泉であるという彼女自身の感覚を制限することになってしまうということについての複雑な弁証法を提供する。

ヴェールを脱いだアルジェリア女性の両肩は安心と自由で貫かれる。彼女は、優雅でゆっくりとした歩幅で、速すぎることもなければ遅すぎることもなく歩く。彼女の脚は露出しており、ヴェールによって拘束されておらず、自らを取り戻し、そして彼女の尻は自由である。

伝統的な社会では、若いアルジェリア女性の身体はその成熟とヴェールによって彼女に示される。ヴェールは、身体が最高潮に興奮する段階を経験する時に、それを覆い、それを規律し、それを調整する。ヴェールは保護し、安心をもたらし、孤立させるのである。人は、最近ヴェールを脱いだ女性が女性の身体に対するヴェールの重要性を高く評価するというアルジェリア女性の告白を聞いたことがあるに違いない。あるいは、そうした内容の夢を分析したことがあるに違いない。彼女は、ヴェールがないと、自らの身体が細かく切り刻まれ、彷徨ってしまうような気持ちになり、手足が無限定に伸びてしまうかのように感じるのである。アルジェリア女性が通りを渡らなければならないとき、彼女は長いこと、通り抜ける正確な距離についての判断を誤り続ける。ヴェールを脱いだ身体は逃れ、消え去るかのように見える。彼女はきちんと衣服を着ていないという感覚、裸でいるような感覚さえ抱く。彼女は極めて強い不完全さの感覚を経験するのである。彼女は、何かが完結していないという不安感を抱き、そしてこれに加えて、崩壊してしまうという恐ろしい感覚を抱くのである。ヴェールの不在はアルジェリア女性の身体的パターンを歪めてしまう。彼女はすぐに自らの身体の新たな次元、新たな肉体的コントロールの手法を創り上げなければならない。彼女は自らのために、ヴェールを脱いだ女性の外面という態度を創り出さなければならない。彼女は、あらゆる臆病、あらゆる気詰まりを克服しなければならない（なぜなら、彼女はヨーロッパ人としても通用しなければならないのであるから）。そして同時に、それをやり過ぎたり、彼女自身に注目を集めないように注意しなければならない。丸裸でヨーロッパの街へと歩み入るアルジェリア女性は、自らの身体について再度学び、それを全身の革命的なファッションで再確立するのである。この身体と世界についての新たな弁証法は、ある革命的な女性の事例に最初に現れる[20]。

ここから、ゴードンの言葉を使えば、いかにアルジェリア女性がマゾヒスティックな位置にある自己欺瞞から自らを解放するために闘争しているかについての、ファノンの分析が見て取れる。ファノンが『ヴェールを脱いだアルジェリア』の冒頭で論じているように、実際、植民者は入植者の頭と心を勝ち取るための闘争を、女性がヴェールを脱ぐよう主張することで、アルジェリア女性を味方に引き入れる闘争にしている。このように想像された救済を通じて女性たちを救い、植民地主義を正当化するという企ては、明らかに、女性たちのあいだに、帝国主義への抵抗はヴェールとともに始まるという強い信念をより強固なものにした。ファノンは、救済とヴェールとの間のこの力学のなかにある暴力を悲劇的に描いている。

成功を重ねるごとに、当局はアルジェリア女性が自国社会への西洋の侵入を支持するという確信を強めていった。捨てられたあらゆるヴェールが植民地主義者の目に、それまで禁止されていた地平を露わにし、アルジェリアの肉体が一枚一枚はぎ取られて裸にされていく様を見せたのである。占領者の攻撃性、そして、それに伴って彼の期待が、毎回十倍に増幅され、新たな顔が明らかにされた。ヴェールを脱いだ新しいアルジェリア女性の全員が、その防衛システムが混乱の最中にあるアルジェリア社会が開放され、突破されつつあることを占領者に告げたのである。垂れ下ったすべてのヴェール、ハイクへの伝統的な信奉から解放されるようになったすべての身体、占領者のずうずうしくて気短な一瞥に捧げられたすべての顔、これらはアルジェリアが自らを否定し始め、植民者による強姦を受け容れているという事実のネガティヴな表現である。ヴェールをすべて廃棄したアルジェリア社会は、主人の学校に通うという意思を表明し、占領者の指示と保護の下にその慣習を変えることを決断したかのようであった。(21)

ここでファノンが強調するのは、ヴェールが女性の革命的な自己主張の一部になると、それが再象徴化され、そしてまた、彼女が革命とそこでの自らの役割に応じて、ヴェールを着けるか脱ぐかという自身の選択を主張すると、ヴェールは彼女の生きられた身体に深淵な差異をもたらす、という記号論的生命発生である。

実存についての黒人の哲学者たちがサルトルと共有していたのは、私たちが三つの視点から始めるということであったことを思い出そう。すなわち、身体化という視点、他者によって見られているという視点、そして他者によって見られているものとして自らを見るという視点である。ファノンにとって、自らヴェールを脱いだり、自身の革命への努力に必要と考えてヴェールを着けたりする革命的な女性たちは、自らの身体で異なる生き方をしているとき、三つの視点すべてを作り変えているのである。この分析には、フェミニストにとって重要な留意点が存在している。それは、私たちの文脈がアルジェリアの武装闘争といかに異なるように見えたとしても、私たちは他者による所与の社会性の中に埋め込まれていることがそこに含意されているがゆえに、彼女たちが単独でこれらの根源的な視点を作り変えることはできないということである。女性たちがさまざまな自己主張を行うときに、彼女たちが自らの身体の再活性化を集団的に始めることができるのは、武装闘争での抵抗を通じて、当然のことと捉えられてきたシンボル形式と社会的リアリティを断ち切ることによってのみである。そのとき、ヨーロッパの白人フェミニストに対して一つの問いが残ることになる。すなわち、私たちが自ら解放を試みているとき、私たちは何をしているのであろうか？格下げされた他者として、その肉体に象徴的に押し付けられた刻印により抑圧され、トラウマを刻み込まれた人々に対するファノンの答えはつねに、集団的に行われる解放運動である。

ゴードンによる現象学の再編

さらに、このような集団的行為を通じた解放への断固たるコミットメントは、実存についての黒人の哲学者たちによってなされた貢献であり、サルトルの実存主義を乗り超えるものである。彼が提供するのは現象学的実存主義、あるいは、「自らの存在の仕方を問うことのできる存在者の現象を研究することの含意と可能性(22)」の探究であるとゴードンは論じた。サルトルにおいては、彼もまた現象学的実存主義者として自らを描き出しているが、現象学は世界について省察している「私」についての省察を常に要求するがゆえに、そこには深い問題が存在している。フッサールを始祖とする現象学では、私たちは、対象をそれらが私たちに与えられるがままに捉えるという、いわゆる自然的態度で、現象学的省察を始める。しかし、いかなる対象も、私たちがそれに関心を払うようにしか私たちの前には現れない。対象そのものへと至るためには、私たちが自らの関心を括弧に入れて、事象を異なる視点から、すなわち括弧に入れるだけでなく、自由な変異を想像する行為を含む視点から見ようとしなければならないのである。

私たちは、このような自由な変異を日常的な手法で遂行することができる。私は自分の自動車に関心をもっているが、ほとんどそれに気付かない。仕事に向かうために自動車に乗り込んで、無意識にいつもの運転動作で出かけるが、それは私の日常的な経験の一部である。しかし、私は自らの関心を括弧に入れ、百年前には想像できないような手段で人類が世界中を移動することを可能にした、この自動車と呼ばれる対象を見始めることができる。私は自動車の存在しない世界を想像し始めるが、今日、自動車が存在することは知っている。私は、自動車の部品やモーターの動き方、そして、鍵を回すだけで私たちがどのようにしてこの信じられないほどの力に点火することができるのか、ということを想像する。自由な変異がしばしば驚異と結び付くことは驚くべきことではない。なぜなら、私たちの関心を括弧に入れ、対象を異なる視点から、それどころか、その対象が存在しない世界という視点から想像するとき、私たちはその対象をより豊かで繊細な光の下に見始めているのである。しかし、それはつねに私がその対象に照射する光であり、これがフッサールにとっては根源的な点なのである。私たちが真に対象そのものへと到達することは決してない。なぜなら、私たちの自然的態度が有する関心を括弧に入れ、自由な変異に携わるときにも、私たちはそこに不可避的に存在する何ものかと遭遇するからである。その何ものかとは、方向づけられた意識、あるいは志向的意識としての「私」である。この「私」は実際、超越論的であるが、それはカントの意味でではない。とはいえ、カントとフッサールとの関係性については多くの研究がなされる必要がある。すべての対象が意識に照らして私たちの前に現れると私たちが認識するとき、それは、私たちの世界の構成を映し出しているという点で超越論的なのである。

観念はフッサールにとって主観的である。それは、意識はつねに「他の何か」を意識していることからして、観念は超越性への共有された能力を前提に成立している、という意味においてである。括弧に入れられた意識は、まさにそれ自身が括弧入れと自由な変異の過程についての認知を通じて対象を省察していることを知っているがゆえに、括弧に入れられているのである。しかし、意識がそれ自身に回帰したり、それ自身を意識として自覚するようになるとき、フッサールにとって、意識はつねに超越的である。そして彼は、括弧入れと自由な変異とにおいて私たちが出会う「私」は、志向性としての「私」であるということを示唆する。この「私」は、常に自己自身の向こう側を示す。なぜなら、それは、何かについての意識としてしか自らを知ることができないからである。非常に深遠な意味で、カントとフッサールは、まったく異なる仕方でこの問題を発見したにもかかわらず、両者とも、客観的妥当性は理念（idea）の普遍的かつ必然的な諸条件に依拠するという考えにいたる。このような諸条件は、自らの世界を理解する有限な人間である私たちにとって、普遍的である。もう一度繰り返すと、カントとフッサールがこの考えに到達した仕方は異なるが、ここでは、しばしば認識されてきた以上に多くのものが共有されており、各々の思想家の複雑な類似点と差異を通して考えることで、さらなる研究がなされるべきであることは疑いない。フッサールの優れた学生であったハイデガーがカントを支持するにいたるのは、確かに、偶然の一致ではない。

しかし、私たちの目的からは、現象学的実存主義を示すという約束にサルトルが忠実ではなかったということを正しくも指摘することによって、ゴードンがフッサールの現象学をいかに再編しようとしているのかという点に関心がある。ある意味で、サルトルは、フッサールの現象学の核心部分に存在しているように見えた超越論的な諸前提を否定しようとしている。私たちが他の人々と対峙するときにサルトルに見出すものは、私たちに対するそうした人々の意識の直接的な効果である。そして、この効果は無化の行為である。なぜなら、これら他の人々は驚異であり、私たちが自己自身の自由を所有するつもりであれば、究極的には、他の人々を含むすべての対象が、このような無化に屈しなければならないことを両者の意識が自覚しているからである。そこには、私たちの意識以外に何もないということではなく、私たちが自らの自由について認識しているのであれば、他者とは何かについての私たちの意識は他の意識と遭遇することしかできないのである。しかしサルトルにとって、このような任務は私たちの人間的な想像力と切り離し得ないものである。それは文字通り、世界を「なんでもないもの＝無 nothing」にすることもできるのである。私たちが目にするものはフッサールの自然的態度の事象に過ぎないのであるから、私たちなしでは何もないということは、究極的にはサルトルの『嘔吐』である。

サルトルの最終的な身振りは、容赦なき否定のプロセスを通じて、反省的な意識に、この自然的態度あるいは対象に対する前反省的な意識について反省させるというものである。サディストは究極的に神になろうとする。物としての他の人々を含む、あらゆる前反省的な物が、最終的に、物にその意味を押し付けるそれら自身の意識に対してのみ与えられるようにすることによって、神になるのである。マゾヒストは、ある意味、一人の人間を他者にとっての物でしかないものにしてしまう、という事実性に服従する。逆説的にもそれは、意識を通じ、意識としての孤立を求めるのである。両視点とも意識それ自体に内在する超越性としての自由を否定するがゆえに、自己欺瞞が両方の原型においてに例証される。サディストの場合、彼自身の意識を記し付ける無化と同じ闘争に、他者たちが含まれることを否定する。マゾヒストの場合、彼女の意識が否定され、その意識が、もっぱらサディストの幻想のなかで認識の限界として現前している存在者としても彼女を記し付けるのである。真剣なサディストは他の視点が存在するということを否定したいと思い、マゾヒストは彼女が視点を有しているということを否定したいと思うのである。ゴードンはサルトルから、見事な手を使って、サディズムとマゾヒズムについての彼の分析を心理学化してしまう危険性を取り除いたのである。

ゴードンにとって、サディズムとマゾヒズムについてのサルトルの分析のなかで前提とされているものは、これらふたつの自己欺瞞の形態が作動する間主観性の彼岸である。それゆえサルトルは、ある意味、超越的な間主観性の存在を否定する。すなわち、それは前提とされていた彼岸であり、サディズムやマゾヒズムを自己欺瞞のモードとして理解することを可能にするが、究極的には、社会性という真理を否定するのである。これはサルトルへの驚くべき付記である。なぜなら、深い意味で、サルトルにはサディズムやマゾヒズムからの出口が存在せず、私たちは無化という悪しき無限に囚われたままとなるからである。私たちが参加したり、常に私たちを超えるものとして、私たちの社会性を認識するということは、共通の人間世界の認識へと向かうための一歩である。このような共通性の承認は、身体化された存在としての私たちがいつも異なる視点からたがいに語り合うということを認めることからしか育たない。ゴードンを引用すると、

社会性が矛盾なしに否定され得ないということは、私たちが自己欺瞞についての分析から受け取ったメッセージである。社会性は人間関係——実際それは、人間の歴史性がそれを通して姿を見せる関係性である——の中心に位置しているため、私たちは自己欺瞞のもうひとつの定義を付け加えたほうがよい。自己欺瞞は社会性の否定である。自己欺瞞はまた自己への偽りであるから、社会性について偽ることは自己を偽ることでもある。いかなる

タイプの自己が社会的リアリティと一体化し得るものなのであろうか？　それはとどのつまり、私たちが人間的なリアリティとして知るものなのである。私たちは、社会性を否定する時に、自分たちの人間性も否定してしまうのである。(23)

ゴードンの研究の深い一側面は、私たちが、現在の私たちを生み出すとともに、常に私たちを超える社会性の領野で生活しなければならないという真実に実際に直面する時に生起する、謙遜を思い出させてくれるという点である。この謙遜は倫理的な態度であり、当然ながら、サディストが自らそう思い込んでいる神の座から降り、幻想や存在的創造性についての偽りの主張を押し付けるのを止めて、その代わりに、他の人々と折り合い、彼ら自身の視点と調和しながら世界を変革し得る別の人間となるように求める。

ゴードンは、アルジェリア女性によるアクチュアルな闘争についてのファノンの楽観主義がなぜ彼がそうなるかもしれないと考えていたもの――すなわち、解放されたアルジェリアにおける解放された女性たち――に屈しなかったのか、ということを考える際の助けとなる深遠な政治的視点を提示している。ゴードンにとって、国家権力の単純な掌握では、それ自体で自動的に、私たちの人種主義社会で顕わになる自己欺瞞に内在する人間性の侵害を克服することはできないのである。代わりに、私たちは、自らを超える社会性によって自身の行為が可能となる仕方とつねに向き合わなければならない。そして、この闘争は植民地主義の歴史的状況を超えるものである。ゴードンが私たちに告げているのは、人種主義というものが、国家権力が掌握され、植民地主義者が文字通り打倒された後でもなお長く留まり続ける実存的搾取の一形態であるということである。人種主義を表面上制度的に支えているものが何とか弱まっても、人種主義が猛毒を持ち続けている時代にゴードンは書いている、ということを記しておくことがここでは重要である。もちろん、ゴードンは、植民地主義が経済的搾取の最悪の形態であるという点でファノンに同意している。しかしゴードンはまた、反黒人の人種主義についての彼の存在－解釈学において、人種主義の諸形態があらゆる社会的な裂け目に深く埋め込まれており、それらが存在論的な真理として現われているということを、私たちに思い出させる。こうした確固たる現前性の外観は、抑圧者にとても深い安心感を与え、抑圧に抗して闘争する人々には非常に深い抑圧の内面化を行う。そのため私たちは、権力の掌握後も反黒人の人種主義によるトラウマが長く続くと予想できるし、またそうしなければならないのである。

進行中の垂直的ドラマ

パジェット・ヘンリーによるゴードンの分析を用いると、この実存的搾取についての分析には、植民地主義の遺伝恐怖的（phobogentic）な力によって制限されてきたイマーゴは、無思慮な自己欺瞞を批判的な誠実さへと転換するための絶えざる闘争を通じて、自己の修復を開始し得るのみであるとの認識がある。ゴードンは、ウィルソン・ハリスのような他の黒人の実存哲学者と同様、これによって単純な歴史化に抵抗するとともに、国家権力の掌握がファノンの革命において夢見られた新しい人間を産み出すわけではないことの理解を助ける意識の詩学が存在すると主張する。ハリスは、アイデンティティを再定義するとともに再イメージ化するための新たな記号作用を切り拓くべく、詩学の力を用いることを求める「垂直的ドラマ」が存在すると示唆する。(24) この垂直的ドラマは、国家権力の掌握後も継続するとともに、遺伝恐怖的な宇宙に捕らえられた人間がいかにして自分自身の自己感覚を取り戻す闘争を開始するための創造的源泉を見出すことができるか、ということを理解する助けとなり得る。

ハリス、ゴードン、ヘンリー、ウィンターにおいては、歴史の中で構築されているようにしか私たちは存在し得ないという古典的な歴史主義の主張に抵抗する象徴的な諸力には、創造性がある。こうした分析の重要性は、世界が人種主義の下で作動し続けているにもかかわらず、科学的概念ではないとの理由で人種のような概念を排除する弊害をもたらしてきた社会構築に依拠する人種理論に抗して、いかに象徴的な領域が私たちを構成し、私たちに自由を付与するかという点にある。ファノンが主張しようとしたことの全体的なポイントは、人種主義が存在する限り、私たちは新たな人間性を創造し得ないということであるがゆえに、ゴードンの議論には政治的かつ倫理的に重要な含意がある。アンソニー・アッピアのような有名な思想家たちは、人種は科学的に論証できるものではないから、それは架空のものであり、さらに、倫理的にいえば、彼らを存在しない肌の色の真理という罠にかけることで、彼や彼女が誰なのかを前もって人に告げるがゆえに、それは自由なアイデンティティ形成への侵害の問題であると論じた[25]。アッピアの言説全体が人種は何ら科学的な妥当性を有していないという前提に依拠しており、それゆえ、人種のリアリティを科学的な真理か架空の神話かという単純な二項対立の仮定に還元してしまうと、ゴードンは賢明にも述べている。しかしすでにカッシーラーに即してみたように、科学それ自体がシンボル形式であり、科学的な対象もそれ自体が隠喩的な構築物である。つまり、アッピアは、カント以前の議論に依拠して、この過度に単純化した還元を行っているのである。

思い出されなければならないのは、自己欺瞞の一形態として人を印付け、アイデンティティ形成＝同一化（identification）という自由な演劇を大げさに演じるものとして人種を否定することにより、ある立場の現象学的リアリティが最終的に損なわれるということである。『女たちの絆』のなかで私は、立場、アイデンティティ、そしてアイデンティティ形成を区別することで、私たちは何ものなのか、私たちはいかに世界に位置づけられているのかについてのリアリティが存在すること、簡単には立ち去らせることができないアイデンティティや立場が存在することを強調している[26]。人種主義的で家父長制的な世界において、私は白人の女性である。明らかにマルクス主義に共鳴する言い方をすれば、立場（position）は、私たちが先進資本主義と人種主義の社会の至る所で実際にヒエラルキーの中に位置付けられている（positioned）ことを示唆する。しかし、私たちはまたアイデンティティを有しており、これらのアイデンティティは、必ずしも物質的な立場に還元することはできないものの、単純に私たちの選択によるものではない。ウィリアム・コノリーは、アイデンティティについてより適切な定義を示している。

私のアイデンティティとは、私が選ぶもの、欲するもの、同意するものというよりむしろ、私が何者であるか、私がいかに承認されているかということである。それは、選択する、欲する、同意するといった行為を生じさせる濃密な自己である。その濃密さがなければ、これらの行為は生じ得ない。それがあるから、これらの行為が私のものとして承認されるのである。同様に、「私たち」のアイデンティティも、私たちとは何者か、そして私たちがそこから行為する基盤を意味するのである。

アイデンティティは社会的に承認されてきた一連の差異との関係で確立される。これらの差異はその存在にとって本質的である。もし差異が差異として同時に存在しなければ、アイデンティティは明確で確固たるものとして存在しないであろう[27]。

アイデンティティ形成の自由な演劇は、ハリスが垂直的ドラマと呼ぶものと明らかに関連している。それは、私たちのアイデンティティが持つリアリティを想像し、変化させる象徴的な企てであり、一見すると逃れることができない決定の濃密さへと陥るかのごとく私たちを罠にかけるヒエラルキーによっていまだ傷付けられていない世界に、私たちが現われるためのありうべき別の方法を措定することによって試みられるのである。ゴードンとハリスは国家権力の掌握後も継続されなければならない垂直的ドラマを強調するが、これは経済的搾取という継続する現実を否定するものではないが、究極的には、私たちに自由についての深遠な道徳的イメージを提供する。ゴードンを引用すれば、

呪術的な力を復活させ、私たちの人間性についてのヒューマニズム的な探究において、それを拡大させる必要がある。数々の思想家が、新しい概念を創造し、新しい人間性を企図し、意義を求める人間的な闘争に関わるよう、私たちに求めてきた。その闘争は退屈な世界という悪夢へと堕する必然性はない。(28)

それでは、学術の専門家である私たちは、実存についての黒人の哲学者たちの挑戦に応えるために、何ができるのであろうか?

クレオール化の意義

ヘンリーは私たちをクレオール化の明示的な過程へと呼び寄せる。彼はそれを「ひとつの文化のなかで、あるいは文化を横断する形で、議論や語彙、音韻、言説の文法の間で生起し得る、記号−意味論的なハイブリッド化の過程(29)」と定義している。もちろん、クレオール化は、その消極的な意味からより積極的なものへという言葉の転換を含んで

いる。[30] しかしそれはまた、欧米の白人研究者に対して自己欺瞞からより批判的な誠実さへ退却するよう求める声でもある。再び、ゴードンを引用すると、

その不完全性がその細穴から出血する間に、こうしてそれは姿を現す。しかし、有色人種、特に黒人はこの神義論を、誠実に＝良き信念において（in good faith）生きようと企図することによって、絶えずこの自己欺瞞の諸矛盾を生きてきた。こうした形態の信念が、「批判的」にならずに、誠実であることを求めるゆえに、この生きられた矛盾が黒人に現れるのである。批判的な意識は、体系的な批判を提起することで体系内の一貫性に抵抗する。[31]

もちろん、私たちは、自らが誠実に行動しているかどうかまったく分からないし、知ることができない。しかしそれでも、私たちが実際に西欧の存在論化における誤った実証性に抗する別の視点を有意に許容すべく、このクレオール化の過程を取り上げるのは私たちの責任である。確かに、ヨーロッパ中心主義の支配に反対する闘争において抵抗されているのは、西欧的な観念や文化ではない。そうではなく、それは、観念化されたヨーロッパを唯一の文化的なリアリティへと転換する企てに対する抵抗なのである。

深い意味で、クレオール化はハイブリッド性についてのおなじみの考え方を再編するのである。私たちのさまざまな生の社会的、政治的、文化的な次元は、帝国主義の時代に植民的なものと土着の諸要素から作り上げられたハイブリッドな現れであると論ずるのは決まり文句となっている。ヘンリーはしばしば、ヨルバ人の宗教を適切な例として用いる。この宗教は奴隷貿易と共に「新世界」にもたらされ、実際、キリスト教化された。イェマヤとオシュンのよ

うなオリシャの偉大な人々は、キリスト教の聖人として再形象化されたが、類似の仕方で、キリスト教もまたヨルバ人の宗教の神と女神を通じて再形象化されたのである。両宗教はともに変化したのであり、これによって、クレオール化の重要な側面が土着の価値や観念の再評価と肯定であることが明らかにされた。

クレオール化の要請は、私たちのディシプリン（専門分野）の基礎を再考するという倫理的、そしてまた具体的な要求である。それは、ゴードンがディシプリン的退廃として特徴付けてきた問題である。

ディシプリンの登場はしばしば、生ける人間主体におけるそれらの活動力と、知識産出の実践の維持と変革の両面でそれが担っている決定的な役割の忘却に繋がった。その結果は特殊な類の退廃である。そのひとつはディシプリン的退廃である。ディシプリン的退廃とはディシプリンの存在論化、あるいは物化である。このような態度において、私たちは自らのディシプリンを、あたかも誕生せず、常に存在し、決して変化することがなく、場合によっては、死ぬこともないものであるかのように論じるのである。それは不死を超え、永遠なのである。しかし、そうした態度においては、生れたものとしてのそれは、奇怪なもの、人間の手によって作り出された、死ぬことなきもののひとつの例として生きるのである。このような視点は、特殊な誤謬を伴う。[32]

私たちのうち、アカデミックな世界において自らの研究や政治にヒューマニスト的な影響力を持たせ続けることによってなおもそこに踏み留まろうとする者たちは、クレオール化への要求に共鳴すべきである。このように、いかなるクレオール化のプロジェクトの中心にも、研究者に対する要請があることがジェーン・ゴードンによって簡潔に描き出されている。

クレオール化は、非常に大きく、あまりコントロールされていない諸過程を描き出す。そして、それにもかかわらず、私たちが他の統制的な規範や願望――多様性を讃えたり、純粋な形式主義を追求しようとする願望――によって導かれるように、真のポストコロニアルな思考が、諸文化の布置状況を考えるだけではなく、深く根付いた不平等の政治的性質をいかに強調し、いかに下から思考するのかを理解することで、私たちは勇気づけられ、導かれるのである。(33)

こうして、私たちは西欧哲学の最善の諸理念にコミットすることができると同時に、ヨーロッパ中心主義に抗する闘争にもコミットすることができるのである。さらに重要なのは、もし私たちが実存についての黒人の哲学者に関心を持つのであれば、その場合、私たちは真理の名において、そして倫理の幕開けの名においてそうしなければならないということである。ここで賭けられているのは、私たちの人間性の未来に他ならない。人種主義はつねに、そうした共有された人間性の否定であり、私たちの避けることのできない社会性の否定である。私たち各々は、自分自身の自己欺瞞と闘うための、そして、それとともに、アマルティア・センが私たちの人間精神のミニチュア化と呼んだものと闘うためのこうした努力をいかにして引き受けるのかということに責任を負っている。(34)なぜなら私たちは、白人として、自らの謙遜と脆弱性とを拒絶することで前提とされている、否定という表面的な実存を生きるべく運命付けられているわけではないからである。もし私たちが、より正しい世界のようなものを真剣に提示し始めようとするつもりならば、私たちはなぜ、そして、いかにして、日常生活のあらゆる側面で自らの人間性を再形象化しなければならないのかということについての私なりの理解ゆえに、私は反人種主義者であるとともに社会主義者である。人種主義と植民地化のない、より良い世界を求める闘争によって、白人中産階級の研究者は何を手に入れなければならないのだろうか？　彼／彼女らが手にしなければならないのは、自らの人間性に恥じない生き方をする機会であり、それは次章でベンヤミンが私たちに想起させるように、簡単には清算し得ない負債なのである。

注

（1）Lewis Gorden, *Existence in Black: An Anthology of Black Exitetial Philosophy*（New York: Routledge, 1997）, 7.

（2）Lewis Gorden, *Existentia Africana: Understanding Africana Exitential Thought*（New York: Routledge, 2000）, 65.

（3）Gorden, *Existentia Africana*, 35.

（4）Paget Henry, "African Phenomenology: Its Philosophical Implications," *CLR James Journal* 11, no. 1（Summer, 2005）.

（5）Frantz Fanon, *Black Skin, White Masks*（New York: Grove Press, 1991）, 35.（海老坂武・加藤晴久訳『黒い皮膚・白い仮面』みすず書房、一九九八年、五九頁）

（6）Fanon, *Black Skin, White Masks*, 38（『黒い皮膚・白い仮面』、六一－六二頁）

（7）ルイス・ゴードンは、ジャン・ヴヌーズが白人女性アンドレへの愛を通じて、黒人性から逃れようとするだけではなく、ゴードンが白人性の言葉と呼ぶもの（「切符」、「免状」the "ticket", the "letter"）をも手に入れようとしていると論じている。ゴードンが挑発的に述べるには、その欲望の対象という次元において、黒人男性と黒人女性との間にはそれに対応するような対象が存在しえないがゆえに、ヴヌーズとカペシアがともに白人男性からの承認を求めているということである。たとえば、Lewis Gorden, "Though the Zone of Nonbeing: A Reading of *Black Skin, White Masks* in Cerebration of Fanon's Eightieth Birthday," *CLR Journal* 11, no. 1（Summer 2005）を参照。

（8）Fanon, *Black Skin, White Masks*, 81.（『黒い皮膚・白い仮面』、一〇四－一〇五頁）

（9）Fanon, *Black Skin, White Masks*, 116.（『黒い皮膚・白い仮面』、一三六頁）

（10）Gorden, *Existence in Black*, 74.

（11）Lewis Gorden, *Fanon and the Crisis of European Man: An Essay on Philosophy and the Human Science*（New York: Routledge, 1995）, 41.

（12）Gorden, *Existence in Black*, chapter 4.13.

（13）Gorden, *Existence in Black*, 70.

（14）Frantz Fanon, The Wretched of the Earth（New York: Grove Press, 1963）, 94-95.（鈴木道彦・浦野衣子訳『地に呪われたる者』みすず書

房、一九九六年、九三頁）
（15）Fanon, *The Wretched of the Earth*, 244.（『地に呪われたる者』、一三八頁）
（16）Gorden, *Fanon and the Crisis of European Man*, 79.
（17）Fanon, *Black Skin, White Masks*, 229.（『黒い皮膚・白い仮面』、二四七頁）
（18）Gorden, *Fanon and the Crisis of European Man*, 79
（19）選択と選択肢との間のこの力学は、次の書の第四章における、潜在能力フェミニズムについての私自身の理解にとって非常に重要である。Drucilla Cornel, *Defending Ideals: War Democracy, and Political Struggles*（New York, Routledge）, 2004.（仲正昌樹監訳、近藤真里子・高橋慎一・高原幸子訳『〝理想〟を擁護する――戦争、民主主義、政治闘争』作品社、二〇〇八年）
（20）Frantz Fanon, *A Dying Colonialism*（New York: Grove Press, 2004）, chapter 4.
（21）Fanon, *A Dying Colonialism*, 42.
（22）Gorden, *Existentia Africana*, 119.
（23）Gorden, *Existentia Africana*, 78.
（24）William Harris, *History, Fable and Myth*（Wellesley, MA: Calaloux, 1995）.
（25）Anthony Appiah, *Color Conscious: The Political Morality of Race*（Princeton, NJ: Princeton University Press, 1998）.
（26）Drucilla Cornell, *Between Women and Generations: Legacies of Dignity*（New York: Rouman & Littlefield, 2005）, 98.（岡野八代・牟田和恵訳『女たちの絆』みすず書房、二〇〇五年）
（27）William Conolly, Identity/Difference: Democratic Negotiations of Political Paradox（Minneapolis: University of Minnesota Press, 2002）, 64.（杉田敦・齊藤純一・権左武志訳『アイデンティティ／差異――他者性の政治』岩波書店、一九九八年、一一九頁）
（28）Gorden, *Existentia Africana*, 179.
（29）Paget Henry, *Caliban's Reason: Introducing Afro-Caribbean Philosophy*（New York: Routledge, 2000）, 88.
（30）たとえば次の書における、触発する言論についての分析、そしてクィアという言葉がいかにして転倒させられたかについての分析を参照。Judith Butler, *Excitable Speech: A Politics of the Performance*（New York: Routledge, 1997）（竹村和子訳『触発する言葉――言語・権力・行為体』岩波書店、二〇〇四年）
（31）Gorden, *Existentia Africana*, 31.
（32）Lewis Gorden, *Discipnary Decadence: Living Thought in Trying Times*（Boulder, CO: Paradigm Publishers, 2006）, chapter 1.
（33）Jane Gorden, "Creolizing Rousseau"（paper presented at the annual meeting for the American Political Science Association, Philadelphia, PA,

Augst 31 through September 3, 2006), 5.

（34）Amartya Sen, *Identity and Violence: The Illsion of Destiny* (New York: W. W. Norton, 2006).（大門毅監訳『アイデンティティと暴力――運命は幻想である』勁草書房、二〇一一年）

第五章　幻影装置《ファンタスマゴリー》のなかの贖い——社会主義の宿命を祓うこと

今日、まだ私は社会主義者である。「まだ」と書くのは、社会主義の死と呼ばれるものについて多くの論評に直面しているからだ。一九九〇年代を通じて私たちは、贖われた人類という夢について、繰り返し耳にしてきた。それは生と死にかかわる手段への民主的統制において、ついに人類の真の自由を実現するというものであったが、もうその夢自体が死んでしまった。夢の死を宣告するこうした言葉のなかには、明らかなアイロニーを見てとることができる。そもそも夢は現実に存在しないのだから、殺されることもないのではないか。だとすれば、少なくとも死に追いやることを決めた者たちの側からすれば、この夢の死には、公然ではないとしても暗黙の行動計画があることは明らかだろう。それは今でもまだ社会主義者であるとか、まだ夢を見ていると自己認識している人々を周縁化しようとするものである。

とくに九・一一以降、夢想家や理想主義者は救いようがないほどに現実との接点を失っていると非難されてきた。そういった主張によれば、九・一一以降の世界の現実はこう認識されている。「私たち」は「彼ら」とつねに隣り合わせている。だから「彼ら」が「私たち」を抹殺する前に、「私たち」が「彼ら」を封じ込めること、それを念入りに確認しなければならないし、そのために必要なあらゆる措置を行わなければならない。しかしこの現実にしても、それ自体、単なる神話なのだろうか。私たちはこの神話のような現実を、冷戦以来、現在に至るまでずっと耳にしてこなかっただろうか。実際、これはまさしく「これが現実だ」という循環した主張の単純なアウトラインであり、ベンヤミンであればネガティヴな意味で神話と呼んだものであろう。ベンヤミンにおいて神話は、永劫回帰の運命を意味し、いかなる有意味な道徳的主体をも根こそぎに消し去るものである。そこにおいて私たちは「彼ら」を追いかける以外にない。というのも、それが世界のあるべき姿なのだから。しかし、最も非情な現実のなかにさえ、弁証法のきっかけがあることをベンヤミンは教えてくれる。それによって世界にはまた別の存在の仕方があることが照らし出され、可能だったかもしれない贖われた世界を、少なくともかいま見ることができる。そこでおそらくより重要なのは、その世界のために生き、そして死んでいった人々への私たちの責任である。ベンヤミンは次のように述べている。

運命とは生きることとの罪連関であり、これは生活者の自然的な構造に対応するが、この構造はあの、まだ残りなく解放されてはいない仮象にほかならず、人間とは遠く離れたものであって、けっして人間と完全に合致するものではなかった。この仮象の支配下では、人間は最良の部分でだけ、不可視のものとして存在できたにすぎない。だから、人間は基本的に運命の所有者ではなく、運命の主体を規定することは難しい。……運命的な瞬間などは、へたな小説のなかにしかない(1)。

九・一一以降の世界では、暴力と戦争が不可避的に同じ役割を担っている。そして、このふたつの敵対性から生じる復讐に直面している人々は、ひどく苦しんでいる。もちろん、私たちが九・一一以降の世界をどのように生きる運命にあるのかという物語が、この人々を否定することはない。この不必要な苦しみのせいで、あまりにも多くの人たちが亡くなっていった。最初に行われた攻撃によって幾千の人たちが亡くなり、さらにはイラクとアフガニスタンでなお継続中の戦争によって、両国の人々が亡くなっていった。しかし、とりわけ恥の感覚を催させ、そしてもしかしたら弁証法的な出発点となりうるものは、人々が次のように感じる瞬間だろう。つまり、高度資本主義の悪夢から逃れる方法はなさそうであるし、また人種、階級、ジェンダーのヒエラルキーにしてもそうである。運命でさえ、この悪夢が届く範囲にある。そのことを思い知らされたのは、イギリスで爆弾自殺をした若者たちを私たちが目撃したときだ。その光景は、へたな小説の一場面としか理解できないようなものだった。

まるで幻影装置《ファンタスマゴリー》のように、私たちの深遠な自由の夢を、次から次へと資本主義の絶望の悪夢の中に吸収していく世界。このような世界に生きているという観念を押し広げながら、南アフリカに目を向けてみよう。そこには私たちをアパルトヘイトの制度下の生活という非情な現実と直面させる、さらに過酷な受難のイメージがある。それらのイメージの多くは、［アパルトヘイト廃止後の］新しい南アフリカに作られた博物館に保存され生き続けている。私はこれから、そのイメージのなかからふたつについてだけ述べようと思う。そのふたつのイメージが、ベンヤミンの言葉とともに私たちに弁証法的な揺さぶりをもたらし、それによって私たちが目を覚まし、現状の悪夢のまどろみから抜け出すことを私は願っている。

最初のイメージは、ソウェト蜂起中に撮られた一枚の有名な写真だ。ソウェト蜂起では、南アフリカの黒人の子どもたちが、支配者の言語だと見なしていたアフリカーンス語によって授業を受けなければならないことに対して、何千もの子どもたちが反抗を起こした。そう、まさに彼／彼女らは子どもたちだったのだ。よく知られているように警察はこの現実に対し鈍感で、群衆に向けて発砲した。そして何百の死者とさらに多くの負傷者が生じ、その悲劇の日以来、多くの子どもたちは二度と現れることがなかった。ある有名な写真のなかで、おそらく十代前半と思われる男の子がある死体を運んでいる。その死体、あるいは死にゆく身体はヘクター・ペーターソン（訳注：一九七六年のソウェト蜂起において警官隊の銃撃を受け死亡した一三歳の少年。警官隊の暴力の象徴となった）のものだ。その傍らでは、女の子が一緒に走っている。男の子と女の子の表情には絶対的な恐怖が見てとれる。今となっては、この男の子や、傍らを走る女の子がいったいどこにいるのかなど知るよしもない。この二人の子どもたちについて知りうることは、この永遠に凍り付いた瞬間だけだ。それはある子どもが、単に自分だけで逃げるのではなく、死んだ、あるいは死にゆく友人を抱え上げた瞬間だった。それは友人を助けたいという願いか、あるいは少なくとも、さらなる警察の残虐行為から友人の死体を救出したいとの願いによるものだっただろう。

このイメージは疑いなく、救い（salvation）の行為を表象している。それは少年と少女がなしうる救いであり、ヘクター・ペーターソンの遺体を救う行為だった。この友は、悲しみと恐怖に打ち震えながら二人とともにいる――いまもなおそのままなのである。この写真を見れば、ヴァルター・ベンヤミンが弁証法的イメージという概念によって表そうとしていたことが理解できる。この写真の背後にあるのは、支配者に反抗している街と子どもたちだ。しかし彼／彼女らは私たちに向かって走ってきている。しかし、この「私たち」とは一体、誰なのだろうか。それは時間のなかに位置付けられない世代なのだ。つまり、過去、現在、未来、すべての世代の集合であり、どの世代もが同じ力で呼びかけられている。ヴァルター・ベンヤミンは『歴史哲学テーゼ』のなかで、次のように説明している。

過去の真のイメージは、ちらりとしかあらわれぬ。一回かぎり、さっとひらめくイメージとしてしか過去は捉えられない。認識を可能とする一瞬をのがしたら、もうおしまいなのだ。「真実はぼくらから逃れ去りはしない」――という、ゴットフリート・ケラーのことばはまさに、歴史主義の歴史像の中で、史的唯物論によって歴史主義がうち破られてしまう、まさにその地点を示している。なぜなら、過去の一回かぎりのイメージは、そのイメージの向けられた相手が現在であることを、現在が自覚しないかぎり、現在の一瞬一瞬に消失しかねないのだから（歴史家は息せききって過去に福音をもたらすが、彼が口を開く瞬間にはもう、おそらく聞き手の影はない）[2]。

ベンヤミンが私たちに何かを教えてくれているとすれば、それはイメージにおいて「歴史」が最もよく語られうるということが、決して偶然ではないことを常に想起すべき、ということだ。アパルトヘイトを耐えなければならなかった人々の視点に立てば、かくも激しい残虐行為は、無意味な苦痛にほかならない。アパルトヘイトに、人間が作る社会組織のある重要な形式として意味を与えること自体が、すでに人間性の軽視という残忍さのなかで生きなければならなかった人々への裏切り行為だろう。

ベンヤミンはこうも述べている。「弁証法的イメージは、危機の瞬間に思いがけず現れる[3]」。同時に、それは可能なる向こう側をも照らし出している。この可能なる向こう側のなかで、私たちは、あの子どもたちが正義を呼びかける声を聞くのだ。彼／彼女らは大胆かつ勇敢に、自らの人間性の要求にしたがって支配者へと叫んだ。「正義を！　それ以上でも以下でもなく」。しかしこの写真のなかに「リスク管理者」の姿はない。そこに見えるのは少年と少女が、恐怖の真っ只中にもかかわらず、亡くなった友人の身体を大事に抱えているところだ。まだ子どもだというのに。しかしその日、子どもたちは、彼／彼女らを街頭へと導いた何かを目撃し、おそらくはアパルトヘイトのない救われた世界という希望を目撃したということは理解できる。それだけでなく、ヘクター・ペーターソンを見捨てることを拒む彼／彼女らの行為のなかに、銃弾と単なる逃走の前に屈することはない人間性の深さが示されているということも。私たちがこの少年と少女のことを憶えてさえいれば、ベンヤミン的な意味においては、彼／彼女らが歴史のなかに埋もれることはないのだ。しかし憶えておくためには、私たちが彼／彼女らから目を逸らさずに見つめていなければならない。それは私たちにかかっていることなのだ。

このことは、ベンヤミンが追憶による連帯（anamnestic solidarity）を呼びかけるとき、重要なポイントとなっている。ベンヤミンはこう述べている。

過去という本には時代ごとに新たな索引が附され、索引は過去の解放を指示する。かつての諸世代とぼくらの世代との間にはひそかな約束があり、ぼくらはかれらの期待をになって、この地上に出てきたのだ。ぼくらには、ぼくらに先行したあらゆる世代にひとしく、〈かすか〉ながらもメシア的な能力が附与されているが、過去はこの能力に期待している。この期待には、なまなかにはこたえられぬ。史的唯物論者は、そのことをよく知っている。(4)

自分と似た子どもが死に、何をしても彼を助けることはできないという耐えがたい現実に直面した子どもたち、そしてその子どもたちの顔のうえ永遠に刻まれた苦痛。過去が私たちに要求するのが、その苦痛を私たちが見つめ、また見つめるよう自分に強いることだとすれば、過去に「希望の火花をかきたてる(5)」とはいったいどのような意味だろう。ベンヤミンによれば、この「呼びかけ」のなかで私たちは、弁証法的イメージの前で立ち止まることを拒む人間像と向き合うことになる。この呼びかけこそが、あらゆる困難を超え、多くのイメージの原型であるようなイメージに応えるように私たちに迫るのである。このイメージは、一瞬にせよ死者との追憶による連帯を私たちに与える。私たちはそれを自身の生のなかに取り込まなければならない。

弁証法的イメージは耳触りのよいメッセージを打ち砕くとともに、ベンヤミンの独特の意味における「経験 Erfahrung」の形式を開き続ける。この「経験」によって、神話を通り抜けて自己省察に至る通路の可能性と、そうした経験が可能であると主張し得る道徳的な行為主体性（agency）とに手が届くようになる。ベンヤミンの著書『パサージュ（アーケード）論 *Arcades Project*』のドイツ語の原典は『*Passagen-Werk* パサージュについての仕事』というタイトルであり、これは、歴史と神話の通路（passage）を経て成し遂げること（working through）と訳すことができる。ベンヤミンは、自己を時間のなかに位置づけ、事物はつねに今あるがごとくにあり続けるだろうと不可避的に教示するような神話には批判的であった。にもかかわらず、この歴史の強制への反抗は、ひとつの地平をつねに生かし続けようと努めるだろう。それは私たちの周囲の世界に対する異なった形態の知を指し示す、神話の潜在能力を殺すことがない地平である。この「通廊 passageway」、すなわち夢想と覚醒を往来する道は、その通行権とともに、ベンヤミンにとって幻影装置《ファンタスマゴリー》なのだ。この空間では、たとえ悪夢に取り巻かれていようとも、神話は深い意味において神話自身を手段として解体され、贖われた人間性の世界の可能性が救い出される。このように、もうひとつの世界への境界線に真摯に向き合うならば、私たちの眼前にこの通路が開かれていることがわかる。そのためには、私たちの未来を見るべく、神話の束縛のなかへあえて進んでいく決心をしなければならない。その未来は高度資本主義という究極の神話のもとにある。それは、本当に違う未来などありはせず、そこにあるのは永遠の現在だけであると主張する神話である。ひとつの商品が別の新しい商品にとって代わられるが、それが新しいのは、それが同じものである、つまり商品である限りにおいてである。

使い古され呪われた真理に抗するため、ベンヤミンは私たちを通路へと誘うが、そこでなお私たちは本当の夢（Wahrtraum）にさらされる。この語を文字通り訳すならば「真の夢」となるが、あるいは弁証法的イメージそれ自体の約束のなかでの真のもの、つまりその名にふさわしい人間性を夢見ることともいえる。しかし、夢の真正さとは何だろうか。どうしたら夢が真になるのだろうか。それは高度資本主義の同質性から救い出された後の人間性にあてはまるかもしれない。しかし、私たちはその真理を待つ必要はない。というのも、すでにヘクター・ペーターソンの死体とともに逃げている少女のイメージの中に目撃したように、真の人間存在になるとはどういうことかについて、私たちはすでにかいま見ているのだから（それがここで真（true）であるのは、活動をやめ疲弊した世界にあくまでも屈しないという理想に対して忠実（true）であるという意味においてである）。

象徴と寓話《アレゴリー》の再作動を示そうとする、ベンヤミンの絶え間ない努力の中に、私たちは今もなお、ひとつの通路を見出すことができる。それは、変革する勇気の真実としてベンヤミンが永遠に手放すことのない「疲れを知らない行為の跳躍」を照らしだしてくれる通路である。私たちはその勇気を少年と少女の行為に見出す。そう、ベンヤミンは私たちにこう知らせている。メシアは今すぐにでも時間のなかに入りこむかもしれないと。しかし、ベンヤミンがこうも知らせているように、私たちはとどまり、待つことを運命付けられているわけではない。「メシアは単に救世主として来るのではない、かれはアンチキリストの征服者として来るのだ。過去のものに希望の火花をかきたててやる能力をもつ者は、もし敵が勝てば〈死者もまた〉危険にさらされる、ということを知りぬいている歴史記述者のほかにはない。そして敵は、依然として勝ちつづけているのだ」[6]。いうなれば、かすかなメシア的能力をもっている私たち、次の世代は、アンチキリストを鎮圧することができるのだ。そしてそれができるのは、私たち以外にいない。ベンヤミンは、正義の名において行為するよう、私たちに呼びかけることを止めはしない。そしてこう告げる。「過去という本には時代ごとに新たな索引が附され、索引は過去の解放を指示する」[7]。もしかしたら、アンチキリストとは、私たちが弁証法的イメージを前にして動かないでいることかもしれない。アメリカ合衆国にいる私たちにとって、私たちがアンチキリストを鎮圧しなくてはならないという言葉は、実際のところ本当らしく聞こえる。というのも、ベンヤミンが述べるアンチキリストは、カントであれば絶対的に道徳に束縛されない意志、すなわち選択意志（Willkür）と呼ぶであろうものに極めて近いからだ。この意志は、私たちこそが、そして私たちだけが、ハマー［訳注：GM社の高級車］を運転できる選ばれた人間なのだとほのめかす、帝国の虚偽の約束を消費者が際限なく切望する場面において私たちの前に現れてくる。

それに対して、ベンヤミンの追憶による連帯はそれ自体、生者と死者のあいだに通路を開き続ける。しかし、それは、人々がやるべきことをやるようあらかじめ運命づけていたコンテクストの一部であるかのように、死んでいった者たちの死に意味を与えるという形で私たちが死者たちの痛みを裏切ってしまう歴史主義的な意味においてではない。しかし、少年と少女が、永遠に捕えられたその瞬間において、アパルトヘイトと、この体制が彼らに課す全ての要求と決別した者たちであることを私たちは知っている。彼らの私たちに対する要求を心に留めておかなくてはいけない。それは、公正な世界への闘争を呼びかけられている次の世代と同じく、かすかなメシア的能力を付与されている私たちもまた、その能力に忠実でなくてはいけないということなのだ。少年と少女を見ることで、私たちはあるイメージを手に入れる。彼らの呼びかけを心にとどめることで、そのイメージは弁証法的になる。

次にふたつめのイメージだが、これも南アフリカのもので、私に取り憑く写真のなかの一枚だ。一人の母親が、黒こげになった息子の遺体に話しかけている。彼女はその黒こげになった遺体をなでようと出きる限り近づいて遺体のうえでやさしく手を振っている。しかし彼女は遺体に触れることができない。触れれば粉々に消えてしまうからだ。彼女は息子を先祖からの土地へ連れて帰りたいと考えている。この少年はその土地でようやく安らかな眠りにつけるのだから。南アフリカのクルマニという組織は、死者と行方不明者を探し出すという活動を行っている。その活動によってクルマニは、ベンヤミンであれば死者と生者との間の通路と呼ぶであろうものを開き続けている。今もなお継続中のその活動こそ、たくさんの人々が亡くなった恐怖の記憶に他ならないし、私たちがそれから身を守るべき、すぐ側にある危険への不断の喚起に他ならない。深い意味において、死者は私たちに話しかけることを許されているのだ。

亡くなった息子の黒こげになった遺体と並ぶように、ＡＫ47ライフルが横たわっている。私と同じ時代に青春を過ごした世代にとって、そして今日でもまだなお、その銃は力の象徴であり続けている。その銃が呼びかけるのは、復讐だけだというのに。ここでもまた、ベンヤミンが私たちに暗示した意味における弁証法的イメージが、私たちの前にあるのが見えるだろう。ここには深い両義性がある。というのもこの銃は解放を表象していたか解放という神話を詰め込んだ一種の象徴になったわけだが、それはまさにベンヤミンの言う神話の否定的な側面だからである。このような絵柄においては、解放は暴力の悲劇的な必要性に還元されてしまう——ベンヤミンは、ある状況下ではこの悲劇的な必要性が私たちに要請されると思っていたが、同時にそれが、解放者になろうとする者を亡霊に変えてしまうかもしれないとも思っていた。「現在（形）」の映像である映画『ロード・オブ・ウォー *Lord of War*』の中で私たちは少年たちが同じ銃を誇らしげに掲げている場面にも遭遇する。ＡＫ47ライフルは、いまや密輸入者によって頻繁に取引される人気アイテムになっている。ベンヤミンは、この単純な物体、銃をどのようにして武装解除したらいいか教えてくれる。この銃が約束するものは、それ自体によっては決して叶えられることがない。それを叶えようとするのであれば、よりよい世界を救うには暴力によるしかないという信念に内在する、絶望というレンズを通してその銃を寓話化するしかないということを。

実際、自爆者（suicide bomber）たちの人物像は、実際に世界を変えることのできる、意味のある行為が存在するということをもはや信じることができなかった者として読み解くことができるだろう。だとしてもまだ、行動への呼びかけは必要なのだ。深い意味において、自爆という行為は、いかなる殺傷行為も応報を強要するという認識をともなっている。しかし、ここで私たちは、武装闘争が私たちを植民地主義の悪夢世界から、更には高度資本主義の悪夢の世界からも連れ出してくれるという夢から、私たちは遠く隔たっている。より根本的な意味では、自爆者たちは、私たちが世界のなかで（古くさい言い方だが）自由の闘士であることをどうやって形にするのかということの一部としての行動の道徳的基盤を身をもって描き出しているのだ。自爆者たちはまさに、殺害の結果に対する応報を暗に受け入れることで、行動の道徳的基盤を描き出している。ある意味で、自爆は最後の行為だ。それは息苦しい現実の囲いを破壊しようとする最後のあえぎであるが、それによって私たちに備わっている弱いメシア的な能力を、死に追いやることで葬りさることになる。そしてそのあえぎは、人生で最も意味のあることから切り離されて生きるよりは死ぬことを受け入れることだ。人生で最も意味があることとは、私たちがよりよき世界においてそうなるであろうものへと自分自身をともに変容させることである。その世界では、正義への呼びかけへの関心が沈黙させられることはない。自爆者たちの粉々になっていく爆風の中に木霊する正義への呼びかけが、求められていたのは、よりよき世界であって、運命性を帯びた殺傷行為において自己を抹消することではないことを、私たちに思い起こさせてくれる。

マルクス・レーニン主義系のグループや政党の一部では、こうした行為の倫理的基礎はしばしば忘れ去られていた。そうした基礎は、戦略的必要性や、資本主義の終焉の科学的必然性に取って代わられた。私は、一九六〇年代終わりから七〇年代初めにかけて、マルクス・レーニン主義系のグループの多くに関わった。そして、今ここで私が守ろうとしているものを、守るべく当時も最善を尽くしていた。私たちがともに作り上げる世界に対して相互の尊敬と責任を持つことを強調する社会主義という考え方は、だからこそ、ともに生きるためのよりよい方法である。その考え方は今でも呼びかけとして私たちの一人一人とともにある。今この現在における日々の行動それ自体においてすでに未来を約束するような人間へと私たちを作り替える呼びかけだ。確かに、少し抽象的に聞こえるかもしれない。私が組合（union）オルグ――しかも、フェミニスト系の組合のオルグ――であった日々において、私たちはもちろん職場に現実の組合を実現するためには闘っていた。しかし私たちは現に団結して（in union）仕事をすることを通して、そうしたのである。この「団結して」ともにあるということは、〈Erfahrung〉という言葉でベンヤミンが言い表している意味での経験をすることなのだ。

ベンヤミンは最初の公刊されたエッセーで経験について書いたが、経験の、いわゆる常識的に使われる意味に反対している。ベンヤミンはこう述べている。

しかしながら、私たちは経験が与えもせず奪いもしない、別の何かを知っている。それは、真実が存在しているということだ。私たちに先行するすべての考えが例え誤りであったとしても、真実は存在する。いや、そう考えることへの誠実さが維持されねばならないと言おう。例え一人としてそれを成し遂げてはいないとしても。この意志は経験が取り去ることができないものだ。いつも疲れた身振りで、これ以上ない絶望に包まれた私たちに先行する世代は、あのひとつのことについて正しいと言えるだろうか。つまり、私たちが経験することは悲しみだけだろうから、勇気、希望や意味というものは、経験不可能なもののなかにだけ基礎づけられるのだということが正しいのだろうか。確かに精神は自由だろう。しかし、何度も何度も人生はその自由な精神を引きずり下ろすに違いない。というのも人生が、経験を足し合わせたものだとすれば、そこに慰めの余地がないからだ。(8)

絶望に焦点をあてる経験は、経験という観念自体のうちに自らを根拠づけることができないと、ベンヤミンはアイロニカルにコメントしている。なぜなら、経験とは私たちがつねに存在のなかに取り込むものだからだ。団結して存在するという私の例に戻るなら、私たちが日々の生活に取り込んでいる経験は、私が運動していた過酷な職場――そこで私は、連帯、安らぎ、慰め、そして私たちがともに行ったすべての行動における支え合いを組織した――で、ベンヤミン的な意味で経験不可能だったものを経験することだ。レーニンが目的は手段を正当化すると述べたのが全く間違いであったというだけの話ではない。もちろん、レーニンは間違いを犯したと思うが、肝心なのは、よりよい世界のための闘いが継続的に私たちの経験に取り込むものは、私たちがその世界を形作るやり方や、その世界がどのような様相を呈するかだけではなく、私たちのあいだで倫理的な関係を現実化しようと努力することで、私たち自身がいかに変わるかということだ。悲しいことだが、私たちの多くが六〇年代と七〇年代にしていたように、その経験を共存のなかに取り込むことでしか、私たちは連帯や支え合いのさまざまな形式の記憶をとどめておくことができない。記憶は私たちに未来を指し示してくれる。この「経験」をしていない多くの若者たちは、そうした未来と現在において格闘しようとはしないし、それは自分の手の届かないところにあると思い込んでいる。皮肉なことに、世界の運命はこういうものであり、社会主義を待ち望むのはユートピア主義だと私たちに告げるのは、生まれたときから厭世的な現在の若者たちなのだ。

著書『マルクスの亡霊たち』のなかで、ジャック・デリダは「終焉」というメタ物語はすべてヘーゲルの歴史哲学に内在する過ちを犯していると論じている。私たちは、ヨーロッパ的近代の制度的構造を、それに先立つ歴史の段階すべてのなかに遡及的に読み込んでいる。まるで過去の歴史が、現代の不完全な前身であるかのように。この種の議論はせいぜい堂々巡りになるのは明らかだし、最悪の場合、ベンヤミン的な意味でのおめでたい神話になるだろう。

ベンヤミンにとって、神話は、私たちの目前にあり変わり続ける歴史の沈殿作用に内在するものである。その歴史の中では、自分たちの物語こそが真実であるとする勝者の主張の傍らで、小さな挑戦や抵抗のどれもが気付かれないままに推移する。デリダは、脱構築できない経験というものが存在するという考えにおいてベンヤミンの側に立つ。デリダはこれを「不可能なものの経験」と呼んでいるが、彼によれば、この経験は歴史が——自らが社会組織の唯一の意味のある形態なのだと自己申告する先進資本主義の不可避性という形で——自己完結することの限界性を示す。デリダとベンヤミンは、経験という言葉を、まったく同じではないにせよ、よく似たやり方で用いている。しかし、二人の経験の定義が重なり合うのは、経験を丸ごと記述しつくそうとする試みはすべて失敗するのだ、という点にある。というのも、経験は自己の限界を越えて、つねにその向こう側を、そしてまた、その限界がいかにしてその向こう側の空間を切り開くかを指し示すからだ。

『限界の哲学』で、私は脱構築という概念を限界の哲学と名付け直したが、それはベンヤミンが初期に残した経験についてのエッセーと、デリダの不可能なものの経験のあいだにある、本質的なつながりを明るみに出すためだった。デリダを引用しよう。

> さて、一切の脱構築にとっても還元不可能であり続けるもの、脱構築の可能性そのものと同じく脱構築不可能のままであり続けるもの、それはもしかすると、解放の約束をめぐる或る経験かもしれない。それはもしかすると、構造的メシアニズムの形式でさえあるかもしれず、宗教なきメシアニズム、メシアニズムでさえない〈メシア的なもの〉、正義の観念——私たちはこれを、つねに法＝権利（droit）や人権からさえ区別している——、民主主義の観念——私たちはこれを、現在の民主主義の概念および今日規定されている民主主義の諸賓辞から区別し

ている――であるかもしれない（ここでは『法の力』と『他の岬』に送り返すことをお許しいただきたい[9]）。

デリダによれば、向こう側が他者を他なるものとして保ち、それによって私たちが他者の到来と他者が私たちに要求することを倫理的に尊重し、実際に心にとどめておくことができるのは、唯一この不可能な限界の経験においてのみである。デリダにとって、できごととして、また、私たちの歓待を要求するものとしてのこの「他者の到来」は、メシアなきメシアニズムである。もし私たちが、この他者の到来に対して開かれていれば、この到来は、日々の経験の世界と想定されるものから私たちを引っ張り出してくれるのだ。デリダにとって、ひとつのできごとは、常識的に理解されている経験の概念においては不可能な場合にのみ可能になるものだ。そのことは、ベンヤミンが初期のエッセーで語っていたことでもある。厭世的な世界の経験は、すべてのことが今まで通り続かなければならないと予告する。しかし、その筋書きの最初から最後まで記述され予告されるできごとは、できごとにはなりえないという。

一九九二年、私はデリダの不可能なものの経験について、それは、私たちを待つことのもうひとつのヴァージョンとともに置き去りにするものだと解釈していた脱構築主義者に対抗して執筆していた。その〝待つこと〟というのは、私たちを救う神を待つこと、あるいは、私たちが沈黙のうちに待っていれば、私たちに呼びかけてくれるであろうものを前にしての受動性を待つことであるとともに私たちを置き去りにする。こうしたデリダの読み方は、デリダがハイデガー的悲観主義、つまり私たちは救いの神を待つべく運命づけられているのだという考えと連合しているという想定に基づいていた。私はいつもデリダの著作をこうした悲観主義に抗するものとして読んできた。というのも、デリダは何度も何度も私たちにこう語りかけていたはずだからだ。最終的に私たちは他者に対する約束があり、私たちはその約束を果たすよう努めなければいけないと。晩年に向かうにつれ、デリダはこの約束が、現実に私たちの制度に基づいた行動あるいは彼が「交渉の要請」と名づけているものへと呼びかけていると議論するようになった。したがって、この交渉と制度化への要求は、ニーチェの抽象的な断言、「然り、然り ja, ja」で満足することはできない。だから、人は耐えねばならないと同時に、組織されなければならない。デリダを引用しよう。

つまるところ、条件のない断言という運動が脅かすのは、その運動が自己を制度化するときであり、その運動が成功しているときです。そしてこれはこれからも起こり続ける必要があるでしょう。というのも断言というものが、——どのように言えばいいでしょう——、自らの手を洗って［＝責任を回避して］あるいは「私は断言する、だから後のことには興味がないし、制度も私の興味を惹かない……、だれか他の人が面倒をみればいい」と言って制度から距離を取るとすれば、そのとき断言は自分を否定することになるからです。(10)

より深い意味において、この他者の倫理的な呼びかけは「自分の手を汚す」リスクを負うことを要求している。私たちは共生の、これまでとは違うやり方を作り出そうとして、経験を経験自体の向こう側へと動かそうと闘っているが、まさにそのことによって私たちは、団結して行動するいかなる試みも、それ自体に向かって反転するかもしれないということを知ったうえでリスクを負っている。ここでその議論を繰り返すことはできないが、デリダの不可能なものの経験という概念は、社会主義と正義の大きな夢を含む不可能なものについての知識として読まれるべきではない。実際は、その逆の読み方が正しいのだ。まさに、私たちには不可能なことについて知ることができないがゆえに、すべての経験が経験自身を越えて、その限界＝境界——その境界は、経験を定義するのと同時に、経験が限定されているということも示している——を指し示すがゆえに、私たちが正義のための闘いのどのような文脈のなかにいるとしても、私たちは責任とともに取り残されるのである。デリダは後期の著作になるにつれて、この向こう側に向かう他者に対する無限の責任への呼びかけに対し、私たちが「受話器を外しておく」わけにはいかない、ということをますます明示的に語るようになった。それはまさに、異なった生き方をすること、あるいはよく生きることがもはや不可能になったからだということができよう。

ベンヤミンのエッセー「運命と性格」に戻ろう。ベンヤミンが私たちに思い起こさせるのは、私たちが特定の性格を持つように運命づけられているとは、その定義からしてありえないということ、言い換えれば、私たちの苦難の根底にあらかじめ定められた性格を見出すことはできないということである。先に引用した箇所で、ベンヤミンは「運命とは生きることとの罪関連」だと述べており、それによって彼はまた私たちに思い起こさせたのは、私たちの運命という概念において、私たちにとって最もよいもの——道徳的・倫理的な行動への私たちの能力——が不可視であり続けることを私たちに想起させる。ベンヤミンにとって、私たちの性格は究極的に倫理的なものである。そしてこの点で彼はもちろん、イマヌエル・カントに従っている。しかし、ここでの目的にとって重要なのは、ベンヤミンが迫害者のもとで生きている人々——帝国の特権や人種差別による搾取といった全てのものとともに生きる人々——の倫理的な関心を指し示しているということだ。それは、自己の内に責任の源泉を見出すことである。その責任は自罰的であるわけではなく、幸福に値するような人間になるという願望から展開する。

ふたたびアフリカの例に戻ろう。ウォーレ・ショインカは、植民地主義の恩恵を受けた者たちには、アフリカで奴隷化された人たち、それからもちろん「新世界」に連れて行かれたすべての人たちに対する補償を承認し、そうするように自分自身に要求すべき理由がある、と論じている。大雑把に言えば、ショインカの議論は、正義の理念に拘ることを要求するものであり、南アフリカで実現されたような、真実和解委員会のプロセスを目指していたといえよう。

簡単にいえば、正義なくして和解はない。しかし、私がショインカに賛成するのは、南アフリカの挑戦を、この正義への闘争のなかに見出すということであり、正義の要求するものに対してそれが復讐でないとすれば、適切に応答する必要が依然としてあるということだ。そうであるにせよ、ベンヤミンがいた地点に戻りたいと思う。その地点に立つことが、個人としての私たち一人一人にとって、植民地主義の恩恵を受けた者という、いわゆる私たちの宿命づけられた立場から、自身を解放することがどれほど奥深いことであるかを理解できる助けになるからだ。

それに対して、デリダにとって、かつて過ぎ去ったもの——ということはすなわち、負債の関係性から私たちを構成するもの——に対する哀悼と尊重は、究極的には現実の亡霊たちに対する私たちの哀悼と切り離せないものだ。その亡霊とは、私たちが生まれる前に過ぎ去ったものたち、苦しみ死んでいった、私たちがそうなるかもしれない人々である。もう一度デリダを引用しよう。

そして、今しがた私たちがいくつかの語でもって名指した重大な賭金は、マルクスにならって、もしくはマルクス以後では、潜在性、仮象、「喪の作業」、幽霊、再来霊などの諸効果を統べる亡霊的な論理と対立するとされる、事実性、効果、作業性、労働［Wirklichkeit〔現実〕、Wirkung〔結果〕、労働、作業］、生き生きとした労働として了解されている問いに帰着するだろう。そして、それらに与えられるべき公正さの問いに。……。他者へと送り返す可能性、すなわち根本的な他者性と異質性の、差延の、技術性と理念性の可能性、こうしたものを現前性という出来事そのもののなかに書き込むことによって、脱構築的思考がアプリオリにその結節をばらばらにしてしまう現前の現前性のなかにそれらを書き込んで現前を可能にすることによって［ということは、自己同一性もしくは自己に対する同時性においてはそれを不可能にすることによって］、脱構築的思考は幽霊の、仮象の、「合成映像」の、――ひいてはマルクス主義的コードでもって語るならば――諸々のイデオロギー素の諸効果を引き受けたり説明したりする手段、たとえ近代技術が出現させたかつてない形態においてであったにせよ、それらを引き受けたり説明したりする手段を放棄しないのである[11]。

他者に対して開いていることが、私たちが植民者としての運命に屈すること、言い換えれば、いわゆる歴史の勝者に名を連ねる特権階級としての運命に屈することを抑止するという考えには一定の道理があるだろう。贖いの行為を除外して苦難への謝罪はない。デリダの言葉に見たように、私たちは支払うことのできないものを交渉し、払い戻さなければならない。想像のなかでの仮想の実験として、ショインカは、私たちに自問するように呼びかけている。なぜ、その和解のために、一般的な金銭の徴収が課されるべきではないのか。なぜ、黒人人口の抑圧者という避けることのできない運命から、南アフリカの人民が自分を解放するために闘ったことに対する補償の一部として、そうした徴収が擁護されるべきではないのか。ショインカはこう述べている。

しかしながら、もしこの自己を贖う可能性を罪の心理学のうちに帰属させることが、いまだユートピア的な想像力の範囲に止まっているのだとすれば、そしてもし外部刺激が必要だということが明らかになるならば、そのイニシアチヴは、例えばデズモント・ツツ大司教のような非体制派として名声を得ている人がとるべきだろう。尊敬される聖職者であり調停者の彼は、ある日説教台に登り、まさにこのテーマについて、同胞にこう語りかけるだろう。「神とともにある白い兄弟姉妹のみなさん、あなたたちは罪を犯しました。しかし、私たちはそれを許したいと思っています。というのも聖書が私たちにこう警告するのです。罪の報いは死であるが、あなた方の場合、それは富であるように思える、と。だからもし、償いの第一歩として、少しばかりの罪深い財産を与える道を、あなたたちが選ぶというのなら……などなど。(12)

ベンヤミンならば、こうした罪と償いという宗教の言語を用いることには反対するだろう。そして、そのかわりに、性格の不可知性に内在する自己を贖う可能性を強調するに違いない。私たちはこれから、正義の男と女になり、新しい通路を頑張って作るようになるかもしれないのだから。その通路には、より全般的にアフリカの奴隷に対する補償を私たちが受け容れるだけでなく、そう呼びかけることに内在する自由が含まれることになるだろう。ショインカは、実際にアフリカへの補償を呼びかける運動に参加している。しかし、私がここで語っているのは、そうした要求の現実化への計画的な努力についてではない。私は、自分の人生を不正義のうちに暮らすという運命に屈服しない性格に備わっている、自己を贖う可能性についてのベンヤミンの論点にとどまりたいと思う。デリダが「結局のところ生きることを学ぶとは何を意味するだろう?」という疑問から彼の著作を始めたのは、ベンヤミンの洞察に導かれてのことであったと私は思っている(そして私はデリダの疑問に「よく『生きるとは何か』、と付け加えよう)。もしベンヤミンが私たちに教えてくれることがあるとすれば、それは一度きりで、よく生きることの意味について知ることはできないということ、そして、それにもかかわらず、私たちはその呼びかけに向かって生きることができる、しかも、それを私たち自身、そしてまた他者の自由の名において行うべく模索することができるということだ。

ベンヤミンのエッセーは、人間の本性を悪しき形で理想化し、そのまま凍結してしまうような、言説的な運命に抗して書かれている。そうした静的な表象を、私たちはみなよく知っている。たとえば、私たちは全員、効用最大化主義者であって、この世界ではそれ以外の生き方はないという人たちがいる。あるいは、私たちは全員、リスク管理者であるから本当の勇気といったものを持つことは不可能だという人たちもいる。しかしそうした推論は、彼らが現在どうなのかという観点から読み取られるべきなのだ。それは、不正義の世界のなかで、私たちがそうなるべく運命づけられているものを道具立てとして支えている神話である。そして私たちはさらに、二〇世紀だけでも何百万もの人々が、彼らの人生を社会主義のための闘いに捧げることで、そうした運命付けられた人間本性の性格描写が虚偽であることを暴いてきた。今日の世界に住む多くの者にとって、南アフリカは象徴であるとともに寓意《アレゴリー》にもなっている。というのも、アパルトヘイトに反対する闘いの勝利は、最終的には、武装革命ではなく、交渉によってもたらされたからである。武装革命であれば、ある政府と法の形態が他の形態に圧倒されて降伏することになっていたであろう。ある意味では、アパルトヘイトに対する勝利は、かつて社会主義にしっかりコミットしていた政党の、最も顕著な国家制度上の勝利だった。しかしそれらの交渉は、当然、ＡＮＣ（アフリカ民族会議）の指導者たちが監獄に入り、党自体が亡命した後も、各世代が自らの責任でアパルトヘイトに反対する闘争を引き継ぐ形で継続した、何波にもわたる反乱と抵抗によってようやく実行可能になったわけである。ＡＮＣが、そのコミットメントにおいて揺らいでいるのは確かであり、高度資本主義の要求に屈していると議論する批判者もいるだろう。しかし、ベンヤミンやデリダは私たちにこう示唆している。南アフリカをあらかじめ運命づけているメタ物語（metanarrative）的なもののために南アフリカが今後どうなり得るかについて結末があるわけではない。それは資本主義の機械に食べ尽くされるというメタ物語である。

皮肉なことにデリダには、そうしたメタ物語のせいにすることの意味に対する倫理的な警告がある。なぜなら、メタ物語は、私たちが受話器を外してしまい、究極的には自分自身がそれが必要なことであるかのように運命に屈してしまっていることを認識し損なうことに誘導するからである。私たちが運命に屈すること自体が、それを不可避であるように見せているものの一部であるのに、そのことを認識できなくなるのである。社会主義の最終的な勝利を保証するような大きな物語を語ることは私たちには許されないかもしれない。しかし、まさに社会主義が失敗することがあらかじめ定められているという大きな物語を語ることもまた不可能だからこそ、社会主義の理想の「真実」を、この世界で打ち負かされて排除されることのないものにするかどうかは私たちに委ねられているといえるのだ。そう、まさにそれは私たちにかかっているのである。そしてベンヤミンは私たちが効用最大化主義的な自己利益という運命を受け入れるよりも、正義の呼びかけに応じて自身の人生を生きるという挑戦を受けようと思い至るのはなぜかについて、複雑な答えを与えてくれるだろう。その理由は、この闘いのなかにこそ、私たちの自由を見いだすことができるからだ。それはまさに、その自由はただそこにあるようなものではなく、いわゆる運命とは異なる何かになろうとする、終わりのない努力のなかでのみ己を知る性格を作り出す、進みの遅い仕事のなかにこそあるからだ。そしてその性格によって、この闘いに、私たちは自らの尊厳を見いだす。私たちは尊厳を自分自身と死んでいった者たちに負っているのだ。

注

（1）Walter Benjamin, "Fate and Character," in *Reflections: Essays, Aphorisms, Autographical Writings*, ed. Peter Demetz,308（New York: Shocken Books, 1978）.（野村修訳「運命と性格」四五－四六頁、高原宏平他編『暴力批判論』晶文社、一九六九年）
（2）Walter Benjamin, "Theses on Philosophy of History," in *Walter Benjamin Illuminations: Essays and Reflections*, ed. Hanna Arendt, 255（New York: Shocken Books, 1968）.（野村修訳「歴史哲学テーゼ」一一五－一一六頁、高原宏平他編『暴力批判論』晶文社、一九六九年）
（3）Benjamin, "Theses on Philosophy of History," 255.（「歴史哲学テーゼ」一一六頁）
（4）Benjamin, "Theses on Philosophy of History," 254.（「歴史哲学テーゼ」一一三頁）
（5）Benjamin, "Theses on Philosophy of History," 255.（「歴史哲学テーゼ」一一六頁）
（6）Benjamin, "Theses on Philosophy of History," 255.（「歴史哲学テーゼ」一一六頁）

（7）Benjamin, "Theses on Philosophy of History," 254.（「歴史哲学テーゼ」一一三頁）
（8）Walter Benjamin, *Walter Benjamin: Selected Writings: Volume 1*, 1913-1926, ed. Marcus Bullock（Cambridge, MA: Belknap Press, 2004）, 1-5.
（9）Jacques Derrida, *Spectaters of Marx: The State of Debt, the Work of Mourning, and the New International*, trans. Peggy Kamuf（New York: Routledge, 1994）, 59.（増田一夫訳『マルクスの亡霊たち』藤原書店、二〇〇七年、一三九頁）
（10）Jacques Derrida, *Negotiations: Interventions and Interviews*, 1971-2001, trans. and ed. Elizabeth Rottenberg（Stanford, CA: Stanford University Press, 2002）, 25.
（11）Derrida, *Spectaters of Marx*, 75.（『マルクスの亡霊たち』一六九－一七〇頁）
（12）Wole Soyinka, *The Burden of Memory, the Muse of Forgiveness*（New York: Oxford University Press, 1999）, 25-26.

結論　ピエダーデの唄を心に宿す——国境を越えたフェミニストの連帯へ

戦争、植民地政策の残酷な遺物、アメリカの対外政策の終わりなき侵略によって荒廃した今日の世界。そのような世界でもなお、フェミニストたちの国境を超えた連帯を目指せるのだろうか。人種差別に強いられたさまざまな階層が存在する世界では没個性化へと引きつける力があまりにも強く、どうすれば連帯できるのかを考えることさえも困難なのは確かである。私たちがおたがいに接するときの「自然な態度」。その形式のなかに存在するアイデンティティは、先入観によってもはやその意味が凝り固まってしまっている。そのような形で、アイデンティティのもつ意味が生きながらえているとするならば、連帯のために私たちができるのは垂直的なドラマを引き受けることだけだろう。それは第四章でみたように、ハリスが私たちに課題として与えた、意識についての新しい詩学によるものだ。この方法によって、私たちはおたがいを異なった仕方で捉え、ともにつながり合う新しい存在の仕方を作り出せるに違いない。本章では、崇高についてのカント的な解釈というレンズを通じ、トニ・モリスンの『パラダイス *Paradise*』を読み解いていこう。そこでは、私が第一章で行った議論のうち、カントの批判哲学において想像力（imagination）が果たしている多彩な役割の要点のいくつかに立ち返ることになるだろう。

美的判断と崇高の親和性

まず、認識の場面で想像力がどのように使われるのか、反省的・美的＝感性的判断の場面で想像力がどのように展開されるのか、このふたつの違いについて簡単に振り返ろう。私たちの知識の根底になっているものは、世界をすでに時間と空間の中にあるものとして直観する超越論的な想像力である。超越論的想像力は私たちに世界のあり方を開き出し、そのおかげであらゆるものは知られうることを想起しよう。対象の認識は、カントの最初の『批判』では規定的判断そのものを構成するものであるが、それは媒介を通じてなされる。この媒介というのは、感性によって得られるありのままの材料と、悟性のカテゴリーとの組み合わせによって判断が構成されるというものである。よく知られているようにカントは、この規定には対象の図式化が必要であり、それは想像力が用いるカテゴリーのもとに包摂されるものであると論じた。図式とは媒介する表象である。カントの言葉を借りれば「一方ではカテゴリーと、また他方では現象とそれぞれ同種的であって、しかもカテゴリーを現象に適用することを可能にするような第三のもの[1]」ということになる。私たちは、ある概念の抽象的な内容を想像できなければならない。それによって、見かけ上の違いにかかわらず、概念を具体化するさまざまな現れに対して、ひとつの概念を適切にあてはめることができるからだ。カントは次のような例をあげている。

犬という概念は、ひとつの規則——換言すれば、私の想像力がそれにしたがってある四足獣の形態を一般的に描きうるような規則を意味するものであって、経験が私に示すようなある特殊な個々の形態や、あるいはまた私が、何によらず具体的に表象しうるような形像だけに限られるのではない[2]。

カントはこの犬の図式的な表象を犬の性質のテンプレート（雛形）、または彼がたびたび用いる言葉でいえば、モノグラム（組み合わせ文字）として引き合いに出している。これは犬という概念と、そういった動物について思い描かれるイメージをつなぐものである。このとき、悟性は想像力が果たしうる役割の範囲を設定している。言い換えれば、対象の認識は規定的判断の中核にある媒介的な役割としてはたらく。その図式を通じて、たとえばさまざまな犬が犬の性質のもとにあるように、個別的なものが概念の中に包摂されるのである。このように悟性は表象の形式を規則づけ、想像力による図式化の目的は認識の目的によって限界づけられる。もっとも、こうした説明は抽象的すぎてフェミニストの闘争からはかけ離れていると思われるかもしれない。しかし、概念を通じて得られた知識について、フェミニストたちが抱いている根本的な懐疑をより深めることは可能である。そこには女（woman）についての、あるいは女たち（women）についてのあらゆる概念が含まれている。というのも、ある集団を認識するにあたって想像力は本来的に、概念そのもののなかに本質的に与えられている要素を図式化し、理念化するからである。言い換えれば、私たちが女についてある概念を持っているとすれば、それは自らの想像力を限界付けていることになる。つまり、性的差異について、女性的なものを再想像したり再象徴化したりすることで、私たちがどのようにありうるか、そして誰でありうるかについて自らの想像力を限界づけていることになるのである。フェミニズムが究極的には主体としての女性たちに関わるものであるとするならば、女性の主体性の豊かさを描き出すにあたっての想像力を限界づけるような既成の概念に頼らないことには深い意味があるのだ。

規定的判断とは違い、カントにおける美と崇高についての美的省察は、客観的な性質を事物に割り当てるものではない。むしろ、想像力とその対象とのあいだに主観的な関係を育もうとしている。ここでは、趣味の美的判断についいてあまり時間を費やすのはやめておこう。ただ、強調しておきたいのは、趣味の判断と崇高の判断のあいだには違いがあり、そしてその違いは想像力にとっての異なる役割を含意しているということである。趣味についての美的判断が想像力を限界づけるというカントの考えの形式主義には、ある特定の意味がある。対象の形式について把捉し省察することは、その対象のさまざまな部分のあいだにある時間的・空間的関係を探索することを必然的に含んでいる。というのも、超越論的想像力というのは結局のところ、この世界を私たちに与えるものだからである。もし、その対象の空間的・時間的形式が、自発的に概念のもつ能力――この能力も空間と時間の形式に不可避的に依存するのであるが――に一致するとき、その形式から心地よさが得られるのは、私たちが自分のなかの異なる能力の結合を自発的に感じるからである。大事なことであるが、概念は美的判断から直截にもたらされるわけではない。想像力は対象に対し、調和が感じられるように自由に働きかける。それは認識と感性の調和であり、自由な想像力と悟性の合法則性の調和である。そこから私たちは、美しい対象に合目的性を与えることに立ち戻ることになる。この合目的性は最終的に、形式的な統一体として対象を見るための新しいあり方として生み出され、それが私たちの探し求める調和を創り出す。これによって、私たちのなかにある感覚が芽生える。それは、いまだいかなる概念によっても確固として規定されていない想像力を駆使することによって、自由に諸能力の調和に至ることができるという感覚である。もっとも、そこでの想像力は悟性によって限界づけられた範囲にとどまっていなければならない。というのも、対象が心地よさをもたらすのは、悟性が感性を疎外する必要のない可能性のなかに私たちがいるときだからである。このように読んでくると、カントの有名な「共通感覚 sensus communis」の援用は、美的判断の相互主観的な妥当性を確かめるためのものであり、いかなる既存の（諸）共同体にも私たちを帰属させようとするものではない。それは誰もがもっている可能性に訴えかけるものである。私たちは合理的な生き物であり、超越論的想像力を基礎として考えることができる。それゆえに、認識のためのさまざまな能力を調和させることによって得られる心地よさの感覚は、その同じ生き物のあいだで好ましいものとして分かち合うことができる。それは誰にも共通する認識のあり方を指し示すものだからである。

美の判断とは逆に、崇高の判断は、ある対象が想像力のはたらきを拒んだときに生じるものである。この想像力のはたらきが求められるのは、理性との関係のためである。というのも理性は、この世界全体と、その中の諸対象を把握可能なものとして理解できるように示そうとするからだ。ここで、なぜカントにおいて親和性（affinity）が超越論的に獲得されているのか、簡単に振り返っておく必要がある。産出的な想像力の前‐概念的なはたらきによって、個別の具体化がいかにして可能になるのかという問いをカントは立てている。カントの答えはこうである。「[経験的所与の]多様性の結合が可能である根拠は、それが対象のなかにある限りにおいて、多様性の親和性と呼ばれる[3]」。想像力は三つの綜合原理を通じてはたらく。把捉（apprehension）、再生（reproduction）、再認（recognition）である。再生の綜合は、表象はそれ自体として結合され、比較されうるという可能性を生み出す。言い換えると、もし私たちが犬の性質と猫の性質を差異化するイメージを再生しなければ、私たちは犬と猫のあいだにある現実の差異を知ることもないだろう。その結果、そのふたつの生物の特性と差異を再認することもできない。再認を得るためには再生が必要であり、再生を得るために、カテゴリーのもとで把捉したものを編成する必要がある。親和性とは、異なった対象のあいだで構想するにあたっての前‐概念的な関係のことであり、それによって対象を知るだけでなく、対象のあいだの関係も知ることができる。しかし、親和性の超越論的目的は、対象どうしがたがいに関係をもっている世界を私たちに差し出すことにある。それはまさに概念的に規定されざる関係であり、関係諸項（relata）のつながりを想像することに私たちを引き戻すものである。いまやそのつながりに、概念的ではない、新しく異なった意味が与えられる。しかし、この「全体」は、その基礎が前‐概念的であるがゆえに、それ自身が完全に概念化されることは決してない。ここで理性による願望は限界に達する。理性はすべての能力を取り込み、最終的には世界の図式を完全に合理化する方法を見つけようとするものだからである。崇高の想像力と理性は［包括的な］理解可能性から解き放たれた結果、最終的にたがいに対立するにいたる。数学的崇高において、表象されているものの把握に想像力が失敗すると、増え続ける多量の把捉を維持することが不可能になる。把捉は理解可能性を吹き飛ばし、想像力は、取り入れるように要求されているものの前でたじろぐ。想像力の崩壊において、私たちはむしろ圧倒的な、規定されざる暗示的意味（connotation）の大群に直面していることに気づくだろう。崇高の省察が芸術作品や美的理念に帰属させる意味は、より一般的にいうならば、規定されず、終わりがないままでなければならない。その理由はまさに図式化や調和が不可能であるということによる。それは、想像力が悟性と感性を使って私たちに対象を統一的に見せるのとは異なるのだ。もし、趣味の判断が想像力と悟性の関係を、完全に規定することはないにせよ結び合わせているのならば、崇高の省察は想像力と理性の理念を結び合わせることになる。理性の理念は全体性を仮定する。カントはすべての批判的仕事のなかで、悟性の手の届かないものとして、私たちは全体性を把捉するのだと論じている。それはまさに、悟性それ自体が直観に基づいているからである。直観によって私たちは概念化される以前の世界を手に入れることができるのだが、その世界は同時にすべての概念の基礎でもある。

崇高の省察は、諸現象のあいだに異様な関係を生み出すだろう。諸現象のあいだに確かなつながりがないように思えるような異様な関係である。それによって、私たちの前には、差異のある諸関係項（relata）の親和性が開かれることになる。それはいかなる明確な概念による図式化や規定も拒むような親和性である。崇高において日常的な概念は私たちの手をすり抜ける。そこで私たちはその異様なものについて異なった種類の意味を作り出すために闘う必要があるのだ。崇高の省察において、想像力が役に立つことは決してない。そしてこれまでみてきたように、理性は全体性への願望をもつがゆえに最終的には想像力に頼らざるをえない。だとすると私たちにできるのは、美的理念によって理性の理念がもつ意味をなぞることぐらいであるが、しかし美的理念は理性の理念を表象するのがやっとであり、それを捉えることは決してできない。カントにおいては、緊張こそが崇高の感情を生み出すものである。その緊張は、理性の願望、想像力による理解の失敗、そしてこの両者を私たちが尊重していることによってもたらされる。その規定的判断において私たちは、普遍的に妥当する概念のもとに個別のものを組み込んでいく。その普遍的な妥当性は、時間と空間のある世界を通じて考えなければならず、認識の諸能力が悟性という表題のもとで行う作業のなかで分割されることが避けられない生物にとってのものである。しかし美的判断の場合、個別のものを割り当てるべき概念は存在しない。このことは強調しておきたい。というのも、美的判断は私たちの心を広げるのだから、私たちの概念もまた広げると述べてきた研究者もいるからだ。しかし、カントにおいてはこうした広い概念もまた概念にすぎず、概念を産出するのは美的判断のなす仕事ではないのである。

私たち自身についてのこの異様な意味、そして私たちの情感的な関係性についての親和性こそ、フェミニズムにとって決定的な面であると私は信じている。かつて私が定義した倫理的フェミニズムは、その意味において実証的なものと倫理的なものの関係を逆転させる。倫理的フェミニズムは再認を促進していく。私たち自身の歴史を作り出してきた女たちとしての私たちが、何者であったのか、いかにして存在してきたのかということの再認は、現在の私たちが持っている概念的知識による把握からつねにこぼれ落ちる。なぜなら、支配的で父権的な女の概念は、そうした主体としての私たちを想像することをほとんど不可能にするものだからである。[4] ここで私が倫理的と呼んでいるものはまさに、私たちに課せられた再認の要求にほかならない。それは私たち、とくに北半球の豊かな国に住んでいる白人の女たちに課せられている。私たちが女たちを「理解」しようとするとき、そしてとくに他の文化圏にいる女たちを「把握」しようと努力するとき、現代という時代に特有の対象化という傾向にあまりにも簡単に陥ってしまうのである。そこでは他者はつねに私たちの知識の対象として理解され、自分たちが捉える世界のカテゴリーや概念によって判断されてしまう。(5) 倫理的フェミニズムは私にとって、倫理的かつ美的な命令である。それはハリスが提示した「垂直的なドラマ」を真剣に受け止め、同時に、絶えず自分たちの習慣を問い直す責任を受け入れることも要求するものである。それは、私たちが意味の網の目を新しい方向に広げて紡いでいくという責任でもあり、現在の私たちが世界のなかで直面している存在的傾向の、これだけの豊かな領域のなかに与えられ、咲き誇っている開かれた意味を尊重する責任でもある。私たちは、人類が「自らの世界を世界化する」ための多様な方法が織りなす圧倒的な複雑性を夢見ることはできるだろうか。そして、それでもなお違う夢、つまりカントが考えていた究極的な理性の理念や、人間性そのものの理念を求めるような、調和した人間性という夢を求めることもできるだろうか。おそらく私たちにはできるだろう。あえて楽園という夢を追い求めるならば。

トニ・モリスン『パラダイス』

トニ・モリスンの小説『パラダイス』にはさまざまな出自の女たちが登場する。マーヴィス、ジジ、セネカ、パラス。彼女たちはメアリ・マグナというシスターによって運営されていたかつての宗教学校にたどり着く。物語の冒頭では、メアリ・マグナはまだ生きている。しかし、あまりの高齢による衰弱のため、彼女を熱愛する友人のコニーによって何度も息を吹き返していた生命の火も次第に薄れていった。コニーはブラジルでメアリ・マグナに発見された「路上の」子どもだった。メアリ・マグナはコニーをこの国に連れて帰り、宗教学校で働かせることにした。その修道院に集まってくるのは、過去から逃げている女たちだ。彼女たちは、虐待や放棄といった、パターン化した罠にかかった世界から逃げている。彼女たちのあいだに共通点があるとすれば、逃げているということだけだ。その女たちのうち一人だけが白人であることが、最初の文章を読むとわかる。その後で、コニーがブラジル人だと明かされる。修道院は、文字通りはぐれた女たちによって粉飾され、メアリ・マグナの死後、コニーは自分の地下室に引きこもり、修道院で一緒に暮らす女たちと関わることはめったにない。修道院は、ルビーという街のはずれにあり、このルビーというのは、献身的な黒人の男たちのグループによってつくられた街である。彼らが身を捧げているのは神に対してであり、「八岩層」というおたがいの絆に対してである。「八岩層」というのは、彼らの人種的純血を示す青黒い肌の色を指している。コニーは、ルビーの創始者の一人と不倫をしたが、それは修道院とルビーの街の間の唯一の接触というわけではなかった。ルビーの女たちもそこで安らぎと女性としての扱いを見いだしていた。そして、修道院近くの道路で自動車事故が起き、若者のうち一人が死亡したときに、コニーは彼女が持つ霊的な力の広がりを受け入れ、その若者を生き返らせたのだった。

これから見ていくように、モリスンはふたつのまったく異なるアイデンティティの視点を極端に対比させている。ルビーに住む男たちにとって、修道院の女たちが、アイデンティティ、神や街といったものへの脅威になっているのは明らかだ。殺すまではいかなくても、男たちがアイデンティティを保つためには女たちを締め出さなければならない。一方でコニーはコンソラータ・ソーザと改名し、霊的儀礼を始める。そのことで、修道院の女たちは、それぞれ今までとは違う自己確認のやり方を見いだしていく。さまよい、逃げ出してきたやり方ではなく、今や彼女たちが求めていたもの、より正確には考えてもいなかったものに変わった。女たちはコンソラータに引き込まれていき、コンソラータは彼女たちを儀礼の場所へと誘う。その場所は、彼女たちを「改心」させ、修道院の新しい誓いに身を委ねさせる。女たちはコニーを疑いさえしながらも引き込まれていく。

彼女は何を話しているのだろう？　この理想的な親、友人、その人と一緒にいれば、危険から安全に守ってもらえるこの仲間は？　彼女は何を考えているのだろう？　何一つ料金は請求せず、どんな人でも歓迎するこの完全な家主、打ち明けても、無視してもよく、嘘をついても、そそのかしてもいい、このガチョウばあさん、子供のようなむら気を起こして抱きしめても、そのまま出て行ってもいい、この戯れの母は(6)？

コンソラータは物語を始めるが、その話にはアフリカの宗教の世界観が入っている。より正確にいえば、それは彼女が抜け出してきたカンドンブレ教会のものであり、自分の霊的能力とそれが根ざす伝統を発揮して、その場所に戻ることができるのだ。

それから、前置きの講演よりはっきりした言葉で（女たちのうち、それを理解した人は一人もいなかった）彼女は、白い歩道が海と出会うところ、李色をした魚が子供たちといっしょに泳いでいる場所について話した。それから、サファイアのような味のする果物、ルビーをさいころに使っている少年たちの話をした。また、神々や女神たちが会衆といっしょに教会の座席の上に座っている、いい香りのする金の大伽藍についても話した。木立のように背の高いカーネーション、歯の代わりにダイヤモンドを入れている小人たち、詩と鐘の音で目をさます蛇について。それから、彼女は、歌は歌うが、言葉は決して話さないというピエダーデと呼ばれる女性の話をした(7)。

カンドンブレの儀礼に不慣れな女たちのため、コンソラータは、その混乱した「子どもたち」を抱擁へと導いていく。抱擁によって、女たちはトラウマの元になった場面に立ち戻り、そこから切り離された自分を再 - 想像する。この場面でのモリスンの象徴的表現は、コンソラータをイェモハの娘のように描いているところだ。イェモハは、ヨルバ神殿にいる海の女神であり、同時にジェレデ社会を守るオリシャ（=神）である。ジェレデ社会は、ナイジェリアにルーツをもつ本来のヨルバ宗教において、その宗教世界の有能な魔女たちを称えていた。魔女たちは、社会をつくる助けになる力があるのと同時にそれを破壊する力も兼ね備えていた。イェモハは女性の霊的な能力の究極の現れだから、少なくても隠喩的には、彼女は「誰よりも力があった」。

コンソラータが女たちに最初に命令したのは、自分自身のテンプレートを描くようにということだった。カントのところで触れたように、テンプレートやモノグラムは共有されているものを多様な対象によって図式化したものだ。これによって、共有されているものは概念的な統一のもとに事物として直観できる。しかし、ここではテンプレートは、女たちがいまだ存在していないもの、概念化できないものを描こうとする場である。現在の精神分析の言葉でいえば、女たちは深刻な傷を負い、深いトラウマを通して構想される自身のイメージがひどく傷つけられている。そのテンプレートで女たちは、新しい自分を描き出す。もはや追われることもなく、脅かされることもない自分だ。しかし、そのためにはトラウマに直面する前の自分に戻らなければならないのだが、その自分というのは、少なくとも精神分析的に捉えれば非自己（no-self）である。存在しなかった自分を想像すること、つまりその場面へもう一度行き、違う人間になるというチャンス、そしておそらくは初めて一人の人間になれるチャンスといったものをモリスンは、共有された儀礼を受けるそれぞれの女たちの経過のなかで描写している。この儀礼のはじめの一歩は、大声で夢見ることだ。そこではそれぞれのアイデンティティが混ざり合っていく。

こういう次第で、大声の夢想がはじまった。この場所で物語が生まれたのは、こういう経緯だった。半分夢想した物語や、一度も夢見たことのない物語が女たちの唇から洩れ、蠟が流れている蠟燭や、木箱や瓶の上から漂い移る埃の上を高く舞い上がった。そして、誰がその夢を話したのか、それには意味があるかどうかは、決して重要ではなかった。体が痛むにもかかわらず、あるいは痛むために、女たちは簡単に夢見る人の物語に入りこむことができる。女たちはキャデラックの熱気のなかに入り、ヒグルディ・ピグルディの冷たい空気の味を感じる。また、女たちのテニス靴の紐は解けていて、ブラジャーの紐が肩から落ちるたびに困ることも知っている。アーモアの包みはべとべとする。女たちは眠っている幼児のいい匂いを吸いこみ、一人の頭が変な具合に曲がっているのに気がつきはするものの、親のくつろぎを感じる。(8)

しかしこの大声の夢想は、究極的には、違う自分を描き出すようにという呼びかけである。それはいまや、違う自分になりうるという新しい約束によって支え合う儀礼的つながりのなかでなされる。女たちは自身のテンプレートを芸術作品へと変えていく。そこではいまや、自ら再‐想像した身体が他の女たちによって再‐解釈され、芸術作品となる。それは歴史や経験に表現を与えることだが、テンプレートを描き説明するまでは、歴史や経験が彼女たちの世界の一部になることは不可能だった。

いのち、下のそこの、限られた光の池、灯油ランプと蠟燭の蠟に煙った大気のなかに移された、現実の、はげしい命。型取りした像は磁石のように彼女たちを引きつけた。絵の具と色チョークを買おうと言い張ったのは、パラスだった。絵の具用シンナーとセーム皮も。女たちには意図がわかって、はじめはじめた。最初は生まれつきの特徴を描いた。胸や、外陰部や、足の指、耳、頭の毛。セネカは、コマドリの卵の青で優雅な傷の一つを描き写し、その先端に一滴の赤を入れた。のちになって、内腿に切り傷を作りたくてたまらなくなったとき、彼女はその代わりに、地下室の床に横たわっている開かれた体にしるしをつけた。女たちはお互いに、夢見たことと、描かれたものについて話し合った。彼女があんたの姉さんだってこと、確か？　ひょっとしたら、お母さんじゃない？　どうして？　お母さんならそんなことするけど、姉妹ならしないわよ。セネカは絵の具にキャップをかぶせた。ジジは、自分の型ののどのまわりにハート型のロケットを描きこんだ。そして、メイヴィスからそれについて質問されると、父さんからもらった贈り物だけど、メキシコ湾に投げこんじゃった、と言った。なかには写真が入ってたの？　とパラスが訊いた。ええ。二枚。誰の？　ジジは答えなかった。[9]

女たちの人格性をそれぞれが支え合う、新しい誓約を形作る儀礼を始めるにあたり、コンソラータは、よき母と悪い母の統一を訴えかけている。この統一は崇高の親和性である。それは概念の親和性ではなく、それらの形象がそうであったもの、あるいはいくらか限定された道徳的な意味においてそうあるべきでさえあるものの親和性である。「聞いてください、聴いて。これらをけっしてふたつに分けてはいけません」[10]。「善と悪」、マリアの母としてのイヴと、イヴの娘としてのマリア、このように想像された親和性は、女たち自身のなかにあるさまざまな部分をつなぎ合わせることを象徴している。それらはトラウマにまみれた過去を生き抜くために、女たちが自責の念のうちに隠し込んできたものである。儀礼の最後で、女たちは再び喜びを見いだす。コンソラータが儀礼のあいだに祈願し続けた、偉大なる水や、川や海との関係から生まれてくる喜びだ。踊り出した女たちが再 - 想像された誓約のなかで自身を発見するが、それは儀礼を通じて立ち戻った、かつて自分たちを抱いていた水からの原初の再誕なのである。

はじめたのはコンソラータで、他の女たちはすばやく彼女に合流した。世界には多くの大河があり、その土手や大洋の端で子供は大喜びで水浴びをする。雨が少ない地域では、その喜びようはエロチックとさえ言えるほどだ。だが、これらの感覚といえども、甘美で熱い雨のなかで踊る聖なる女たちの陶酔感にはかなわない。歓喜がこれほど深くなかったら、女たちは笑ったはずだ。最近の警告や危害の知らせの思い出が多少残っていたとしても、抵抗しがたい雨が洗いさってくれた。セネカは雨を抱き、ついに国庫建設住宅での暗い朝を忘れた。グレイスは、けっして血に染まってはならない白いワイシャツがみごとに洗われるのを目撃した。メイヴィスはムクゲの花びらから肌をくすぐられて身震いしながら動いている。ひよわな息子を産んだパラスは、子供をしっかりと胸に抱き、その間雨がエスカレーター上のぞっとする女や黒い水の恐怖を洗い流してくれた。庭で彼女を探しだした神にすべてを捧げたコンソラータは、誰よりもはげしく踊り、メイヴィスはいちばん優雅な踊りを見せた。セネカとグレイスはいっしょに踊り、それから離れ、新しい泥のなかをスキップした。パラスは、赤ん坊の頭から雨の雫を払いながら、羊歯の葉のように揺れている。(11)

モリスンは、目撃者がいたかもしれないことをにおわせている。つまり、儀礼の合間に修道院に立ち寄り、自由の壮大さに包まれた女たちを見ていた者だ。目撃者はその光景に困惑したにちがいない。女たちがおたがいに喧嘩もせずに、穏やかで、雨に踊る姿はあまりにも異様で見たことのない光景だっただろう。モリスンが書いているように、この目撃者は、修道院の女たちがもはや「取り憑かれ苦しんでいない」ことに瞬間的に気付いたかもしれない。目撃者が対面しているのは、いまや自由な状態を構想している女たちの崇高さである。そしてそれによって、目撃者はまったく経験したことのないものと対面することになる。つまり、自分らしくないことを蔑まなければならないような制約付きのアイデンティティに彼女たちの誓約が基づいているのではなく、おたがいと自然とが調和した生の約束に基づいているということだ。それは楽園ではないにしても、想像された調和の崇高のうちに約束された何かである。

儀礼のなかで作られていったこの誓約は、女という概念のもとに進められたものではない。しかし、明らかなのは、儀礼自体が、女性的なもののイマジナリー（the feminine imaginary）に含まれている要素に傾いている。周知のように、ジャック・ラカンの定義によれば、女性的なもののイマジナリーは象徴秩序によって意識下に追いやられている。残っているのは、欲望の究極の対象に代わるものとしての女性についての心的な幻想の残余ぐらいである。それは主体にとってつねにそこにいる、大文字の他者なる母親（the mother-Other）、である。この幻想は、耐えがたい欲望を飼いならすために「よい」女と「悪い」女を分裂させる。コンソラータが儀礼の最初に用いているのは、まさにこの幻想である。イヴはマリアの母で、マリアはイヴの娘であると彼女は想起させているが、これはよい女と悪い女の両方を捉え直そうという試みであり、両方の重要性を再‐想像する過程においてなされる。よいと悪いのあいだに線を引くような単純なアイデンティティ形成＝自己同一化は結果として崩れさる。そして女たちは「悪い」娘だったことを認める。心のうちで、いつも蔑んでいた「悪い」娘を認め、その娘と折り合いをつける今までとは違う生き方に目覚めるのだ。もちろん、その儀礼に癒しの効果があるとはラカンは思わなかったろう。自らの女性としての性的な差異の表現しようのなさに取り憑かれ、象徴秩序を打ち壊そうとしたときには男たちに追い詰められる女たちが、新しい欲望と意味の領域で自分たちを変えるため、そういった存在であることを超え出て生きることができるとも思わなかったろう。[12] しかし、当然のことながら、ラカンにはヨルバに根ざした宗教儀礼の経験、さらに特定していえばブラジルに根ざすカンドンブレの伝統と実践の経験がなかった。モリスンはそうした儀礼を、あらゆる崇高さとともに想像してほしいと私たちに呼びかけている。そして、崇高なのは、儀礼や大声の夢想だけではない。女たちみんなが、誰かが受けた苦痛の強さをすべてそのまま受け取ることもまた崇高なのである。女たちが女性的なイマジナリーの再起動に取り組むとき、時間そのものは消えている。

一月が畳まれ、二月も畳まれた。三月になると、日々は夜から切り離されないで過ぎて行った。女たちは、体の部位と記憶すべき事柄の注意深いエッチングにかかり切りになっていたからだ。黄色い髪どめ、赤いシャクヤク、白地に緑十字。キューピッドの矢に貫かれた壮大なペニス。ムクゲの花びら。ローナ・ドーンズ。子供っぽい太陽の下でいつまでも愛を交わしている明るいオレンジ色のカップル。[13]

崇高の省察において、女という名のもとに結びつけてきた積もり積もった意味はすべてはじけ飛んでしまう。女たちの名のもとになされたものでさえも同様である。根本的な意味で問題なのは、女たちのそれぞれの過去の単一性なのである。しかしそういった過去が女たちにとって意味を持ち始めるのは、彼女たちが現在、形作っているもののなかに自分のテンプレート、つまり彼女の理想化された人格を挿入し、自分を再想像するときだけなのである。

この自己の再同一化＝再形成において、人種や民族性《エスニシティ》は何か意味をもつだろうか。女たちがみな黒人ではないことはわかっている。だから、この修道院に人種や民族性があるとすれば、それは肉体のうえに印として残る。というのも、その肉体は、彼女たちが一緒になって再‐想像し、自分たちが誰であるかを再創造しなければならないものだからである。ここで精神分析の用語法を用いるとすれば、女たちは性的・人種的差異を通して——それにもかかわらず、ではなく——自らを再創造しているのである。別のところで私は以前、アイデンティティ、地位、自己認識のあいだにある違いについて指摘したことがある。(14) 儀礼では、女性的なもののイマジナリーのなかのイメージの断片のすべてが自身のうちにあることに気付くとき、女たちは明らかに「女」という自己認識の意味と戯れている。しかし同時に、街に住む男たちから見た女たちというアイデンティティも持っている。男たちから見て究極の悪女であり、魔力を切望し、ファルス的にアイデンティティを形成している街の安定性をオリシャの力で脅かす者たちという位置づけである。そこからくる恐怖と畏れによって、修道院は女たちの修道院でなければならなかった。そうであるからこそ、ルビーの男たちを脅かすことができる。女たちの修道院、つまり楽園は、男たちが人種差別的世界からの唯一の救済の望みとして作り上げた、ファルス的な意味において安全で厳格な故郷《ホーム》とは共存できないからである。女たちを畏れる男たちの恐怖は、会議の場面で爆発する。その会議で男たちはこう決定するのだ。あの女たちは追い払う必要があるし、その忌まわしい影響も排除する必要がある、そうすれば、街はまたその純粋さを取り戻すはずだと。

それは秘密会議だったが、一年以上もその噂がささやかれていた。その間中ずっと蓄積されてきた憤懣が、証拠の形を取った。一人の母親が、冷たい目をした娘に階段を突き落とされた。ひとつの家族に四人の奇形児が生まれた。娘たちがベッドから出るのを拒んだ。蜜月旅行の最中に花嫁が姿を消した。元旦に、二人の兄弟がたがいに撃ち合いをした。性病の注射を受けるためデンビーに行くのが日常茶飯事になった。その上、この頃オーヴンで行われていることは想像を絶する。そういうわけで、九人の男たちは、そこで集まると決めたとき、全員を猟銃で脅かして追い払わねばならなかった。そのあとでようやく、事態を自分たちの手で処理するため、懐中電灯の明かりの下にすわることができたのだ。春の恐ろしい発見以来彼らが集めていた証拠は、否定することができない。これらの大惨事全部をつなぐひとつのもの、それは修道院にあった。そして、修道院には例の女たちがいたのだ。(15)

この女たちの生が特異なのは、女という概念を延長してもそこにおさまるものではなく、かといって、単に彼女たちの差異によるわけでもないということだ。言い換えればこの差異は、記述可能だったり明白だったりするような女性的差異ではない。こうした女性的差異は普遍的な人道主義的な意味での批判のための立脚点になったり、あるいは女の概念に普遍性を結びつけようとする試みの基礎にもなりうる。アダム・サーシュウェルと私は、一九八七年の文章で次のように述べた。

それと関連して、普遍主義的フェミニズムによる女性中心的な批判は、アイデンティティのカテゴリーの批判であるが、このカテゴリーを、自らの主張する通りのものとして（誤って）受け入れてしまっている。私たちはこうした批判を成り立たせている動機を十分に共有しているが、適切な理解のために次のことを指摘してきた。つまり、普遍か本質的な差異かという不毛な選択が生じるのは、同じようにあることと異なってあることから生じる相互作用の誤表象のためだ。さらにいえば、それは偽りの選択肢なのである。女性中心的な反応は、自らが普遍的フェミニズムの形で批判しているアイデンティティの抑圧的な論理のなかに自身を再び書き込むことになるだろう。このように物象化されたジェンダーの差異化を批判したい。それは「普遍的な人間本性」の名によるのではない批判だ。なぜならそれは、私たちを特定の社会によって指定された人格性の構造に閉じこめようとするからだ。また、ジェンダー的主体がもっている差異を誤表象しているからでもある。それは、アイデンティティを確認しようとするあらゆる試みを印づける差異の働きを制約するのである。(16)

カントについてみたように、美的な理念は決して概念化できないものを表現しようとするし、それには理性の理念そのものも含まれている。モリスンの小説のなかでもパラダイスには美的理念が多く含まれており、全体としての理解は拒みつつも、新しい洞察や理想像を与えてくれる。この洞察によって私たちは、親和性の新しいつながりを描き出すように促される。それは、雨のなかで踊る女たちが見いだした共存のような親和性でもある。しかし、もっとも奥底にある意味を考えると、パラダイスはそれ自身が美的理念である。その約束は、パラダイスがもついかなる意味をも超えているからだ。しかしモリスンが私たちに呼びかけるのは、そのような約束だからこそ、新しい誓約をかわすことがいつも可能であるということである。その誓約は、自然や、これまでとは異なり、倫理的に変化した人間性との新しい関わり方である。パラダイスはそれ自身が美的観理念なのだから、それを形作ろうとすれば究極的に、形作ろうとする過程そのものを否定することになる。想像力は、最も描き出したいものを前にしてたじろぐのである。パラダイスが美的理念であることを呼び起こそうとするのならば、私たちはさらに認識しておくべきことがある。それは、そういったものの表現がすべて不完全であるということだ。美的理念が待ち焦がれているものの要求こそが、表現しようとする試みを崩し去るので、その試みはいかなる知識の形をもってしても現実化されない。したがってパラダイスは、カント的な偉大な人間性の理念にはくみ尽くされない。なぜなら、カントの理念は、目的の王国でともに生きることを求める道徳的生物としての私たち人間を統制するものだからである。しかし、これを超え出てしまうパラダイスでは、道徳律の壮大な厳格さや、ルビーに住む男たちが信じる厳格さという指針だけが存在するわけではない。そこにあるのは、雨の踊りがもつ幸福である。それはまさに、アダム・サーシェルと私が和解という言葉で表そうとしたものと同じで、愛と自由の完全なる一致のことである。言い換えれば、これはコンソラータがピエダーデの歌に託す約束だ。ピエダーデの歌、コンソラータの洞察、それらはコンソラータが癒しの実践へと向かわせ、死んだはずのものに息を吹き返すことを可能にした。ある意味では、儀礼は女たちにそれを与えたのではないだろうか。同じ世界のなかでともに生きるかもしれない女たちについての、異なったヴィジョンを与えたのではなかっただろうか。それは美的理念である以上、人類を存在するすべてのものとの平和な関係のもとに取り残していく、その想像された親和性において、常に不完全である。パラダイスは、まさに、それが現実化しようとするものの形を掘り崩すのである。

ならば、そこにパラダイスは存在したのだろうか。物語は起きたのだろうか。コンソラータは、ほんとうに死者を蘇らせる魔女だったのか。できれば私と一緒に、私たちがともに生きる別の空間を想像してほしい。ほのかに光る程度のヴィジョン以上のものではなく、あまりに強くしがみつこうとすれば必然的に消えてしまうヴィジョン以上のものであることを求めない私たちの性的差異を肯定することによって。辛抱強く耳をそばだてれば、ピエダーデの歌が聞こえるだろうか。たとえ、その歌が現実に響く音ではないとしても。ルビーの牧師で運動家でもあったリチャード・マイズナーが、アンナと一緒に修道院の様子を見に行くと、そこには何も残っていなかった。コンソラータは撃たれた。彼女は「白人女性」だったから。おそらく他の女たちは庭に逃げ込んだだろう。アンナとリチャードが鶏小屋からたまごを取ろうとしたとき、彼らは見た、あるいは感じたのだ。アンナはドアが閉まる音を聞いた。リチャードは窓を見た。家に帰りながら、誰がペシミストで、誰が楽天家だといって、笑い合った。しかし、両者とも「知って」いた。たとえ一瞬にせよ、彼らは洞察したのだ。そこから、リチャードたちも、もちろん私たちも向き合いたくもない崇高な問いへと導かれる。「開く必要のあるドアを通るか、またはすでに上げられて招いている窓を通るかに関係なく、人がもしそこに入ったら、何が起こるのか。もう一方の側には、何があるのか。いったいぜんたい、それは何なのか。いったい？」[17]そこはおそらくパラダイスだ。あなたは窓を開けたいと願うだろうか。あなたにはピエダーデの歌が聞こえるだろうか。モリスン自身は、その窓を開けたいと願っている。窓を開け、原初のイメージへと戻っていくと、そこにはピエダーデや、イェモハやジェレデ社会の仲間たち、オシュンのまわりには彼女が讃える水が溢れ、そこで見知らぬ自分に出会うだろう。この原初のイメージが作者に物語を強制したことがあっただろうか。私たちが窓を開け、ドアを閉めたら、耐えがたい望みや恐怖に出くわすだろうか。私たちは、パラダイスの物語がもつ崇高さを想像する努力をしたいと本当に願っているだろうか。圧倒的な力をもつ女たちの姿で語られるその物語を。もし本当に願うのならば、それは私たちの物語になり、私たちが構想した物となり、私たちの闘いになるだろう。もし本当に願うのならば希望がある。なぜならば、少なくともその瞬間だけは、私たちは洞察するからだ。パラダイスの約束がもつ完全な力を。最後の言葉は、モリスンに譲ることにしよう。

大洋の静けさのなかで、薪のように黒い女が歌っている。黒い女の隣にいるのはもっと若い女、その頭は歌う女のひざの上。こわれた指が、茶色の髪をくるくるまわす。貝殻に色という色——小麦色、バラ色、真珠色——が、若い女の顔に溶けこんでいる。彼女の目はエメラルド色、セルリアン・ブルーに縁取られた黒い顔にあこがれている。周囲の汀で光るのは、海の藻屑。破れたサンダルのそばできらめく捨てられた瓶の蓋。小さなこわれたラジオが、静かに寄せては返す波を奏している。

ピエダーデの唄が与えるなぐさめに叶うものはない。唄の言葉が呼び起こすのは、誰も経験したことのない記憶だが。他人といっしょに迎える老齢、いっしょに聞いたスピーチや、分け合って食べた、火で焦げたパン、くつろぐために家に帰るという直截な恵み——はじまった愛に戻る心安さ。

大洋がうねり、水のリズムを岸辺に送るので、ピエダーデは何が訪れるのか見ようと見はるかす。おそらくは、もう一隻の船。だが、違う船。港をめざし、乗組員も乗客も、失われ、救われて、震えている。しばらくのあいだ、鬱々として悩んでいたからだ。さて、彼らはここのパラダイスで休むだろう。彼らが創造された当の目的の、果てない仕事を担う前に。(18)

注

（1）Immanuel Kant, *Critique of Pure Reason*, trans. and. ed. Pual Guyer and Allen Wood（Cambridge: Cambridge University Press, 1988）, A138/B177.（篠田英雄訳『純粋理性批判（上）』岩波書店［岩波文庫］、一九六一年、二一五頁）
（2）Kant, *Critique of Pure Reason*, A131/B180.（『純粋理性批判（上）』、二一八頁）
（3）Kant, *Critique of Pure Reason*, A113.（天野貞祐訳『純粋理性批判（四）』講談社、一九七九年、一八一頁）
（4）Drucilla Cornell, *Beyond Accomodation: Ethical Feminism, Deconstruciton, and the Law*（New York: Routledge, 1991）.（仲正昌樹ほか訳『脱構築と法——適応の彼方へ』御茶の水書房、二〇〇三年）
（5）Dipesh Chakrabarty, *Provincializing Europe: Postcolonial Thought and Historical Difference*（Princeton, NJ: Princeton University Press, 2000）.
（6）Toni Morrison, *Paradise*（New York: Plume 1999）, 262.（大社淑子訳『パラダイス』早川書房、一九九九年、二九四頁）
（7）Morrison, *Paradise*, 262-263.（『パラダイス』、二九六頁）
（8）Morrison, *Paradise*, 264.（『パラダイス』、二九六頁）
（9）Morrison, *Paradise*, 265.（『パラダイス』、二九七頁）
（10）Morrison, *Paradise*, 263.（『パラダイス』、二九七頁）

（11）Morrison, *Paradise*, 283.（『パラダイス』、三一七頁）

（12）Jacques Lacan, *On Feminine Sexuality: The Limits of Love and Knowledge*. The Seminar of Jacques Lacan, book 20（New York: Encore, 1998).

（13）Morrison, *Paradise*, 265.（『パラダイス』、二九七－二九八頁）

（14）Drucilla Cornell, Between Women and Generations: Legacies of Dignity（New York: Palgrave, 2002).（ドゥルシラ・コーネル、岡野八代・牟田和恵訳『女たちの絆』みすず書房、二〇〇五年、一七一－一七四頁）

（15）Morrison, *Paradise*, 11.（『パラダイス』、二〇頁）

（16）Drucilla Cornell, and Adam Thurchwell, "Feminism, Negativity, Intersubjectivity," in *Feminism as Critique: Essays on the Politics of Gender in Late-Capitalist Societies*, ed. Drucilla Cornell and Seyla Benhabib, 160-161（Minneapolis: University of Minnesota Press, 1996).

（17）Morrison, *Paradise*, 305.（『パラダイス』、三四二頁）

（18）Morrison, *Paradise*, 318.（『パラダイス』、三五六－三五七頁）

世界認識の偶然と限界——再想像の可能性の条件として

吉良貴之

一　はじめに

本書は Drucilla Cornell, *Moral Images of Freedom: A Future for Critical Theory*, 2007 の全訳である。原著は Rowman & Littlefield Publishers社の「新批判理論 New Critical Theory」シリーズの一冊として出版された。

著者のドゥルシラ・コーネル（一九五〇-）は、ポストモダン・フェミニズム思想と現代のリベラリズムを代表とする政治哲学の生産的な結合を試みてきた理論家である。その議論スタイルは、たとえばポルノグラフィや人工妊娠中絶、セクシュアル・ハラスメントなど、現代の具体的な問題に即しながら、「イマジナリーな領域（への権利）」といった独特な概念を中心とするオリジナルな思想を展開していくものが多かった。「新批判理論」シリーズの他の著者によるいくつかの書物も同様に、グローバリゼーション時代におけるアイデンティティの政治など、どちらかといえば現代の政治課題を直接に主題にするものが中心になっている。もちろん、本書でのコーネルもポスト植民地主義時代における「自由」や「解放」がいかなるものである（べき）かをめぐって、きわめて現代的で切実な問題関心から議論を展開していることはいうまでもない。しかし、本書の構成をみると、第一章ではカント、第二章ではハイデガー、第三章ではカッシーラー、第四章ではファノン、結論ではベンヤミンといった思想家の正統的なテクストの精密な読解がそれぞれ中心になっている。このラインナップは、コーネルの著作に親しんできた読者にとってはいくぶん意外なものに映るかもしれない。そこでこれまでのコーネルの議論を振り返ることによって本書の意図を確認することとしたいと思う。

二　コーネル思想の骨格

二・一　絶えず再想像されるものとしての主体

コーネルはかねてからカントには好意的な議論も行っており、たとえば『自由のハートで』（原著一九九八年）では、個人の「人格」から出発してカント的「自由」概念の再定位を試みている。そこで鍵となる概念が、他者との関係のなかで自己を絶え間なく想像的に組み替えていく場としての「イマジナリーな領域」であった。このコーネルの最重要概念は本書でも通奏低音のように繰り返し登場している。

ここでコーネルのこれまでの仕事を簡単にまとめておくと、その中心は、現代のリベラリズム、典型的にはジョン・ロールズなどの論者において想定されている自律的な主体像の批判である。より正確にいうならば、そうした主体の形成過程への着目である。自律的な主体はただ前提されるべきものではなく、そこに至るまでの「イマジナリーな領域」での自己イメージの力学に目を向ける必要がある。その段階での自由や平等のあり方が批判的に吟味されて初めて、リベラルな政治哲学における善の構想——各人の自由な自己決定による生き方や幸福の追求——の尊重も有意味なものとなる。だからコーネルは、ポストモダン・フェミニズムの論者にしばしばみられるように、リベラリズムが想定する自律的主体像の欺瞞性をただ告発して放り出すことはしない。その前段階としての主体の想像＝創造過程における自由や平等の保障があって初めて、自律的な主体たちが正義の縛りのもとに各自の善の諸構想を自由に追求できるという、リベラリズムの構想も実質化されると考えるのだ。リベラリズムのいわば「前段階」に焦点を当てているという意味では、コーネルは単純なリベラリズム批判者ではない。むしろその理論的補強を試みている論者であるといえるだろう——そしてジョン・ロールズやロナルド・ドゥオーキンといった、リベラルな論者もときに再評価されることになる。本稿冒頭で述べた、ポストモダン・フェミニズムとリベラルな政治哲学の生産的な結合は、そうした「主体」の再‐想像／創造過程を軸としてなされている。さらに正確を期すならば、それは自律的主体形成の前／後というふうに時間的に分けられるものではなく、人々は他者との関わりのなかで絶えず、自身の主体性を想像的に組み替え直している。「自律的主体」なるものは決して完成することなく、変容に向かってつねに開かれていなければならない。

コーネルはそうした主体の硬直化にことのほか敏感である。コーネルは「倫理的フェミニスト」を自称するが、たとえば女性性《フェミニニティ》や男性性《マスキュリニティ》について何らかのあるべき全体性や本質といったものが観念され、それが現実に生きられるものであると錯覚されたときに生じる悲劇を強調してきた。女性性についていえば、キャサリン・マッキノン、アンドレア・ドゥオーキン、ロビン・ウェストといった著名なフェミニストたちとの激しい論争のなかで、彼女たちの発想がともすれば陥りがちな本質主義の罠を厳しく指摘し続けてきた（『イマジナリーな領域』、原著一九九五年）。男性性についていえば、クリント・イーストウッドの監督映画作品を網羅的に批評する一風変わった著作（『イーストウッドの男たち』、原著二〇〇九年）のなかで、男性性の全体性幻想を現実に生きようとする無謀さと、その断片性を他者と分有することによって生き延びる自由とのあいだでもがき、苦しむ男たちの主体性の揺らぎを読み取ってみせた。

二・二　傲慢の告発と限界の自覚

コーネルは、人間が「性に関わる存在 sexuate being」であるとの認識からそうしたセクシュアリティに関わる主体化の問題をつぶさに議論しているが、むろん、その議論はセクシュアリティにとどまらず、人間主体を形作るあらゆる（道徳的）要素にあてはまる。それがどのようなものであれ、何らかの全体性や本質を認識できるという傲慢《ヒュブリス》こそ、男女双方を巻き込んだ暴力、そして本書で明示的に取り上げられている問題でいえば先進国による第三世界への植民地主義的・人種主義的暴力につながることになる。コーネルが一貫して強調してきたことは、そうした全体性や本質を現実に生きたり、認識できたりするという傲慢を捨て、人間としての分＝限界をわきまえること（becoming more human）の重要性であった。それは最初期の『限界の哲学』（原著一九九一年）から本書、そしてその後も続いている旺盛な著作活動において一貫して強調されている。コーネルによる「本質主義批判」はつねに、そうした「限界」を真摯に見据えることによってなされる。

前置きが長くなったが、このようなコーネルの試みを踏まえれば、本書で扱われている論者の選択も腑に落ちるはずだ。カントやベンヤミンはともかくとして、ハイデガーやカッシーラーをこれだけ正面から取り上げていることには、これまでのコーネルの著作に親しんできた読者は意外な印象を受けるかもしれない。しかし、いずれも人間の認識における「限界」を強調している点では共通している。人間は世界や自分自身を決して「ありのまま」には認識できない。そこには必ず一定の、そしてそれ自体として偶然的な枠――ハイデガーにおける「身体化」や「壊れやすさ」といった動物的有限性、カッシーラーにおけるシンボル形式――があり、人間はそれを通じて、そしてそのなかでのみ認識が可能になる。そうして、両者の議論は第一章でのカントの認識論を発展的に引き継ぐ形で位置付けられることになる。そして第四章、ファノンを初めとする、実存についての黒人の哲学者たちの検討は、先進国に生きる人々が認識のうちから排除し、「格下げ degrade」してきた――あたかも彼ら／彼女らなしに人間存在を認識できるとしてきた――ヨーロッパ中心主義的理性の傲慢への厳しい告発となっている。

本書でコーネルがそれぞれの思想家のテクストを読み解くにあたってつねに念頭に置いているのは、世界や私たちは、現在、私たちが知っているあり方が唯一のものではなく、他のものでもありえたという可能性である。世界も私たちも、現在とは異なった形で再想像されうるし、そうされるべきである。世界認識の限界と偶然性に関わる第一～三章はそうした可能性の条件を基礎付けようとする理論的試み――世界認識が他でもありうるのはそれがまさに偶然的で限界づけられた営みだから――であり、実存についての黒人の実存主義を検討する第四章は、ヨーロッパ中心主義的な理性が無意識のうちに認識から排除してきたものとの衝撃的な出会いである。「他者 the Other」と出会い、他なるものの可能性に気付くことによって初めて私たちは、世界や自分自身が他でもありえたという再想像へと誘われる。いや、むしろそうやって「格下げ」のない自由な世界の道徳的イメージの可能性へと自身を開くことを「倫理的フェミニスト」たるコーネルは私たちの責任として要求するのである。

こう捉えてみると、コーネルがこれまで好んで取り上げてきたおなじみの論者、たとえばジャック・ラカンなどがほとんど登場しないからといっても、コーネルがまったく別の議論を始めたわけではないことが理解されるだろう。本書の問題意識はあくまでこれまでのコーネルの仕事の延長上にあり、さらなる豊かな可能性を切り開くものである。といっても、本書でのコーネルの議論スタイルはこれまでの作品とはずいぶん異なっていることは確かである。本書の叙述は、古典的テクストの注意深い読解に大半があてられており、コーネルのこれまでの著作で目を引いてきた、たとえばキャサリン・マッキノンら現代のフェミニストたちへの激しい批判のようなものはほとんどない。その意味では本書はかなり正統的な哲学史の著作であるともいえるだろうし、コーネルの戦闘的スタイルを楽しみにされていた読者には意外に思われる面もあるかもしれない。しかしこれまで述べてきたように、コーネルの問題意識自体は決して、これまでの作品から断絶したものではなく、明確なつながりがある。コーネルは本書の次作にあたる『イーストウッドの男たち』では映画批評のスタイルをとってみたり、『新しい人間性のためのシンボル形式』(未邦訳、原著二〇一〇年)では本書の謝辞でも名前があげられているケネス・パンフィリオと共著の形をとるなど、さまざまなスタイルを試みている。そもそも、コーネルは狭義のアカデミックな政治哲学者のみならず、社会運動家や脚本家としての顔もあわせ持つ多面的な人である。本書もそうしたコーネルの多面性の一部が大々的に現れたものとして――さらにいえばコーネル自身の自己再想像の実践例として――興味深く読むこともできるはずである。

二・三　コーネル　人と作品

著者のドゥルシラ・コーネルは現在、ラトガース大学の教授であり、法哲学・政治哲学・フェミニズム思想などについて幅広い業績を残してきた。その主要著作はこれまでほとんど邦訳されており、特にフェミニズム思想における知名度は、たとえばジュディス・バトラーなどに次いで高いものがあるだろう。その論争的な議論スタイルや、デリダやラカンを参照しての緻密な議論は注意深い読解を要求するところがあるが、かといって無用な概念の遊戯に陥ることもなく、論旨自体はこれまで述べてきたようにむしろ狙いのはっきりしたものであるといえる。本書はカント、ハイデガー、カッシーラー、ファノン、ベンヤミンといった思想家のテクストの精緻な読解が中心であるが、そのそれぞれについて十分な内容紹介がなされているので、こうした思想家になじみのない読者にとっても、読み進めるにあたって大きな困難はないと思われる。また、第四章で扱われている実存についての黒人の哲学者たちの議論は、ファノンの一部の著作を別として日本ではまだほとんどなじみがないと思われるため、一定の問題意識のもとに整理・紹介してみせた意義にも大きいものがあるだろう。

コーネルのこれまでの著作を年代順に並べると、次の通りである。

・*Beyond Accommodation: Ethical Feminism, Deconstruction and the Law*, Routledge, 1991（仲正昌樹監訳『脱構築と法——適応の彼方へ』御茶の水書房、二〇〇三年）
・*The Philosophy of the Limit*, Routledge, 1992（仲正昌樹監訳『限界の哲学』御茶の水書房、二〇〇七年）
・*Transformations: Recollective Imagination and Sexual Difference*, Routledge, 1993
・*The Imaginary Domain: Abortion, Pornography, and Sexual Harassment*, Routledge,1995（仲正昌樹監訳『イマジナリーな領域——中絶、ポルノグラフィ、セクシュアル・ハラスメント』御茶の水書房、二〇〇三年）
・*At the Heart of Freedom: Feminism, Sex, and Equality*, Princeton University Press, 1998（仲正昌樹ほか訳『自由のハートで』情況出版、二〇〇一年）
・*Just Cause: Freedom, Identity, and Rights*, Rowman & Littlefield, 2001（仲正昌樹監訳『正義の根源』御茶の水書房、二〇〇二年）
・*Between Women and Generations: Legacies of Dignity*, Palgrave, 2002（岡野八代・牟田和恵訳『女たちの絆』みすず書房、二〇〇五年）

・*Defending Ideals: War, Democracy, and Political Struggles*, Routledge, 2004（仲正昌樹監訳『〝理想〟を擁護する――戦争・民主主義・政治闘争』作品社、二〇〇八年）
・*Moral Images of Freedom: A Future for Critical Theory*, Rowman & Littlefield, 2008（本書）
・*Clint Eastwood and Issues of American Masculinity*, Fordham University Press, 2009（吉良貴之・仲正昌樹監訳『イーストウッドの男たち――マスキュリニティの表象分析』御茶の水書房、二〇一一年）
・*Symbolic Forms for a New Humanity: Cultural and Racial Reconfigurations of Critical Theory*, Fordham University Press, 2010
・*Law and Revolution in South Africa: Ubuntu, Dignity, and the Struggle for Constitutional Transformation*, Fordham University Press, 2014

この他にもいくつかの編著・共編著、および多数の論文がある。このうち本書との関わりでは『限界の哲学』『イマジナリーな領域』『自由のハートで』などが重要であるため、関心を持たれた読者はぜひ参照されたい。また、コーネルの思想の全体を知る上では、映画作品の批評という形をとりながら「コーネル自身によるコーネル入門書」という性格もある『イーストウッドの男たち』が読みやすいと思われる（同書所収・吉良貴之「マスキュリニティの死後の世界」も参照）。コーネル思想の日本語で読めるコンパクトな紹介としては、小久見祥恵「コーネル――「性に関わる存在」の自己再想像」（仲正昌樹編『現代社会思想の海図《チャート》』法律文化社、二〇一四年）が有益である（本稿でも全体的に参照した）。ほか、さまざまな論者がコーネルの思想を検討した論文集として Renee J. Heberle and Benjamin Pryor（eds.）, *Imagining Law: On Drucilla Cornell*, State University of New York Press, 2009 があり、コーネル自身の応答も含め興味深いものとなっている。

本書の翻訳はまず各章の担当者がそれぞれ行い（序文・イントロ：吉良貴之、一章：伊藤泰、二章：小林史明、三章：池田弘乃、四章：関良徳、五章・結論：西迫大祐）、吉良が全体的な訳語・文体の調整を行った後、仲正が最終的な確認を行った。引用されている文献のうち、既存訳のあるものは適宜、参照した。また、装丁はグラフィック・デザイナーの谷田幸さんにお願いした。記して謝する。

（宇都宮共和大学専任講師　http://jj57010.web.fc2.com）

監修・訳者紹介

仲 正 昌 樹（なかまさ・まさき）：監訳
社会思想史専攻、金沢大学法学類教授

吉 良 貴 之（きら・たかゆき）：監訳、まえがき、イントロダクション、解説
法哲学専攻、宇都宮共和大学専任講師
論文に「世代間正義論」（国家学会雑誌119巻5-6号、2006年）、翻訳にドゥルシラ・コーネル『イーストウッドの男たち』（監訳、御茶の水書房、2011年）、シーラ・ジャサノフ『法廷に立つ科学』（監訳、勁草書房、2015年）など。site: http://jj57010.web.fc2.com

伊 藤 泰（いとう・やすし）：第1章
法哲学専攻、北海道教育大学函館校准教授
著書に『ゲーム理論と法哲学』（成文堂、2012年）、論文に「公共選択と行政法——憲法上、いかにして行政主体に対する私人の権利が生み出されるか」（聖学院大学総合研究所紀要第53号、2012年）など。

小 林 史 明（こばやし・ふみあき）：第2章
法哲学専攻、明治大学大学院法学研究科博士後期課程
論文に「法と芸術の交錯——映画「SHOAH」とアイヒマン裁判を通じて」、仲正昌樹編『批評理論と社会理論1アイステーシス』（御茶の水書房、2011年）、「「法と文学」の展開」『岩波講座現代法の動態6法と科学の交錯』（岩波書店、2014年）など。

池 田 弘 乃（いけだ・ひろの）：第3章
法哲学・フェミニズム法学専攻、山形大学人文学部講師
論文に「ケア（資源）の分配——ケアを「はかる」ということ」、齋藤純一編『政治の発見3　支える——連帯と再分配の政治学』（2011年、風行社）など。

関 良 徳（せき・よしのり）：第4章
法哲学専攻、信州大学准教授
著書に『フーコーの権力論と自由論』（勁草書房、2001年）、共著に『現代社会思想の海図』（仲正昌樹編、法律文化社、2014年）など。

西 迫 大 祐（にしさこ・だいすけ）：第5章、結論
法哲学専攻、明治大学法と社会科学研究所客員研究員
論文に「フランソワ・エワルドにおける法とノルム」（『法哲学年報2011』、2012年）など。

自由《じゆう》の道徳的《どうとくてき》イメージ

2015年5月12日　第1版第1刷発行

著　者　ドゥルシラ・コーネル
監訳者　仲正昌樹
　　　　吉良貴之
発行者　橋本盛作
発行所　株式会社 御茶の水書房
〒113-0033 東京都文京区本郷5-30-20
電話 03-5684-0751

装　丁　谷田幸

本文組版・印刷／製本　(株)タスプ

Printed in Japan

ISBN978-4-275-02013-0　C3010